OTHERS 50

OTHERS
아더스 50

다른 도시, 같은 세대 인터뷰 에세이

이한규 인터뷰집

PROLOGUE

친숙한 타인들

가늠할 수 없는 사람들 사이에서
우리는 살아간다. 학교와 직장, 거리와 사회
속에서 수없이 많은 사람을 만나고 그들과 일상을 공
유한다. 다수의 관계는 친숙하지도 낯설지도 않은 무관심의 영
역에 있다. 그저 스쳐 지나가는 무색무취의 사람들. 대로의 교차로에서
반대 방향으로 달려가는 무명의 타인처럼 우리는 서로를 말없이 지나친다.

가까이 있는 이들에게도 무관심한 우리에게, 먼 나라의 타인들은 의식의 영역 바깥에 존재한다. 일상적으로 소비하는 타지의 맥락은 가공되고 상품화되며 소비자의 입맛에 맞춰 재생산된 제품일 뿐이다. 그 맥락을 오해하지 않고 응시하는 건 불편하고 고독한 일이다. 우리가 곱씹었던 이야기들은 어쩌면 이 세상에 존재하지 않을지도 모른다. 모든 이야기는 사실 모두를 대변하지 못한다. 고로 우리가 이해하는 타자는 편협하고, 타인은 형해화된 존재다.

한동안 외국을 떠돌았다. 왕자웨이의 영화 〈해피투게더〉에서 "지구의 반대편"이라고 칭했던 아르헨티나부터 콜롬비아, 쿠바, 멕시코, 인도, 독일, 체코 등을 걸으며 삶의 이야기를 품었다. 각 나라의 역사와 문화는 생경하게 다가왔지만, 사실 버텨내며 살아가는 이야기는 어디나 비슷했다. 유럽 이민자들의 이야기, 빈과 부의 사이를 위태롭게 살아가는 콜롬비아의 아이들, 자본주의에서 벗어나 가난이라는 역설에서 웃음 짓는 쿠바 사람들의 모습은 우리가 쉬이 마주한 아름다운 풍경 너머에 자리 잡고 있었다.

지난 10년 동안 나는 숱하게 카메라를 들었고, 부족한 언어로 표현할 수 없는 풍경을 담아내기 위해 노력했다. 나의 맥락이 그 불가해함에 가닿았을지 모르겠지만 순간의 아름다움을 포착하고 싶었다. 많은 사진을 찍으며 동시에 각각의 사람들을 모았다. 사진으로 포착할 수 없는 이야기들은 개인적이지만 동시에 누구나 공감할 수 있는 보편의 이야기였다. 미시와 거시를 넘나들며 그들을 기록했다.

50명의 삶을 응시했다. 10년 동안 마주했던 그 풍경들을 다시 가늠했다. 나는 이들을 학교와 직장, 거리와 사회 속에서 만났다. 다수는 친숙했지만 낯설어졌고, 어느덧 무관심의 영역에 놓여 있었다. 언젠가는 반짝였던, 고유한 체취를 남겼던 이들. 우리는 다시 교차로에서 만나 같은 방향으로 뛰어간다. 삶이 지난할지라도, 우리는 더욱 서로를 알아가야 한다. 그것이 우리가, 혹은 내가, 낯선 타인들과 연대하는 방법일 것이다.

친숙한 타인들을 만나러 떠난다.
당신에게 나의 타인을 소개한다.

OTHERS

CONTENTS

PROLOGUE · 친숙한 타인들 04

PART 1 편견을 이겨내는 다양성

Maria 마리아 · 자유롭지만 진지하게 012

Mie 미에 · 동아시아인 혹은 오늘의 노마드 020

Kit 키트 · 처음 하는 사랑 028

Julia P 율리아 P · 헬싱키에서 상대방과 거리를 줄이는 방법 036

Neeraj 니라지 · 계층의 차별에 반하여 046

Icing 아이싱 · 방콕의 한국어 선생님 054

Jocelyn 조슬린 · 타인을 통해 나를 표현하는 법 062

Steff 스테프 · 경계벽을 깨는 사람 070

Julia K 율리아 K · 우리 세대의 율리아 080

Gaelle 갤 · 더 많이 여행하고 사랑할 것 088

PART 2 앞으로 나아가는 삶

Sofya 소피아 ✦ 꿈꾸는 삶을 살고 있어요 098

Tia 티아 ✦ 아테네에서 조르바로 살아가는 법 106

Oumayma 우마이마 ✦ 종교 안의 삶 116

Marine 마린 ✦ 기약 없는 인생의 춤 124

Hanafi 하나피 ✦ 춤 혹은 몸짓으로 표현하는 삶 132

Tomin 도민 ✦ 가장 자유로운 영혼 142

Mac 맥 ✦ 우리는 모두 마술사입니다 152

Samantha 사만타 ✦ 자신을 믿는 것 160

Micha 미샤 ✦ 열린 마음으로 바라보기 168

Unsheen 언신 ✦ 지로의 작은 학자 178

PART 3 변화, 그 길목에 서서

Dira 디라 ✦ 건축과 춤 사이의 몸짓 188

Bassel 바셀 ✦ 일상의 정치 196

Drew 드루 ✦ 삶의 균형을 유지하는 법 206

Tefo 테포 ✦ 계급과 차별을 넘어 춤추는 악동 216

Airi 아이리 ✦ 아름다움을 표현하는 방법 226

Erika D 에리카 D ✦ 더 많은 자유를 위해 234

Julia G 율리아 G ✦ 자유로운 영혼의 여행자 242

Edina 에디나 ✦ 백지에 그리는 사랑 250

Nat 낫 ✦ 계속해서 살아가는 것 260

Bella 벨라 ✦ 새로운 나의 몸짓 268

PART 4 삶을 이해하기

Rob 랍 ✦ 인생은 하나의 초콜릿 박스 278

Adela 아델라 ✦ 스스로 쟁취하는 행복 288

Patrissia 퍼트리샤 ✦ 나만의 보폭으로 나아가기 296

Hajar 하자르 ✦ 삶에 끊임없이 질문하기 304

Andrew 앤드루 ✦ 흘러가는 삶 312

Erika R 에리카 R ✦ 삶으로 전진하는 노마드 320

Troy 트로이 ✦ 스스로 행복할 것 328

Matt 맷 ✦ 계속해서 삶을 개척하는 방법 336

Genaro 제나로 ✦ 미장센의 꿈을 향하여 344

Yann 얀 ✦ 스포츠로 이해하는 세상 352

PART 5 이상을 향해

Tim 팀 ✦ 일상을 바꾸는 정치 362

Jona 요나 ✦ 낙관의 철학자 372

Zirek 지렉 ✦ 좋아하는 일 380

Cristian 크리스티안 ✦ 스스로를 사랑하는 법 388

Chale 찰리 ✦ 스스로를 정의하기 396

Mariana 마리아나 ✦ 굳건히, 앞으로 406

Mariam 마리암 ✦ 자유로이 유영하는 무국적 소녀 416

Aldana 알다나 ✦ 불안을 극복하는 삶 426

Prae 프래 ✦ 사랑하는 도시를 새롭게 기억하기 434

Hatice 하티제 ✦ 지속 가능한 행복 꿈꾸기 444

PART 1

편견을
이겨내는
다양성

Maria

\# 20대 후반
\# 메데인, 콜롬비아
\# 인스타그램 @mluciacardenasr

마리아
자유롭지만 진지하게

자유로운 웃음을 머금고 마리아가 왔다. 끊임없이 깔깔대며 한국에서의 모든 순간을 담아내는 그녀는 말괄량이 소녀 같았다. 새로운 시작에 앞서 짧게 잘랐다는 머리는 어깨에 닿을락 말락 했고, 그래서인지 더욱 붕 떠 하늘로 날아오를 것만 같았다. 그런 그녀가 진지해지는 순간이 있다. 커리어를 향한 길 앞에 설 때다. 마리아는 콜롬비아 여성으로서 마주했던 편견들을 하나둘 부수어가며 굳건히 나아갔고, 그 전진하는 발걸음 위엔 당찬 소녀가 자리 잡고 있었다. 나는 오래전 머물렀던 콜롬비아의 풍경을 떠올리며 마리아를 인터뷰했다. 그녀는 콜롬비아만큼이나 역동적인 미소로 답했다.

#여행 #정체성 #편견 마주하기 #마케팅

잘 지냈어? 그동안 어떻게 지냈어?

M 잘 지냈어. 작년에 여행을 다녀왔는데, 내 인생에서 가장 긴 여행 중 하나였을 거야. 한 달 동안 아시아와 뉴욕을 여행했으니까.

가장 길었던 그 여행에 관해 좀 더 들려줘.

M 2015년에 튀르키예로 봉사활동을 갔다가 인도네시아 친구랑 친해졌어. 우리는 서로의 결혼식에 신부 들러리가 되어주기로 약속했지. 10년 전의 약

속대로 그 친구의 결혼식에 참석하느라 인도네시아와 함께 한국을 방문했어. 한국은 원래 꼭 가보고 싶은 나라였어. 코로나19 사태 이후로 한국 문화와 음식에 많은 관심이 생겼었거든. 한국에서 일주일 동안 지내며 맛있는 음식을 잔뜩 먹고, 뉴욕으로 가서 친구 집에 머물며 도시를 구경했어.

튀르키예를 제외하면 인도네시아가 처음으로 방문한 아시아 국가였어?

M 인도네시아가 내 첫 동남아시아 여행지였어. 튀르키예는 유럽이랑 아시아 사이에 있어선지 유럽도, 아시아도, 중동도 아닌 독특한 느낌을 지니고 있잖아. 그런데 인도네시아는 처음 방문한 아시아 국가인데도 낯설지 않고 편안하더라고. 친구 결혼식에 참석하러 간 덕분에 그 친구네 집에서 지내며 현지 문화를 자연스럽게 경험할 수 있었어. 덕분에 다양한 곳을 다니고 여러 음식도 맛볼 수 있었는데, 나는 음식이라면 뭐든 도전하는 스타일이라 소의 뇌 같은 것도 먹어봤어.

한국은 어땠어?

M 한국 여행은 최고였어. 처음에는 SNS에 가고 싶은 곳을 저장만 해둔 상태라 막막했는데, 네가 도와준 덕분에 제대로 한국을 즐길 수 있었어. 현지에 대해 잘 아는 사람과 여행하면 그곳이 더 특별하게 느껴져. 그 사람의 시선으로 도시를 이해할 수 있으니까.

한국 여행이 좋았다니 다행이야. 음식 중에는 뭐가 제일 맛있었어?

M 순대 빼고는 전부 다! 삼겹살, 회, 전, 양념치킨, 한강라면까지 다양하게 먹었는데 특히 추운 겨울날 한강에서 먹은 라면은 아직도 잊을 수 없어. 한국에 가기 전, 매운 음식에 대비하려고 콜롬비아에서 미리 라면을 먹어보고 과일소주랑 막걸리도 맛봤던 기억이 나.

뉴욕은 어땠어?

M 친구들과 함께한 건 좋았는데 도시는 생각보다 더러웠어. 거리 곳곳에서 쓰레기와 쥐가 보였지만, 그래도 자연사 박물관은 영화 〈박물관이 살아있다〉 속 장면들을 연상시켰고 센트럴 파크는 아름다웠어. 콘크리트 정글 속 울창한 숲이었지. 브루클린과는 사랑에 빠졌고.

다양한 도시를 여행했는데 각각의 도시가 어떻게 달랐어?

M 모든 도시가 완전히 달랐어. 재미있게도, 인도네시아의 자카르타는 라틴 아메리카의 도시들을 보는 듯했어. 사람들의 모습, 도시 구조, 부와 빈의 경계까지 남미 도시와 비슷하더라고. 특히 유럽풍 건물 옆에 허름한 동네가 있는 풍경은 콜롬비아를 떠올리게 했어. 열대 기후 때문인지, 아니면 다른 이유가 있는지는 몰라도 그렇게나 비슷한 모습이 신기했어.

아마 둘 다 아닐까. 건축물 형태나 도시 구획의 설정은 지리와 기후 영향을 어느 정도 받을 테니까. 역사적으로는 서구 유럽의 식민지 역할을 오랫동안 했다는 공통분모도 있잖아. 비슷한 경제 수준도 한몫할 테고.

M 동감이야. 사람들은 콜롬비아에 정글만 있을 거라고 짐작하지만 사실 고층 건물과 발전한 도시도 많아. 나도 인도네시아를 그렇게 쉽게 단정했었는데 자카르타의 고층 건물들을 보고 깜짝 놀랐어. 보고타(콜롬비아의 수도)보다 유럽풍 건물도, 대형 건물도 많았거든.
그 밖에 한국 도시들은 정갈하고 미적 감각이 뛰어났고, 뉴욕은 고전적이면서도 다양성을 갖춘 도시였어. 물가는 높지만 뉴욕 또한 사람들이 살아가는 곳이었지.

여행에 관한 질문을 하나 더 할게. 마리아는 콜롬비아 여성이잖아. 그 정체성을 바탕으로 다른

나라 사람들로부터 편견을 경험해 본 적이 있어?

M 여러 번 겪었어. 첫 번째 편견은 '콜롬비아 여성들은 접근하기 쉽다'는 거야. 이 말을 직접 들었던 적이 있어. 그래서 상대방에게 나는 한 번도 남자 친구를 사귄 적이 없다고 말했지. 콜롬비아는 가톨릭 사회고 우리가 지키는 사회문화적 가치가 있어. 옷차림이 다르다고 해서 콜롬비아 여성들을 쉽다고 생각해선 안 돼. 옷차림은 그저 패션일 뿐이지.

속상했겠다. 그런 말을 들었다니 참 유감이야.

M 두 번째 편견은 '콜롬비아가 세계 최대의 마약 생산국'이라는 거야. 넷플릭스의 〈나르코스〉(콜롬비아의 마약 카르텔 근거지였던 메데인에서 활동한 세기의 마약왕 파블로 에스코바르를 다룬 시리즈)가 큰 영향을 끼친 것 같아. 내가 메데인에 산다고 하면 종종 "파블로 에스코바르를 알아?"라고 묻는데, 그 사람을 개인적으로 알 리 있겠어? 수많은 악행을 저지른 인물에 대해 말하며 사람들이 미소 짓는 걸 이해할 수 없어. 그는 여론을 조작하고, 살인을 밥 먹듯이 하고, 아이들과 임산부 그리고 경찰과 기자를 수없이 죽였어. 절대로 멋진 사람이 아니야. 그리고 세 번째 편견은 '콜롬비아인은 모두 마약을 한다'는 건데 나는 단 한 번도 마약을 해본 적이 없어.

마리아가 생각하는 콜롬비아는 어떤 나라야?

M 콜롬비아는 라틴 아메리카에서 가장 교육열이 높은 나라야. 교육열이 높은 만큼 좋은 대학도 다수 있어. 많은 미국 회사가 콜롬비아에 지사를 두고 콜롬비아인들을 고용하고 있지. 물론 폭력 사건도 일어나지만 집을 나선다고 해서 괴한에게 바로 납치당하는 일은 없어. 안전한 지역과 그렇지 않은 지역이 있는 건 다른 나라들도 비슷하잖아. 콜롬비아가 부정적인 이미지로만 소비되지 않았으면 좋겠어.

마리아는 그 편견들을 어떻게 극복해 냈어?

M 콜롬비아 여성에 대해 말한 친구에게 그건 섣부른 추측일 뿐이라고 말해줬어. 마약에 대해 물어본 친구에게는 마약 산업 때문에 죽어가는 농부들과 아이들에 대해 이야기해 줬지. 진지한 토론을 한 건 아니었지만 편견 너머의 이야기들을 해주고 싶었어. 콜롬비아가 마약을 수출하고 있다곤 해도 그걸 가장 많이 소비하는 나라는 콜롬비아가 아니야. 수요를 없애지 않고 공급만 탓하는 건 잘못되었다고 생각해.

조금 더 개인적인 질문을 할게. 인터뷰를 진행하면서 여러 나라 사람들과 이야기를 나눴는데, 그들은 각자 개별적이어서 결코 자신들의 나라를 '대변'한다고 할 수는 없는 이들이었어. 마리아는 사회적·경제적 그리고 문화적으로 스스로가 콜롬비아 여성을 대변할 수 있다고 생각해?

M 나는 내가 '콜롬비아의 평균적인 20대 여성'을 대변할 수는 없다고 생각해. 부모님 덕분에 사립 대학교에서 석사를 졸업했고, 영어도 할 수 있어. 이런 점에 있어서 스스로 사회의 특권층이라는 걸 인정할 수밖에 없어.
하지만 나는 동시에 멋진 미소를 가졌고 아름다움에 관심이 많아. 콜롬비아 발음으로 영어를 하고 살사도 출 수 있지. 이런 점에선 어느 정도 콜롬비아 여성상에 부합하는 것 같아. 결국, 나는 콜롬비아 여성을 대변할 수도, 그럴 수 없기도 해.

마리아는 지금 어떤 일을 해?

M 마케팅을 사랑해서 마케터로 일하고 있어. 회사에서는 디자이너, 카피라이터, 이벤트 매니저, 콘텐츠 라이터 등 일곱 명으로 구성된 팀을 이끌고 있지. 회사 내부 업무를 맡기도 하고 고객들과 직접 협력하여 인터넷 플랫폼에 회사 홍보를 하거나 이벤트를 진행하며 파트너십을 맺기도 해.

국제 관계와 경영을 공부한 걸로 아는데, 앞으로도 계속 마케팅 쪽에서 일하고 싶어?

M 당분간 지금처럼 민간 부문에서 일하며 더 많은 걸 배운 다음, 언젠가는 B2C 업무도 해보고 싶어. 현재 B2B를 담당하고 있지만 더 큰 도전을 하고 싶고 능력 있는 사람들과 비즈니스를 이어주는 역할도 하고 싶은 꿈이 있어.

여행 이야기를 할 때의 미소 가득했던 모습과는 다르게, 일과 책임에 관해 말할 때는 아주 진지해지는 것 같아.

M 내가 가진 여러 정체성들이 나를 만들어가는 게 아닐까. 회사에서는 맡은 일에 책임을 다하는 마리아로, 일상에선 여행을 좋아하는 루시아로 지내. 친한 사람들은 나를 치아(Chia)라고 부르기도 해. 이처럼 일에선 전문성을 유지하고 친구들 앞에선 자유롭고 친근한 모습을 보이는 게 모두 나야.

작은 체구의 마리아는 당차게 편견을 헤쳐 나가며 삶을 여행하고 있었다. 마리아의 미소는 역동적인 콜롬비아와 닮았다. 그 역동성 위에서 앞으로 나아가는 그녀의 삶이 더욱 궁금해졌다. 인터뷰 말미에 마리아에게 '행복'에 관해 묻자, 행복에 관해 정의할 수 없다면서도 불행을 겪지 않고는 행복에 관해 이야기할 수 없다고 말했다. 슬픔과 좌절 속에서야 우리는 삶에 감사할 수 있는 거라고 믿고 있었다. "삶은 혼돈을 향해 나아가. 하지만 그 가운데서 우리가 가장 조그만 행복을 붙잡고 웃을 수 있다면 그걸로 충분하지 않을까." 삶에 있어서 그녀는 자유로워지고 싶었는지도 모른다. 언젠가 다시 만날 그날이 기다려졌다. 그때의 마리아는 또 어떤 모습을 보여줄까.

Mie

#30대 초반
#도쿄, 일본
#인스타그램 @mie._.den

미에
동아시아인 혹은 오늘의 노마드

외국에서 오래 머물다 한국에 돌아올 때면 나는 자신의 정체성에 관해 자문하고는 했다. 다양한 문화와 관습의 파도에서 정체성은 쉬이 흔들렸기에, 한국인의 자아를 마음속 깊숙한 곳에서 꺼내봐야만 했다. 미에는 내가 아는 누구보다도 다양한 정체성을 가진 사람이다. 일본에서 생의 팔 할을 보낸 한국계 중국인. 중국에서 태어난 미에는 자신을 '노마드'라고 칭하며 현재는 서울에서 지내고 있다. 미에에게 네 정체성은 무엇이냐고 물었을 때, 그녀는 간명하게 대답했다. 나는 동아시아인이야.

#번아웃 #국적과 정체성 #노마드 #동아시아

어떻게 지내고 있어?

M 잠시 쉬고 있어. 작년에 번아웃이 와서 다니던 일본 회사에 처음으로 휴직을 신청했는데, 정말 잘한 결정이었다고 생각해.

어쩌다 번아웃이 왔어?

M 그 질문에 답하려면 내 커리어를 돌아봐야 해. 대학생 때 미국 유학을 다녀온 후 미국에서 일하고 싶다는 목표가 생겼어. 그래서 나고야에서 영업직

으로 일하며 돈을 모으고 계획도 세웠는데, 곧 도쿄로 파견되면서 대도시의 매력에 빠져 3년을 살았어. 그때 나는 어디서 살든 시간이 지나면 익숙해지고 비슷해진다는 걸 깨달았어. 미국에 돌아가도 같았을 거야. 그래서 진짜 중요한 건 '어디에 있느냐'가 아니라 '내가 뭘 하고 싶은지'를 생각하는 것이란 결론을 내렸어.

그래서 뭘 하고 싶었어?

M 전에는 막연하게 외국으로 가고 싶다는 것, 그리고 새로운 걸 좋아한다는 점을 빼곤 나 자신에 관해 잘 몰랐던 것 같아. 그저 좋아하는 일을 하며 돈 버는 게 이상적일 거라고 생각해서 마케팅 광고 회사에 들어갔고, 여러 경험을 통해 내가 좋아하고 잘하는 게 무엇인지 조금씩 알게 됐지. 거기까진 좋았는데, 최근 2년간 계속 원격 근무를 하면서 결국 번아웃이 온 것 같아. 성격상 혼자 일하는 게 정말 안 맞거든.

마케팅 관련 업무는 어떻게 시작했어?

M 미국 유학을 마치고 돌아와 디지털 마케팅 업무에 대해 알아봤어. 사람의 심리를 분석하고 그에 맞춰 마케팅 전략을 세우는 과정이 흥미롭게 느껴졌거든. 리서치를 하고 업계 사람들에게 질문하면서 마케팅 실무를 이해하려고 노력했지. 결국 똑똑한 사람들 옆에서 직접 일하며 더 배우고 싶다는 결론을 내리면서 스타트업에 지원해 일을 시작했어.

그 일이 현재 하는 일이야?

M 이후 한 번 더 이직했는데 사람들과의 교류가 부족했어. 그래서 지금은 잠시 쉬면서 다른 길을 모색 중이야.

자신이 직면한 고민을 이야기하는 미에의 눈은 밝게 빛났다. 작년 이맘때의 어두운 분위기는 사라지고, 탈출구를 찾은 것 같았다. 원격 근무는 장단점이 공존한다. 스스로 시간을 계획할 수 있는 점, 어디서나 일할 수 있는 점, 출퇴근에 시간을 낭비할 필요가 없는 점, 매일 쓸데없는 커피챗(coffee chat)과 회식에서 벗어날 수 있는 점은 장점이다. 하지만 팀과의 소통 부재, 외로움, 인간관계에서의 고립, 불규칙한 업무와 같은 단점도 있다. 미에에게는 후자의 영향이 더 컸고, 현재 그 해답을 찾아 일을 쉬고 있었다. 미에가 답을 찾았을까, 하는 궁금함을 잠시 뒤로하고 그녀의 서사를 되짚었다.

미국과 일본, 중국과 한국. 미에는 다양한 국가에 발을 디디고 살아가잖아. 미에라는 사람의 인생 타임라인을 그려보고 싶어.

M 나는 중국에서 태어났지만, 부모님이 일본 유학 후 그곳에 정착하시면서 우리 가족은 일본에서 살게 되었어. 나는 중국과 일본 국적 중 하나를 선택할 수 있었는데 중국 국적을 선택했지. 내가 중학생 때 엄마가 일본 국적을 원하냐고 물으셨는데, 일본인이 되고 싶지 않다면서 울었다고 해.

후회하지 않아? 일본에서 가장 오래 살았잖아.

M 사실 지금도 일본인이 될 수 있어. 다만 5년 이상 일본에 거주하고 1년에 6개월 이상 머물러야 한다는 조건이 있지. 하지만 노마드 생활을 하다 보니 그 조건을 충족하기가 어렵더라고. 그래서 당분간 영주권을 가지고 살기로 했어. 어차피 계속 일본에서 살다 보면 언젠가는 일본인이 될 테니까.

그러면 도대체 한국어는 왜 잘하는 거야?

M 부모님 두 분이 조선족이라 가끔 한국어로 대화해. 어쨌든 나는 여덟 살에 일본으로 왔고, 대학생 때 2년 반 동안 미국에서 지낸 걸 제외하면 20년 넘게 일본에서 살았어.

본인이 일본, 중국, 한국 중 어떤 나라 사람이라고 생각해?

M '동아시아인'이 가장 잘 맞는 표현 같아. 나도 항상 어떤 프레임에 자신을 가두려고 해왔어. 미국에서는 일본인이라고 자신을 소개하기도 했지. 일본에서 가장 오래 살았고 일본 친구들과 일본 학교에 다니면서 일본 문화를 배웠으니까. 중국어는 초등학생 수준이고 한국에선 오래 살지 않았어. 그러다 미국에서 지낸 후 내 정체성에 대해 이렇게 생각하게 됐어. 사실 나는 한국과 일본 문화가 섞인 중국인이라고 할 수 있지 않을까.

미에는 굳이 구분하자면 한국적인 사람이야, 일본적인 사람이야?

M 한국적이면서도 일본적인 면이 혼재된 것 같아. 예를 들어 나는 한국의 '정' 문화가 참 좋아. 한국 친구들은 마치 가족 같고 친근해. 반면 일본인들은 개인주의적이고 서로 쉽게 모이지 않아. 한국에서 놀란 적이 있는데, 친구의 한국인 남편이 친구들과 매주 같이 운동하고, 또 친구 결혼식에 참석하려고 4시간이나 운전해서 가는 걸 보고 정말 다르다고 느꼈어. 또 한국은 독서 모임 등 소모임이 많고 사람들과 만날 수 있는 앱도 있지만 일본은 그런 게 없어. 한국 사람들은 일본 사람들보다 서로 더 자주 교류하는 것 같아.

일본인들은 외부 지향적이지 않다는 뜻이야?

M 맞아, 일본인들은 어른이 되면 개인 시간에 집중하거나 알던 사람들만 만나곤 해. 새로운 사람을 만나는 일이 잘 없어.

통계적으로 최근 일본의 젊은 층들은 자국에 안주해서 외국으로 나가는 걸 꺼린다고 들었어. 반면 한국인들은 기회만 있으면 어디론가 떠나려고 하잖아. 그런 맥락일까?

M 미국에서 유학했을 때도 그랬어. 한국 사람들은 미국에 남으려고 하고 일본 사람들은 일본으로 돌아가려고 했지. 일본은 깨끗하고 안전한 나라니까

돌아오는 게 당연해 보이기도 해. 그런데 사실, 일본인 여권 발급 비율이 고작 20퍼센트일 정도로 외국에 나가는 사람이 적고 기업도 내수만 신경 쓰는 악순환이 반복되고 있어.

'잘라파고스(Jalapagos)'라는 신조어를 들은 적 있어. 일본의 갈라파고스화라고.

M 맞아, 일본은 경제나 인구 규모가 크니까 외부 시장을 고려하지 않아도 될 만큼 충분히 자급자족할 수 있어.

다른 일본적인 특징은 뭐가 있을까?

M 개인이 나서는 걸 싫어하고, 이상하다고 생각하는 게 있어도 집단을 그대로 따라가. 일본에는 '다테마에'와 '혼네'라는 개념이 있어. 다테마에가 상대방에게 드러내는 마음이라면 혼네는 진짜 속내야. 일본 사람들은 쉬이 속내를 드러내지 않아. 남에게 피해를 주지 않고 손님에게 항상 친절하게 응대하는 문화도 다테마에로부터 비롯되었다고 하는데, 나는 둘 다 싫어해. 예를 들어 나는 일본 중학교에서 영어를 배울 때 일부러 일본인들처럼 발음을 했어. 남들보다 튀어 보이기 싫었거든. 대학교에 가서야 미국식 발음으로 바꿨던 기억이 나. 이런 일화조차 일본 문화를 상징적으로 잘 드러낸다고 생각해. 물론 내가 일본 문화를 비판한다고 해서 일본을 싫어하는 건 아니야. 나는 일본에서 자라왔기 때문에 역시 그곳이 가장 편해. 일본은 모두가 예의 바르고, 그래서 불쾌할 일도 잘 없는 나라지. 모든 문화에는 장단점이 있어.

한국에 자주 오는 이유가 있어?

M 회사를 다니며 미래에는 뭘 하고 싶은지 계속 찾았어. 다행히도 자율성이 높은 회사라 새로운 경험을 하기 좋았지. 그러던 중 '과연 일본이 내게 맞는 나라인가?' 하는 고민이 시작됐어. 그래서 방콕과 서울에서 시간을 보낸 다

음, 한국에서 더 살아보자고 결심하고 4개월을 있었던 거야. 나는 자연도 좋지만 여전히 도시에 더 끌리거든. 도시에선 사람들을 만나고 커뮤니티를 만들 수 있으니까.

한국의 어떤 점들이 좋았어?

M 한국 노래. 성시경, 10cm, 멜로망스 같은 가수들의 발라드곡을 좋아해. 시작은 동방신기였어. 그러다 한국 예능과 콘텐츠도 좋아하게 되면서 한국 문화에 관심을 갖게 됐어.

한국과 일본을 각각 색으로 정의하면 어떨까?

M 한국은 빨간색, 일본은 주황색. 한국인들은 열정적이고 일본인들은 예의 바르지만 열의가 부족한 면이 있지. 나는 한국에서 자라지 않아 그 이유까진 잘 모르지만 제삼자의 시선에선 그렇게 느껴졌어. 일본에서 자랐다면 주황색 일본에 만족했을지도 몰라. 하지만 이렇게 다양한 경험을 하고 더 많은 문화를 알아가는 건 정말 특별한 일이야. 각자 다른 색 속에서, 다양한 풍경을 보고 살아가는 게 좋아.

어쩌면 우리는 모두 사회로부터 '정상성'을 강요받는 피해자일지도 모른다. 우리는 제각기 다르고 조금은 모날 수도 있는데, 사회는 그 모남을 이해하지 못한다. 대신 우리가 둥글기를, 다른 사람들과 같은 생각을 하고 살아가기를 바란다. 그런 우리에게 미에는 더 많은 것을 보고 느끼라고 말한다. 세상은 넓고 다양한 색으로 둘러싸여 있다. 그 색깔들을 하나둘 바라보다 보면, 나의 모남도 결국 결점이 아닌 자신만의 고유한 매력이 될 수도 있을 터였다. 삶을 긍정적으로 바라보기 시작한 미에는 그 걸음을 모두와 함께 나누고 싶어 했다. 그 단단한 발걸음이 기대되었다.

Kit

20대 후반
셰필드, 영국
인스타그램 @kit_cat_9617

키트
처음 하는 사랑

벙거지를 푹 눌러쓴 키트와 친구가 되었다. 다양한 국적의 친구와 함께 살아가는 코리빙 하우스를 수원에서 운영한 지 2년, 처음으로 남자 셋이 살게 된 순간이었다. 키트는 수줍은 표정으로 인사를 건네더니 자신을 "영국에서 온 홍콩 사람"이라고 소개했다. 수줍음 면면에선 숨길수 없는 장난기가 드러났다. 키트는 한 달을 머물렀다. 우리는 아침 9시면 함께 운동하고 오후 1시엔 같은 책상 앞에 앉아 각자의 일을 했다. 저녁 8시엔 따로 또 같이 저녁을 먹었고 밤 11시엔 맥주잔을 기울였다. 한 달이라는 시간은 짧지만 길었다. 일하다 말고 툭툭 던지던 장난 섞인 말들, 홍콩과 영국 그리고 중국과 한국을 오가는 이야기들. 종종 이야기에 빠져 일을 등한시할 정도로 대화는 끝이 없었다. 키트가 떠나기 하루 전, 그와 마주 앉았다.

#정체성 #첫사랑 #영국과 홍콩 #한국 한 달 살기

홍콩에서 언제 영국으로 갔어?

K 2016년이었어. 홍콩에서 고등학교를 졸업하고 영국 브라이턴에서 대학 기초 과정을 1년간 밟았지. 영국은 대학에 진학하는 두 가지 방법이 있는데, 어려운 시험을 치르는 방법과 기초 과정을 거쳐 대학에 가는 방법이야. 나는 후자를 택했어.

홍콩 사람들은 영국 대학을 많이 가는 편이야?

K 유학이라면 영국으로 가는 게 보통이야. 정치적인 이유 때문인지 최근엔 그 경향이 더 강해졌어. 한국도 비슷하지 않아? 부모들은 자녀가 좋은 대학을 나와서 좋은 직업, 이를테면 의사나 변호사 같은 직업을 갖길 원해. 사회에는 다른 다양한 직업들도 필요할 텐데 말이야.

그렇지. 다른 질문이 있어. 통계적으로 보면 한 국가에서 다른 국가로 유학을 갈 때, 다수의 국가가 식민 모국을 선호하는 경향이 있더라고. 예를 들면 인도 사람들은 영국 유학을 미국 유학보다 선호하는 경향이 있어. 반면 신탁 통치 기간을 거쳐 그 이후에도 내내 미국의 영향을 많이 받은 한국은 미국 유학을 더 선호하지. 홍콩에도 그런 경향이 있을까?

K 응, 홍콩 사람들은 영국을 정말 좋아해. 매년 5천 명이 넘는 사람들이 영국 대학으로 진학할 정도니까.

영국에선 뭘 공부했어?

K 컴퓨터공학과 인공지능을 공부했어. 이름이 매력적이라 시작했지.(웃음) 프로그램을 만들고 컴퓨터 연산을 연구했는데 수학에 가까운 이론적 내용이 많았고 실용적인 것보단 이론에 집중했어. 사실 난 수학을 잘 못해. 그래서 결국 웹사이트 만드는 일을 선택한 건지도 모르겠어. 인공지능은 너무 어려웠고.

지금 하는 일을 사랑해?

K 사랑까지는 모르겠는데, 정말로 좋아하는 건 맞아.

일을 시작한 지 얼마나 되었어?

K 대학 졸업 후에는 졸업 비자로 영국에 머물렀어. 첫해에는 뭘 해야 할지 몰랐고 자신감도 없어서 주로 대학 내 일본 소사이어티(같은 관심사나 활동을 공유하는 학생들이 모여 만든 동아리나 모임)에 가서 친구를 사귀고 함께

어울려 술도 마셨어. 그곳에서 일본과 아시아 친구들을 많이 만났는데 나처럼 애니메이션을 좋아하는 친구들도 있었지. 그 1년이 사람들과 소통하는 법을 배우는 데 큰 도움이 된 것 같아. 그 후 레스토랑에서 잠깐 일하다가 지금 하는 일을 시작했어.

조금 웃긴 질문인데, 키트는 5년 후 자신이 무슨 일을 하고 있을 것 같아?

K 지금처럼 원격 근무를 하며 세계를 여행하고 싶어. 내 집도 가지고 싶은데 홍콩에선 아니고 영국 집값이 내려가면 영국 어디선가 살고 싶어.

오후 1시면 키트와 나는 마주 보고 앉아 각자의 일을 시작했다. 내가 정치 폭력과 무장 분쟁 리포트를 읽는 동안 키트는 열심히 워드프레스를 들락거리거나 코딩 작업을 했다. 문과와 이과의 간극은 넓었지만 일상을 공유하는 데 문제가 되진 않았다. 키트는 익살스러운 구석이 있어서 종종 플라스틱 바퀴벌레 장난감을 내 노트북 위에 올려놓았고, 나는 복수로 그걸 키트의 신발에 몰래 넣어두곤 했다. 그 장난스러운 미소, 으쓱이는 어깨를 보고 있노라면 세상의 지난한 문제들이 다 덧없어 보였다. 집을 사고 싶다는 말에 주제를 바꿔서 다시 질문을 던졌다.

집을 사고 싶다고? 현재 정부에서 그게 가능할까?

K 리시 수낵(인터뷰 당시의 영국 총리)에 대한 기대는 처음부터 최저였지만 그의 정치는 더더욱 나빠지는 것 같아. 브렉시트를 이끈 보리스 존슨, 아무것도 안 하고 사라진 리즈 트러스도 있었지만 지금의 정치는 누구를 위한 건지 도통 모르겠어. 내 주변 친구들은 모두 브렉시트에 반대했는데, 높은 연령대 사람들과 지방 사람들 그리고 일부 젊은 남자들이 찬성했다고 하더라고.

혹시 영국에서 지내며 인종차별을 겪은 적은 없어?

K 딱히 신경을 안 써서 잘 모르겠어. 초등학생 정도의 아이들에게 차별적인

언사를 들은 적이 있지만 그 외엔 없었던 것 같아. 나는 원체 집에서 애니메이션을 보거나 게임하는 걸 좋아해서 밖에 잘 나가지 않았거든. 소사이어티 생활이나 연애를 시작하기 전에는 외출을 잘 안 했어. 처음 영국에 왔을 땐 영어 발음도 홍콩식이라 더 그랬지. 동아시아 사람들, 특히 홍콩, 대만, 중국 사람들은 영국식 발음을 가지고 싶어 하잖아. 그게 멋져 보이니까. 나도 처음엔 그랬는데 지금은 어느 정도 포기했어.

사실 영어를 쓰는 화자의 수를 놓고 보면 인도인이 제일 많잖아. 그런데 왜 영국식 언어가 가장 우월하고 인도식, 홍콩식, 한국식 영어는 놀림의 대상이 되는 걸까. 언어를 통해 사회적 계층을 만드는 것 같아.

K 나도 그렇게 생각해. 아무튼, 지금은 발음보다 소통이 더 중요하다는 걸 깨달아서 굳이 바꾸려고 노력하지 않아.

그래도 지금 발음은 완전히 영국식인데? 키트의 한국인 여자 친구도 그렇고.

K 여자 친구는 영국에서 1년밖에 살지 않았어. 그 발음은 모두 한국에서 배운 거래.

셰필드대학에서 같이 공부했던 거 아니었어?

K 같이 공부했지만 여자 친구는 교환학생으로 왔어. 셰필드의 레스토랑에서 함께 일하면서 알게 되었는데 정말 귀엽고 멋진 사람이었어.
하루는 그녀가 한적한 공원에서 밤중에 혼자 맥주를 마시는 걸 봤어. 대학도시긴 하지만, 영국 지방 도시의 공원에서 늦은 시간에 맥주 마시는 건 추천할 만한 일이 아닌데 정말 용감하다고 생각했지. 그래서 다가가 같이 마시자고 말했어.

그녀를 사랑해?

K 응, 첫 여자 친구이고, 처음으로 사랑에 빠진 사람이야. 함께 있을 때면 마치 10대 시절로 돌아간 것 같은 기분이 들어. 직설적이고 솔직한 성격인데, 우리가 사귀게 된 것도 그런 그녀 덕분이었어. 어느 날 함께 공원을 걷던 중 왜 자신과 만나는 거냐고 내게 물었거든. 처음엔 용기가 나지 않아서 애매하게 대답하려고 했지만 그녀가 진지한 답을 원해서 결국 고백했어.

키트가 한국에서 한 달간 머문 이유도 여자 친구 때문이었다. 코리빙 하우스가 있는 아파트 단지 옆 동에 여자 친구가 살았던 것이다. 매일 아침 7시면 키트는 출근하는 여자 친구를 버스정류장에 바래다줬고, 저녁 7시면 다시 같은 곳에 마중 나갔다. 키트가 하루 중 가장 밝게 웃는 순간은 여자 친구와 함께하는 저녁 식사 시간이었다. 둘은 부엌에 앉아 오손도손 하루 일과를 나눴고, 키트는 그녀의 자리에 플라스틱 바퀴벌레를 내려놨다가 한참 구박을 받았다. 기념일에 꽃을 준비하지 못한 키트가 동네 슈퍼에서 브로콜리를 한 송이 사서 여자 친구에게 건넨 날에는 그녀가 내게 얼마나 하소연하던지. 나는 그 하소연이 참 유쾌했다.

키트는 영국인이야, 홍콩인이야?

K 두 정체성이 섞인 것 같아. 중국에서 태어났지만 서너 살 때 홍콩으로 가서 중국에 대한 기억은 별로 없어. 부모님은 모두 중국인이셔. 아빠는 열세 살 때 홍콩에 와서 일을 시작했고, 아빠 가족은 싱가포르와 다른 지역에서 무역 일을 했어. 아마 사업 때문에 홍콩으로 넘어왔을 거야.

그럼 키트는 홍콩인이야, 중국인이야?

K 홍콩 사람이야. 홍콩에서 그곳의 문화와 미디어를 접하며 성장했어. 유년 시절이 모두 홍콩과 연결되어 있기 때문에 나는 스스로를 홍콩 사람이라고 느껴.

홍콩의 젊은 세대는 홍콩을 떠나고 싶어 해?

K 응, 내 몇몇 고등학교 동창은 몇 년 전에 체포됐어. 그리 친한 친구들은 아니라 지금은 어떻게 지내는지 잘 모르겠어. 내가 아는 건 그중 한 친구의 가족과 아내, 두 자녀가 홍콩을 떠났다는 것 정도야. 지금 대만인들이 공포를 느끼는 이유는 홍콩을 보면서 자신들의 미래를 예상하기 때문일 거야.

키트가 이제 한국을 떠나는 게 슬퍼. 뭐랄까, 특유의 익살스러움, 어색함을 못 참는 재치, 그리고 끊임없이 짓는 미소. 그것들을 못 본다는 게 아쉬워.

K 이번에 영국으로 돌아가면 최소 2년은 꼼짝 말고 있어야 해. 영국에서 계속 살고 싶은데, 그러려면 거주 비자를 받아야 해서 당분간은 나올 수 없을 거야. 브렉시트 때문에 다른 유럽 국가도 갈 수 없지만 나중에 비자를 받으면 홍콩도 가고 한국도 오고, 자유롭게 세계를 여행하며 일하고 싶어. 그때 다시 볼 수 있지 않을까?

올해의 목표는 뭐야?

K 음, 좀 더 나 자신을 '가꾸고' 규칙적인 생활을 하고 싶어. 그리고 앞서 계획한 것들을 꾸준히 실천했으면 좋겠어.

한 달의 시간이 흘렀고, 키트는 떠났다. 나는 그 빈자리를 바라보며 글을 정리했다. 키트가 자신을 '가꾸고' 싶다고 했을 때 썼던 단어는 '정돈된 사람'이 되고 싶다는 의미의 'tidy'였다. 그는 종종 잡동사니들을 어지르거나 거실 소파에 수시로 누워 있곤 했는데, 나는 그 '정돈되지 않은' 키트의 모습이 제일 그리웠다. 좋아하는 사람을 위해 한 달간 생에 단 한 번도 마주하지 않았던 풍경 속에서 살아간다는 건 많은 용기가 필요한 일이었다. 그 용기에, 익살에, 미소에, 한 달 동안 참 고마웠다. 키트는 떠났지만 나는 여전히 같은 일과를 반복한다. 어느 날 갑자기 나타날 키트와 마주할 그날을 기약하며.

Julia P

20대 중반
헬싱키, 핀란드

율리아 P
헬싱키에서 상대방과 거리를 줄이는 방법

풍성한 녹음이 내려앉은 헬싱키에서 율리아를 처음 만난 건 2017년의 어느 여름날이었다. 지지 않는 해를 따라 함께 핀란드의 작은 마을, 수오미를 걸었다. 그 이후 율리아를 두어 번 만났다. 플랫에서 열렸던 작년 생일 파티, 충무로의 아담한 한옥마을에서 함께 바라봤던 벚꽃. 갓 10대를 넘겼던 율리아는 어느새 대학교를 졸업하고 어엿하게 자신의 삶을 책임지는 멋진 사람이 되어 있었다. 율리아가 1년 만에 다시 한국에 왔다는 연락에 냉큼 그녀를 보러 달려갔다. 오랜만에 마주한 율리아에게 진한 포옹을 건넸다.

#한국 여행 #사회적 거리 #정치 #의료 기기 산업 #독립 역사

한국 방문이 벌써 네 번째라고 들었어. 어떤 목적으로 한국에 방문했던 거야?

J 처음 두 번은 친구들을 만나러 왔어. 세 번째 방문인 작년 봄에는 교환학생으로 왔었고, 이번엔 다시 친구들을 보러 온 거야. 원래 대학 졸업 후 한국에서 편히 쉬려고 했는데 일이 시작돼서 겨우 보름간 휴가 내고 여행 왔어.

학업을 목적으로 왔을 땐 다른 방문들과 비교해 무엇이 달랐어?

J 일상이 완전히 달랐어. 서울과학기술대학교에서 공부했는데, 기숙사에

부엌이 없어서 먹는 것에 좀 더 신경을 써야 했지. 그 외에는 괜찮았고 일정 점수만 넘기면 학점을 이수할 수 있어서 수업도 편하게 들었어. 친구도 사귀고 서울을 떠나 부산과 제주도를 방문하며 한국을 더 알아갈 수 있었어.

가장 좋았던 곳은 어디야?

J 제주. 4박 5일 있었는데 처음 며칠은 서북쪽에 있다가 나중에는 서귀포까지 운전해서 갔어. 그거 알아? 제주는 헬싱키와 닮았어. 교통이 복잡하지 않고 좁은 길 너머로 펼쳐진 풍경은 핀란드의 여름을 떠오르게 해. 울창한 숲과 바위들이 길옆에 있어서 헬싱키의 여름 별장에 가는 기분이었어.

제주가 헬싱키라면 서울은 어떤 느낌이야? 한국은 아무래도 핀란드보다 사회적 거리가 꽤 좁지 않아?

J 서울에는 핀란드 전체 인구보다 많은 사람이 살고 있어. 처음엔 그 사실이 대단하게 느껴졌는데, 나도 이제 그 밀도에 적응한 것 같아. 복잡하고 붐비지만 이게 서울의 매력이지. 핀란드에 돌아가면 버스 정류장에 줄 선 사람들이 서로 1미터씩 떨어져 있는 풍경이 좀 이상하게 느껴져. 그보다 가까이에 누군가가 다가오면 불편해하는 것도 이상하고.

사회적 거리 말고도 다른 점들이 있을까?

J 삶의 속도? 서울은 정말 빠른 도시야. 서울의 하루는 헬싱키의 일주일과도 같아. 그 속도에 휩쓸려서 나도 많은 친구를 사귀고 그들과 매일 새로운 카페, 음식점, 펍 등을 방문했어. 물론 핀란드로부터 7천 킬로미터도 더 떨어진 도시에서 새로운 것들을 경험해야 한다는 강박도 있었던 것 같아. 어쨌든 핀란드보다 물가가 저렴한 덕에 다양한 공간을 방문할 수 있었고, 내향적인 성격이 변한 건 아니지만 사람들을 만날 기회가 많았어.

어떤 친구들을 사귀었어?

J 다양한 나라 사람들을 만났어. 핀란드 친구도 몇몇 있었고 미국, 멕시코, 독일 친구들도 있었는데 생각보다 한국 친구를 사귀는 건 쉽지 않더라. 먼저 다가와 준 고마운 친구들도 있었지만 가까워지진 못했어. 서로 낯을 좀 가렸던 것 같아.

문화적인 맥락도 있겠지만 삶의 시점이 다른 게 가장 큰 이유였을 거야. 나도 외국에서 주로 만난 사람들은 현지인들이 아니라 같이 공부했던 친구들이었어. 같은 프로그램을 이수하는 등, 나이와는 별개로 같은 시점의 삶을 공유하는 것이 중요한 게 아닐까.

J 맞아. 그리고 언젠가 떠날 사람과 굳이 친구가 되려고 하지 않는 것 같았어. 결국 6개월짜리 친구일 뿐이니까. 한국에서는 낯선 사람에게 인사를 건네거나 친구 하자고 말하는 일이 잘 없는 듯한데, 그건 핀란드도 같아. 수업 중에 모르는 사람이 말을 걸면 '저 사람이 왜 내게 말을 걸지?' 하는 의문이 드는 게 먼저야. 한국과 핀란드는 타인과 쉽게 잡담하는 문화가 아니잖아. 그래서 누군가 다가오는 게 그리 반갑게 느껴지지 않는 것 같아.

어깨를 으쓱이며 이야기하는 율리아의 모습을 보고, 문득 예전에 그녀와 인사하며 나눴던 어색한 포옹들이 떠올랐다. 1년 만에 만났지만 기실 오늘의 포옹도 어딘가 서투른 구석이 있었다. 애초에 사회적으로 개개인의 영역이 확실한 나라에서 온 그녀에게 누군가를 안는 행위는 낯선 제스처일지도 몰랐다. 오늘 헤어질 땐 악수를 해야지, 생각하며 이번에는 일에 관해 물었다. 율리아는 눈을 빛내며 한국에서의 경험을 풀어놓았다.

작년만 해도 논문을 열심히 쓰고 있었는데 어느새 일을 하고 있네. 어떤 논문을 썼고, 지금은 무슨 일을 하고 있어?

J 대학교에선 의료 소프트웨어의 다양한 활용 방안을 다룬 논문을 썼고,

지금은 의료 기기 품질 매뉴얼을 만드는 일을 하고 있어. 반복적인 작업이 많지만 흥미로운 일이야.

핀란드는 의료 기기 산업 규모가 어때? 그리고 앞으로도 지금 일을 계속하고 싶어?

J 의료 기술에는 스마트 워치처럼 일상적인 기술도 포함돼. 즉, 의료 기기만이 의료 기술의 일부인 건 아냐. 우리 주변에 있는 수많은 기술도 대상이 될 수 있어. 핀란드에는 관련 스타트업이 많아서 이 분야에서 계속 일할 생각이야. 고등학교 때는 의사가 되고 싶었지만 환자들을 일상적으로 마주하는 게 힘들 것 같아서 이 분야로 방향을 틀었어. 기술로 사람들을 도울 수 있어 즐겁고, 환자 상태를 진단할 수 있는 기술을 만드는 일이 멋지다고 생각해.

한국에서 교환학생으로 있을 때도 관련 과목들을 공부한 거야?

J 아니, 한국에선 주로 교양과목을 들었어. 한국어 수업과 한국 역사 수업 같은 것들. 한국어를 완벽하게 구사해야겠다는 생각보다는 일상적인 대화를 이해하고 싶었어. 나는 앞으로 핀란드나 유럽에서 지내겠지만 한국을 종종 방문하고 싶었고, 그래서 혼자서도 생활이 가능할 정도로 한국어를 배우고 싶었어. 지금은 대화의 맥락을 통해 사람들의 말을 어느 정도 이해할 수 있어.

한국 역사 수업은 어땠어?

J 근현대사와 일제 병합까지 배웠는데 연도나 이름은 잘 기억나지 않지만 정말 흥미로웠어. 한국 역사를 보면 핀란드의 역사와 겹치는 부분이 많아. 핍박받고 지배당하는 민족의 역사랄까.

나도 그걸 느꼈어. 여러 국적의 친구들이랑 소련 치하 체코인들의 삶을 다룬 드라마를 봤는데,

웃기고 슬픈 부분에서 나랑 체코 친구만 웃고 울더라고. 독일 친구나 프랑스 친구는 그 희로애락을 이해하지 못하더라. 억압받은 자들만이 공유할 수 있는 해학이었을까?

J 맞아, 그런 의미에서 핀란드와 한국 모두 자국을 자랑스러워하는 것 같아. 국기를 중요시하고 독립 역사를 자랑스러워해. 핀란드는 겨울 전쟁(1939년 소련이 핀란드를 침공하여 일어난 전쟁)을 통해 소련을 물리쳤어. 재미있는 건 핀란드에선 매년 겨울 전쟁에 관한 영화가 개봉하고, 그중 하나는 심지어 세 번 리메이크되기도 했다는 거야.

독일 친구들은 월드컵 축구 경기에서 독일 국기를 휘날리는 걸 국수적이라고 비판하면서 부끄러워하더라고. 식민 지배를 했던 제국주의 국가들에 국기는 과거의 영광을 되돌아보게 하는 것이 아닐까 싶어. 다른 나라를 정복해 본 적 없는 한국에 국기란 그저 독립의 표상일 뿐인데.

J 핀란드도 마찬가지야. 우리가 자랑스러워하는 점은 독립을 쟁취했다는 거야. 스웨덴과 러시아의 지배에 맞서 싸워서 결국 이겨냈잖아.

핀란드인인 게 자랑스러워?

J 그렇기도 하지만 부끄러운 점도 많아. 핀란드는 인종차별이 심한 나라야. 핀란드인들은 외국인에 대한 편견이 강해. 어른 세대일수록 더 그렇지. 핀란드의 어떤 정당은 대놓고 인종차별적인 입장을 취하고 동성애 혐오 발언도 많이 해. 현재 대선에서 세 번째로 많은 표를 받은 곳인데 그 정당의 후보는 계속 혐오 발언을 해왔어.

유럽의 전체적인 정치 트렌드가 아닐까? 핀란드의 보수와 진보는 어떻게 달라?

J 핀란드의 보수와 진보는 한국과 비슷해. 보수 정당은 진보보다 덜 포용적이야. 외국인들이 국민의 일자리를 빼앗는다고 생각하지. 또한 여성과 LGBTQ(성소수자), 이민자, 환경 문제 등에 대해서도 부정적이야. 이런 인식

은 사회 전반에 영향을 미쳐. 최근 법 개정으로 복지가 축소되고 해고가 쉬워지며 파업은 불법화되고 있어.

그 보수 정당을 뽑은 건 핀란드인들이잖아?

J 맞아. 핀란드는 노인 인구가 젊은 층보다 많은데 그들은 선거를 통해 자신에게 유리한 정당에 투표해.

핀란드의 젊은 층은 정치에 관심이 없어? 그들도 다른 유럽 젊은이들처럼 더 나은 기회를 위해 미국이나 다른 국가로 떠나는 편이야?

J 젊은이들은 선거 연령이 되지 않았거나 정치에 냉소적이다 보니 참여율이 적어. 그래서 더더욱 환경이나 LGBTQ 의제들이 무시되거나 후퇴하고 있고, 능력 있는 이들은 더 나은 기회를 찾아 이런 핀란드를 떠나기도 해. 핀란드는 세금 제도가 엄격하기 때문에 세금을 덜 내는 나라로 이민을 가는 게 그들에겐 이익일 수도 있겠지.

율리아는 자신이 핀란드인을 대변할 수 있는 사람이라고 생각해?

J 글쎄, 어쩌면 나도 헬싱키라는 대도시에서 교육받고 사회주의적 경향을 가진, 특정 버블에 갇힌 사람일지도 몰라. 핀란드 사람들도 도시와 농촌 등 거주지나 교육 수준에 따라 세상을 보는 시각이 달라. 나도 일반적인 핀란드인처럼 내향적이고 서로의 거리를 중요시하는 편이지만 생각은 다수와 다를 거야. 동시에 나는 핀란드 사람들의 보편적인 성향도 지녔는데, 이 대화만 봐도 그래. 사실 핀란드인들은 쉬이 자신들의 이야기를 꺼내지 않는데 그건 나도 마찬가지야. 네게 친밀감을 느끼기 때문에 이런 이야기들을 공유할 수 있는 게 아닐까 싶어.

고마워. 그래도 우린 7년을 알았잖아? 마지막으로, 올해는 어떤 계획들을 가지고 있어? 일이나 사랑, 여행 또는 일상적인 계획을 들려줘도 좋아.

J 앞으로 1년 동안은 일에 익숙해지기 위해 노력할 거야. 사랑은 작년에 만난 친구와 잘 지내는 게 목표야. 여행은 남부 유럽 쪽으로 가고 싶고, 특별한 계획은 없지만 6월까지 열심히 일하면서 잘 살고 싶어. 그 이후는 일은 나중에 고민해 볼게.

이야기를 마무리하고 율리아와 함께 길을 나섰다. 7년은 우리를 다른 시공간에 데려다 놓은 듯싶었다. 의료 기술에 관해 이야기하며 눈을 빛내는 율리아의 모습이 인상적이었다. 훗날 또 다른 길 위에서 만날 그녀는 어떤 모습일까. 그날의 그녀는 더 반짝이겠지. 우리는 천천히 길을 걸으며 지하철역으로 향했다. 그냥 헤어지기엔 기약이 없는 이별이기에 아쉬운 마음이 컸다. 2호선을 타고 떠나는 율리아에게 어색한 손을 내밀었다. 그녀는 그 손이 부끄럽게도 미소를 지으며 내게 포옹을 건넸다. 참 따뜻한 포옹이었다.

Neeraj

#30대 초반
#뉴델리, 인도
#페이스북 sociologistneeraj

니라지
계층의 차별에 반하여

니라지와는 종종 학교 근처의 시장으로 향했다. 거대한 캠퍼스의 숲을 지나 무니르카 시장으로 향하는 길에는 온갖 게 다 있었다. 사슴과 타조, 개와 고양이, 그리고 비상하는 새들. 캠퍼스는 학문의 요람이라기보단 대자연에 더 가까웠다. 니라지의 옆에서 보폭을 맞추며 걷는 순간에는 시간이 가는 줄 몰랐다. 그가 풀어내는 이야기들이 흥미진진했기 때문이다. 니라지의 기숙사 방에서 그가 만들어주는 마기 누들을 먹거나 차이를 마시기도 했다. 몰래 숨겨 온 킹피셔 맥주나 와인을 마실 때는 기숙사 방문을 잠그고 킬킬대며 속이야기를 꺼냈다. 그렇게 격의 없이 지낸 니라지는 어느새 교수가 되어 있었다. 내가 함께 걷지 못했던 그의 지난 5년이 궁금했다.

#대학 교수 #쇼핑몰 연구 논문 #카스트 제도 #계층 또는 빈부 격차

그동안 어떻게 지냈어? 박사 논문은 잘 끝냈어?

N 박사 논문을 끝낸 건 벌써 몇 년 전 일이야. 논문을 마무리한 다음 교수 임용을 준비했고 현재는 메이트레이대학에서 사회학을 가르치고 있어.

니라지를 처음 만났던 순간이 기억나. 내가 인도 뉴델리의 자와할랄 네루대학교에 처음 갔을 때, 니라지는 우리 석사 프로그램 담당자였잖아. 그때 네가 한창 쓰던 박사 논문이 얼마나 흥미롭던지. 논문에 대해 짧게 이야기해 줄 수 있어?

N 내 박사 논문 제목은 〈소비자, 상점 주인, 노동자의 이야기: 델리 남부의 일부 쇼핑몰에 대한 연구〉야. 인도의 사회 변화를 연구하면서 쇼핑몰 소비문화에 대한 분석이 부족하다고 느꼈어. 유통이나 상업 분야의 소비문화 연구는 있지만 사회학에서는 거의 없었고 관련 자료도 적었어. 그래서 나는 쇼핑몰이 소비자, 상점 주인, 노동자를 통해 어떤 역할을 하는지 연구했어.

대학교 옆에 쇼핑몰이 세 개 있었는데, 그때 니라지가 이렇게 이야기해 줬지. 쇼핑몰 세 개 중 하나는 중산층, 두 번째는 상류층, 세 번째는 부자들이 가는 곳이라고. 물론 첫 번째 쇼핑몰만 해도 일반 서민은 발조차 디딜 수 없는 곳이었지만. 그 말에 궁금해서 세 군데를 다 가봤잖아. 그중 마지막 쇼핑몰의 화장실은 정말이지, 살면서 본 화장실 중에 제일 휘황찬란했어.

N 그 쇼핑몰들을 연구했어. 소비자에 관한 연구는 있지만 나는 그들이 쇼핑몰에 가는 주관적이고 개인적인 이유가 궁금했어. 인도에는 전통적인 로컬 시장도 많은데 왜 사람들은 쇼핑몰에 가는 걸까? 빈부 격차가 큰 인도에서 물건 값이 비싼 쇼핑몰에 갈 수 있는 사람은 중산층 이상이야.

인터뷰를 통해 다양한 답변을 들었어. 일부는 친구와 시간을 보내기 위해 쇼핑몰에 가고 일부는 정말 물건만 사러 가지. 여성들은 남성들보다 상대적으로 더 많은 시간을 쇼핑몰에서 보내. 여성들이 쇼핑몰에서 더 오래 머무는 이유는 치안 같은 안전 문제와도 관련이 있겠지. 에어컨도 중요한 역할을 하는데, 인도의 무더운 날씨는 쇼핑몰 소비문화에 큰 영향을 미쳐. 다른 연구들에선 아직 지적되지 않은 사회적인 맥락이었어.

그리고 전통 시장과 달리 쇼핑몰의 상점 주인들은 상점을 관리하지 않고 소유만 했어. 상점 노동자들이 대신 관리했지. 전통 시장에선 주인이 직접 상점을 관리하고 일도 하는 구조인데 거대 자본이 투입된 쇼핑몰에선 그 등식이 성립되지 않았어. 소유와 경영, 경영과 노동의 괴리가 일어난 거야.

나는 노동자들에게 전통 시장과 쇼핑몰에서의 '노동'에 관해서도 물었는데 많은 이들이 전통 방식을 선호했어. 쇼핑몰의 깔끔한 이미지와 달리, 노동자들은 감시당하고 있으며 자신들이 대체 가능한 존재로 느껴진다고 했어.

논문을 통해서 하고 싶었던 이야기가 뭐였어?

N 소비자, 상점 주인, 노동자의 관점에서 쇼핑몰을 분석하고 싶었어. 쇼핑몰은 소비자와 상점 주인에게는 좋은 공간이 될 수 있지만 노동자에겐 착취의 현장이 될 수도 있지. 델리 북부의 시장은 공공의 공간인 데 반해 델리 남부의 쇼핑몰은 계급과 소비 수준에 배타적이야. 쇼핑몰은 특정 계층만을 받아들여. 가난한 사람들은 들어갈 엄두도 내지 못하지. 영어를 못하는 노동자들에게 쇼핑몰은 자국이 아닌 외국 같은 곳이고 일자리도 얻을 수 없어. 한 노동자는 살면서 처음 쇼핑몰을 갔을 때 이렇게 생각했대. '내가 여기서 어떻게 일할 수 있을까? 나는 영어도 못하는데, 여기서 살아남을 수 있을까?'

나는 인도에서 대학교를 다닐 때 매일매일 투쟁하는 학생들을 보면서 인도 사회를 조금 더 깊게 이해할 수 있었어. 부조리와 차별, 그럼에도 그 위에 서 있는 세계 최대의 민주주의 국가. 인도는 요즘 어때?

N 계층 구조는 여전히 고착되어 있고 극우 힌두 민주주의가 지배적인 상황이야. 인도에서 카스트 제도는 여전히 존재해. 각자가 어떤 카스트인지는 공개되지 않지만 사람들은 성과 출신 지역, 친족 관계 등을 통해 상대의 카스트를 짐작할 수 있어. 예를 들어 달리트(불가촉천민)로 태어난 사람은 죽을 때까지 그 신분에서 벗어날 수 없어. 그가 대통령이 된다고 해도 마찬가지야.

친구에게 학생들의 중매결혼 비율을 묻자 50퍼센트라고 해서 놀랐던 기억이 나. 그래도 자와할랄 네루대학교는 진보적인 학교니까 다를 줄 알았거든. 그 50퍼센트는 대부분 카스트 제도에 따라 결혼하는 거야?

N 인도에는 6천 개 이상의 카스트가 있고 대부분 같은 카스트끼리 결혼해. 남자가 자신보다 낮은 카스트의 여성을 아내로 삼는 경우는 예외적으로 있지만 반대는 불가능하지. 카스트는 DNA처럼 대대로 이어지며, 성과도 관련이 있어. 예를 들어 내 성인 쿠마르(Kumar)는 달리트와 브라만(최상위 계급)이 모두 사용하지만 어느 지역 출신인지로 카스트를 유추할 수 있고, 작은 도시나 시골에서는 대놓고 물어보기도 해. 그나마 대도시에선 그런 질문이 드물어. 나도 종종 그런 질문을 들었는데 어찌 보면 무례하다고 할 수 있지. 하지만 대놓고 물어보든 예의를 차려 묻지 않든, 변하지 않는 건 있어. 같은 카스트와 결혼할 것. 그건 절대 변하지 않아.

외국인은 카스트에서 어느 지점에 속해?

N 영국의 식민 지배는 끝났지만 인도인들은 여전히 영국인을 우월하게 여겨. 하얀 피부를 가진 사람은 모두 영국인처럼 여겨지고, 동아시아 사람들은 네팔인이나 중국인으로, 미얀마 사람이나 흑인들은 열등한 존재로 인식돼.

영국의 식민 지배하에 카스트 제도가 더 굳건해지고 경직화되었다는 글을 샤시 타루르의 책 《암흑의 시대》에서 읽었어. 인도가 세계 4위 수출국에서 가장 가난한 나라 중 하나로 추락하는 동안, 대영제국은 분할지배 각개격파(Divide and Rule) 정책으로 힌두교와 이슬람교를 가르고, 힌두교도 수천 카스트로 분할되었다고.

N 6천 개의 카스트는 여전히 결혼 제도를 통해 유지되고 있어. 젊은 세대들이 이를 깨려고 하지만 쉽지 않아. 예를 들어 내 친구는 가족과 절연하면서까지 그 과정을 겪었어.

그만큼 카스트 제도에 맞서는 건 정말 어려운 일이고, 대학 등에서 고등 교육을 받은 사람들이 그나마 카스트 제도에 종속적인 비율이 낮을 거야. 그런 학교에 다닌다는 건 이미 어느 정도의 경제적 그리고 사회적 자본을 쌓았다

는 의미니까, 이를 바탕으로 전통적 권위에 도전하는 거지.

궁금한 이야기만 묻다가 정작 니라지 이야기는 하나도 못 했네. 지금은 대학에서 어떤 강의를 하는지, 학교 커리큘럼은 어떤지 궁금해.

N 나는 현재 사회학, 사회학적 연구 방법, 정치사회학, 경제사회학을 가르쳐. 이 학교의 정해진 커리큘럼에 따를 뿐이야. 물론 커리큘럼 밖의 내용을 가르치기도 하지만 시험에는 낼 수 없어. 필수적으로 읽어야 하는 책이나 자료는 다 학교에서 정해주는데 대부분이 영미권 국가의 자료야. 인도 학자의 건 거의 없어. 네루대학교와 달리 내가 강의하는 수업에선 인도적 맥락을 거의 다룰 수 없어서 처음엔 놀랐어. 인도 대학들은 이처럼 다양성이 부족해. 이곳 학생들은 정치적 활동에 대한 관심이 크지 않고, 부유한 학생들이 대놓고 극우적인 발언을 하는 경우도 많아.

조그만 방에 틀어박혀 박사 논문을 만지작거리던 때가 엊그제 같은데, 이렇게 학생들을 가르치는 교수가 되었다니 참 신기해. 마지막으로 앞으론 어떤 일을 하고 싶어? 그 일이 앞서 말했던 인도의 부조리를 혁파할 수 있을까?

N 우선 내 박사 논문을 책으로 내고 싶어. 오래 준비했지만 학생들을 가르치느라 시간이 부족했어. 그리고 개인 연구를 본격적으로 하고 싶어. 그러기 위해선 아무래도 더 큰 대학교로 가야 하겠지. 행정적인 일을 줄이고 나만의 연구에 집중할 수 있어야 하니까.

궁극적으로는 네루대학교의 교수가 되고 싶어. 인도 사회는 여전히 카스트 제도가 뿌리 깊고, 모디 총리하에 언론 검열과 극우 힌두 민주주의가 강화되고 있어. 안타깝게도 젊은 세대 역시 그 사상에 영향을 받고 있으며 특정 계층에 대한 혐오도 커지고 있지. 그 대상은 주로 하위 카스트 계층이야. 이를 해결하려면 인도 헌법을 제대로 적용하는 것부터 시작해야 해. 헌법에 적힌 자유, 평등, 박애 등에 관한 사회적·경제적 정의가 단지 문서에 그치지 않고 모든 인도인의 마음속에 자리 잡아야 한다고 생각해. 나는 사람들이 서로의 권리와 존재를 존중하는 사회를 만들고 싶어.

니라지와의 대화는 그 어떤 인터뷰보다 길었다. 2시간이 넘게 니라지의 유년부터 교수 생활을 이야기했고, 영국의 식민 지배와 인도 인민당의 재집권을 가늠했다. 나는 경제적 격차가 사회적 계층을 만들어내는 사회에서 살아가고 있었지만, 출생과 함께 시작되는 카스트 시스템은 여전히 생경했다. 그 시스템은 존재하지 않았지만 존재했고 결혼 제도를 통해 지속되며 인도 사회를 병들게 했다. 그 제도의 가장 아래에서 태어나 현재 수많은 학생을 가르치고 있는 니라지를 보니 마음이 벅찼다. 니라지는 그 자신으로 존재함으로써 사회적 차별과 편견들을 물리쳐 내고 있었다. 대학 시절, 그가 끓여줬던 차이가 문득 그리워졌다. 차이의 달콤함 너머에서 보았던 니라지의 미소를 떠올리며 인터뷰를 마쳤다.

Icing

#20대 후반
#방콕, 태국
#인스타그램 @icing.israngkul @icingunnie

아이싱
방콕의 한국어 선생님

아이싱은 아늑한 도서관을 좋아했다. 처음 만난 나를 이끌어 주었던 곳도 그녀의 모교, 쭐라롱꼰대학교의 도서관이었다. 도서관은 캠퍼스 동쪽에 고즈넉하게 자리 잡고 있었다. 졸업을 앞둔 학생들은 항상 여기서 사진을 찍어, 라고 아이싱이 말하던 바로 그때 대학교 교복을 예쁘게 입은 학생들이 삼삼오오 몰려와 기념사진을 찍었다. 우리는 인파를 피해 3층과 4층의 조용한 서가로 향했다. 아이싱은 서가 한편에 꽂힌 한국어책들을 잔뜩 가져와 보여주며 말했다. "한국어 선생님이 되고 싶어." 그리고 2년이 지났다. 그 말대로 아이싱은 어엿한 선생님이 되어 있었다.

#가르치는 일 #한국어 학원 #일의 보람 #태국, 극명한 대비

쭐라롱꼰의 도서관에서 한국어책을 보여줬던 게 엊그제 같은데, 벌써 선생님이 되었네. 일은 좀 어때?

I   선생님이 되는 게 늘 꿈이었는데 드디어 작은 온라인 한국어 학원을 열었어. 8개월 전에 본격적으로 시작했고, 생각보다 잘되고 있어서 다행이야. 나는 다른 학원에선 시도하지 않는 새로운 콘텐츠를 만들려고 해. 태국에는 토픽(TOPIK, 한국어능력시험)을 가르치는 작은 학원이 많지 않아서, 정보를 찾기 어려운 학생들에게 시험을 대비할 코스를 제공하고 싶어. 올해는 그런 콘

텐츠를 만들 계획이야. 아직은 사업이라고 부르기엔 초기 단계지만 조금씩 성장하고 있어.

페이스북 페이지 '아이싱 언니(fb.com/icingunnie)'도 만들었잖아. 이 플랫폼을 통해 주로 학생들과 소통하는 거야?

Ⅰ 응. 하지만 수업이 바빠서 자주 업데이트하진 못하고 있어. 실시간 온라인 수업, 그룹 수업, 그리고 일대일 수업도 몇 개 진행 중이거든. 가르치고 커리큘럼을 짜는 건 물론이고 콘텐츠를 페이지나 인스타그램에 올리면서 학생들과 소통해.

학원을 열기 전에는 뭘 준비했어?

Ⅰ 2022년 초에는 토픽 3급을 준비했고, 이후 4급을 거쳐 한국에 가서 5급과 6급 공부를 했지. 6급을 취득한 후에야 수업을 시작했어. 가르치려면 일정 수준의 언어 유창성이 필요하다고 생각했거든.

어떻게 해서 한국어를 가르치게 된 거야?

Ⅰ 나는 대학교에서 영문학을 전공했고 졸업 후 엑슨모빌에서 4년 반 동안 인사 담당자로 일했어. 일은 재미있었고 내 능력을 발휘할 수 있어 좋은 경험이었지만, 삶에서 진정으로 의미 있는 일이라고 느끼진 못했어. 가슴 뛰는 무언가를 하고 싶었거든. 가르치는 사람이 되고 싶었지만 과도한 양의 업무와 부족한 자유 시간 때문에 준비하기 어려웠어. 야근과 긴 출퇴근을 반복하다가 이건 내가 원하는 삶이 아니라는 걸 깨달았지.
내가 좋아하고 잘하는 일이 무엇인지를 고민하기 시작했어. 나는 언어와 가르치는 일을 사랑하고 그걸 잘하기도 해서 한국어를 가르치기로 결심한 거야. 당시 이미 토픽 3급을 가지고 있기도 했고, 한국어 교육이 주로 대학생

위주인 태국에서 더 어린 학생들을 대상으로 하고 싶었거든. 지금은 일곱 살 아이부터 고등학생까지 다양한 학생들을 가르치고 있어. 한국어를 배우고 싶어 하는 누구에게나 기회를 주고 싶었어.

토픽 3급은 어떤 이유로 땄고, 그때부터 이미 한국어를 가르칠 계획이었는지 궁금해.

I 대학 입시를 준비하던 때, 공부하면서 들을 수 있는 음악을 찾고 있었어. 영어나 태국어 노래는 가사가 들려서 집중에 오히려 방해되잖아. 그때 한국 노래를 알게 되었는데 듣다 보니 가사도 궁금해지더라. 자막 없이 노래를 이해하고 싶어서 혼자 공부를 시작했지.
한국 음악을 들으면서 점차 언어와 문화에도 관심이 생겼고, 그렇게 토픽 3급 시험을 쳤지만 그때까지도 한국어 선생님이 되겠다는 생각은 없었어. 그저 내가 공부한 것을 확인하는 차원이었지. 일을 시작하기도 전이었는걸. 하지만 일을 관둔 시점에선 그 3급이 참 유용했고, 덕분에 나는 한국어 선생님이 되기 위한 절차를 하나둘 밟아나갈 수 있었어.

한국어를 가르치면서 언제 가장 행복해?

I 학생들이 어떤 목표를 갖고 있든, 결국 스스로 읽고 쓰며 자기 삶을 개척해 나가는 모습을 볼 때 정말 뿌듯해. 어떤 학생들은 한국 대학에 가려고 가나다부터 공부하는데, 작게 시작하지만 점차 큰 진전을 이루는 모습을 보면서 가르친다는 게 얼마나 의미 있는 일인지 실감하게 돼. 배우는 과정 속에서 그들의 발전이 보일 때 보람을 느끼고, 그걸 돕는 게 내 행복이야. 성인 중에는 한국 드라마를 자막 없이 보거나 노래 가사를 이해하고 싶어서 한국어를 배우는 사람들도 있어. 그들의 목표 달성을 도울 수 있어서 기뻐. 한국어를 배우고 싶은 사람들이 꿈을 이루는 데 작게나마 기여하는 것, 그게 내 행복의 원천이야.

5년 뒤의 아이싱은 뭘 하고 있을까?

I 아마 나만의 오프라인 학원을 세우지 않을까? 온라인 수업도 좋지만 난 학생들과 직접 만나는 대면 수업을 하고 싶어. 방콕에 작은 학원을 열고 즐겁게 학생들을 가르치는 게 내 최종 목표야. 특히 초등학생들을 가르치고 싶어. 또 한국어 관련 번역이나 통역 같은 일도 하고 싶고, 여행하면서 MC로 활동해 보는 것도 재밌을 것 같아. 사실 예전에 MC로 일한 적 있었는데, 알고 있었어?

아이싱, 내향적인 사람 아니었어?

I ENFJ야!(웃음) 가끔 내향적인 면도 나타나곤 하는데 그건 상황이나 상대에 따라 달라져. 아무튼, 5년 뒤에는 방콕에 작은 한국어 학원을 열고, 한국어를 통해 내가 좋아하는 일들을 하고 싶어. 또 하나 덧붙이자면 한국인들에게 태국어를 가르쳐보고 싶기도 해.

아이싱과는 평소 한국어와 영어를 섞어가며 이야기를 나눴다. 그녀의 영어는 어딘가 전문적인 구석이 있었고, 한국어에는 조금 더 애정이 묻어났다. 나는 아이싱과 한국어로 대화를 나누는 게 참 좋았다. 아이싱과 대화할 때면 일상적으로 쓰는 말들이 종종 낯설게 느껴졌다. 매일 사용하던 단어들을 분해하고 해석하는 과정을 통해 '언어'를 새로 배우는 것만 같았다. 인터뷰를 영어로 진행하자니 낯선 아이싱과 마주 앉은 듯했지만, 그럼에도 그 반짝이는 눈을 마주하는 건 여전히 즐거웠다.

한국에 여러 번 방문했는데, 어떤 일로 왔어?

I 2014년에 가족 여행으로 처음 한국을 방문했어. 2016년에는 토픽 시험을 보러 갔고, 2018년에는 친구들의 한국 여행 가이드가 되었지. 2022년에는 한국어 공부를 위해 갔었고 그때 토픽 6급을 땄어.

한국 여행을 좋아해? 다른 국가들도 많이 가봤을 텐데, 어떤 나라가 여행하기 좋았어?

Ⅰ 지금은 한국. 한국 친구들과 한국 음식이 좋아. 한국 문화도 정말 매력적이고. 사실 한국이 좋은 이유를 딱히 한 가지로 대답하기는 좀 어려워. 아마도 한국어를 공부하기도 했고, 한국에 있으면 늘 안전하다는 느낌이 들기 때문인 것 같아. 한국어를 할 수 있으니까 어디든 자유롭게 다닐 수 있어서 참 좋아.

주로 서울에 머물렀는데, 서울과 방콕을 비교하면 어때?

Ⅰ 두 대도시를 비교하면 고향인 방콕보다 서울에서 더 안전하다고 느껴. 물리적인 안전뿐 아니라 사회 구조에서 안정감을 느끼는 부분도 있어. 또 서울은 도서관이나 공원 같은 공공장소가 많고 교통도 편리해. 방콕은 자가용이 없으면 원하는 곳으로 가기 힘들고 공공장소에 가는 것도 불편하거든.

방콕은 사회적인 기반 시설이 부족하다는 말이네. 사회적 안정도, 공공장소도 결국은 다 복지 제도와 연관이 있는 거잖아. 이 차이가 정부 차원의 사회 기반 시설에 대한 투자 부족에서 비롯된다고 생각해? 혹은 한국과 태국의 경제 크기 차이일까?

Ⅰ 확실히 사회 기반 시설 투자 측면에서, 교통이나 공공장소의 크기 등에서 한국이 훨씬 잘되어 있다고 생각해. 게다가 방콕을 제외한 다른 태국 도시들은 사회 기반 시설이 전혀 없는 경우도 많아. 방콕은 발전했지만 다른 도시들은 여전히 저개발 상태에 있어.

방콕 사람 서른 명에게 '당신에게 방콕이란?'을 주제로 질문을 던졌을 때, 다수가 '극명한 대비(high contrast)'라고 대답했어. 방콕은 고층 건물로 둘러싸여 있는데, 지나다 보면 그 건물들 아래의 후줄근한 노상 가판대들이 보여. 누군가는 3천 밧(한화 약 13만 원)짜리 점심을 먹고 루프톱 바에 가는데, 다른 누군가는 70밧(한화 약 3천 원)짜리 점심을 먹지. 그 대비에 놀랐어. 그리고 그 광경을 '조화롭다'라고 하던 태국 친구들에게도. 아이싱은 이 불평등에 대해 어떻게 생각해?

I 이 문제에 대해 이야기하려면 정치 얘기를 빼놓을 수 없어. 하나만 물어볼게. 이 불평등이 조화롭다고 말한 친구도 나랑 같은 젊은 세대 맞지? 내가 슬퍼하는 건 방콕은 발전하고 있지만 특정 부분과 계층에만 혜택이 가고 있다는 거야. 부가 모두에게 고르게 돌아가지 않고, 부를 얻지 못한 지역과 사람들은 그대로 그 자리에 남아 있어. 이런 체계를 만든 건 정치야. 그래서 정치 없이 태국의 빈부 격차나 사회경제적 불평등을 이야기할 수 없어. 정치적 결정들이 사회 진보와 경제 정책을 만드니까.

태국의 젊은 세대는 변화를 바라고 있어?

I 응, 선거에서 오렌지색(태국의 진보정당인 전진당을 상징하는 색) 물결이 있었다는 게 그 증거야. 태국에도 언젠가 한국처럼 더 발전된 민주주의가 뿌리내릴 수 있기를 바라.

처음 아이싱을 만났을 때 그녀는 15분 단위로 계획을 짜 두었고, 우리는 그 일정에 따라 시암과 쭐라롱꼰과 골목의 음식점들을 걸었다. 아이싱이 꿈꾸는 한국어 학원도 그런 촘촘한 계획 위에 있을까? 당차게 앞장서며 대학교 도서관을 보여주던 뒷모습이 눈에 밟혔다. 조만간 방콕을 다시 방문하면 아이싱이 인터뷰 내내 보여줬던 태국의 풍경을 직접 찾아갈 생각이다. 낡은 5층짜리 아파트와 그 뒤로 펼쳐진 하늘로 치솟은 고층 빌딩들. 방콕은 여전히 분명한 대비로 펼쳐진다. 아이싱은 두 모습의 방콕을 보여줬다. 그녀를 통해 관점을 넓힐 수 있어 기뻤다.

Jocelyn

#30대 초반
#싱가포르
#인스타그램 @_jocet

조슬린
타인을 통해 나를 표현하는 법

오사카의 간사이 공항에서 마주친 건 우연이었다. 8개월 전에 처음 만났던 그녀는 바쁜 발걸음으로 출국 게이트를 향해 달려가고 있었다. 익숙한 미소, 종종거리는 발걸음, 새침한 표정, 아무리 봐도 그녀였다. 조슬린! 하고 소리 높여 부르자 깜짝 놀라 나를 바라봤다. 싱가포르 사람과 한국 사람이 오사카의 정체되는 출국 행렬에서 우연히 만날 확률은 얼마나 될까. 그것도 무려 2시간의 기다림 끝에 승무원들의 도움을 받아 빠른 줄로 막 옮긴 참이었다. 조슬린은 내게 인사를 건네자마자 게이트를 통과해 지나갔다. 8개월 만의 만남치고는 좀 짧다 싶었다. 우연을 인연으로 만드는 건 우리의 몫. 이후 나는 조슬린을 서울과 수원에서 다시 만났다. 한국과 일본 그리고 싱가포르를 오가며 글을 쓰는 그녀의 삶이 궁금했다.

#프리랜서 인터뷰어 #타인을 위한 글쓰기 #가족 중심 사회

조슬린은 자신보다 남을 표현하는 데 익숙하다고 했잖아. 그 이야기를 자세히 듣고 싶어.

J 나는 항상 다른 사람의 이야기만 써왔어. 내가 직접 인터뷰의 대상이 되는 건 오늘이 처음이라 조금은 낯선 기분이 들어. 당연히 나도 주인공이 되고 싶다는 생각을 한 적은 있어. 하지만 내가 받은 교육과 자라온 환경을 되돌아보면 내 삶이 그리 흥미로울 것 같지 않았고, 그래서 주로 다른 사람들의 이야기를 써온 것 같아.

조슬린도 정말 흥미로운 사람이야.

J 그런 말은 들어본 적이 없어. 어릴 때부터 나는 내가 중심에서 관심받는 사람은 될 수 없다고 여겼어. 아마도 이건 내 가정 환경에서 비롯된 생각일 수도 있어. 부모님은 나를 사랑하지만 내 성취를 축하하는 방법은 모르셨지. 물론 나를 자랑스러워하시는 건 알아. 하지만 그 자랑스러움을 표현하시기는커녕 오히려 "넌 더 잘할 수 있어. 네 이모, 삼촌, 친척들을 봐"라고 하시며 개선할 점을 더 많이 얘기하셨어.

그럼에도 조슬린은 부모님의 사랑과 지원을 받으면서 좋아하는 일을 하고 있잖아. 지금 하는 일에 관해서 알고 싶어.

J 나는 잡지와 신문에 실릴 글을 써. 주로 여행, 음식과 음료, 사람들에 관한 글이야. 클라이언트가 원하는 사람들을 인터뷰하고 그 이야기를 글로 풀어내지. 한국에 오기 전에도 같은 일을 했는데 그때는 잡지사에서 일했어. 인터뷰는 다양한 사람들을 대상으로 해. 유명한 요리사나, 전통 인형을 만드는 싱가포르의 장인들을 인터뷰한 적도 있어. 특히 그 싱가포르 장인 인터뷰는 무척 인상적이었어. 이야기에 깊이가 있었거든.

다양한 주제에 관해서 쓴다고 했는데, 그럼에도 편애하는 주제가 있지 않아?

J 여행. 여행이란 본질적으로 먹고 마시는 거라고 생각하고, 그런 가벼운 주제의 글을 쓰는 걸 좋아해. 정치나 사건·사고 같은 무거운 주제보다는 사람들이 가볍게 즐길 수 있는 이야기들. 영화 〈죽은 시인의 사회〉에 이런 말이 나와. "우리는 시를 귀여워서 읽거나 쓰는 게 아니다. 우리는 인류의 구성원이기 때문에 시를 읽고 쓴다. 인류는 열정으로 가득 차 있다. 의학, 법, 비즈니스, 기술도 숭고한 일이다. 하지만 시, 아름다움, 낭만, 사랑 같은 것들은 우리를 살아 있게 만든다." 이게 내가 쓰는 글이야. 시, 아름다움, 낭만, 그리고 사랑.

잡지사에서 일하는 것과 지금처럼 프리랜서로 일하는 건 어떻게 달라?

J 싱가포르 잡지사에서 일할 때는 특정한 독자층을 타깃으로 글을 썼어. 해당 독자층에 맞춰서 글 스타일과 내용을 조정해야 했지. 반면에 프리랜서로 일하면 다양한 글쓰기 방식을 시도하게 돼. 예를 들어 싱가포르에서 e스포츠나 바이스(vice) 미디어와 작업할 때는 여러 클라이언트의 요구를 충족시키기 위해 그들이 원하는 스타일로 글을 써야 해. 호텔에 관한 글을 쓸 때도 그 호텔을 찾는 사람들의 특성에 맞춰 문체가 달라지는데 이 점이 가장 큰 차이점이라 할 수 있어. 한국에서 프리랜서로 일하면서 글을 쓰는 건 내가 더 다양한 목소리를 낼 수 있는 작가가 되었다는 의미야.

한 달에 보통 몇 편의 글을 써?

J 매번 달라. 프로젝트 단위로 오면 몇 편이라고 말하기 어려운데, 예를 들면 한 프로젝트에 다섯 편을 써야 할 때도 있어. 그럼 그게 한 달 치 일이야. 내가 이번에 한국에 온 목적은 한국어를 배우는 것이라서 한 달에 목표한 만큼만 일하고 나머지 시간은 공부에 집중해 왔어. 이번 주에 한국어학당을 졸업하면 업무량을 좀 더 늘려야겠지.

나도 글을 쓰면서 요즘 고민하는 것 중 하나가, 다양한 형태의 콘텐츠들이 점점 더 다양한 플랫폼을 통해 유통된다는 거야. 이 지점에 대해 어떻게 생각해?

J 소셜미디어와 다양한 콘텐츠 형식은 항상 고민거리야. 출판사나 잡지사들도 소셜미디어 계정을 운영하며 영상을 올리곤 해. 싱가포르에서 일할 때도 호텔에 가면 동영상을 찍어서 소셜미디어 담당자에게 보내야 했어. 하지만 결국 구독자들은 짧은 영상보단 그걸 클릭하면 읽을 수 있는 기사를 원한다고 생각해. 영상에는 많은 걸 담기 힘들고, 독자는 더 깊은 내용을 원하니까. 물론 읽지 않는 사람도 있겠지만 다수가 내 글로 원하는 정보를 얻고 만

족한다면 그걸로 내 역할을 하는 게 아닐까.

다시 첫 번째 질문으로 돌아가서, 주로 다른 사람의 이야기를 쓰고 있지만 자신을 위한 글도 쓰고 싶진 않아? 이 인터뷰를 예로 들면, 내가 인터뷰하는 건 50명의 사람이지만 그들에게 던지는 질문에는 내 생각이 담겨 있어. 조슬린은 어떻게 자신을 드러내?

J 그 질문을 자신에게 여러 번 했어. 이전에 미국 NBC에서 인턴으로 일하면서 많은 한국의 유명인들을 인터뷰한 적이 있는데, 인턴십이 끝날 때 쇼의 호스트가 내게 이렇게 물었어. "앞으로 뭘 하고 싶어요?" 어릴 때는 카메라 앞에 서고 싶었지만 나이가 들면서 그건 내가 할 수 없는 일이라고 생각했어. 그래서 카메라 뒤로 가기로 결심했지. 물론 그것도 행복하지만 언젠가는 나도 카메라 앞에 서고 싶어.

너의 모든 인터뷰, 가본 모든 장소, 만난 모든 사람이 현재의 조슬린을 만들었을 거야. 그건 네 자산이자 지식이고, 언젠가 그걸 다른 사람들에게 보여주게 될 거야. 난 그렇게 믿어.

J 고마워. 지금 이렇게 다른 사람들의 이야기를 쓰는 것도 행복해. 가까운 미래에 관해서라면 잘 모르겠지만, 정말 먼 미래 언젠가는 그렇게 나를 보여주고 싶어.

인터뷰를 하면서 조슬린은 두 번이나 울었다. 어쩌면 우리는 모두 관심의 중심에 서고 싶어 하는지도 모른다. 유명한 인플루언서의 삶까지는 아니더라도, 나의 서사와 맥락이 더 많은 타인에게 가닿기를 바라지 않을까. 그녀의 눈물은 낯설었지만, 동시에 그 이야기는 친숙했다. 카메라에서 가장 가까운 곳은 카메라 뒤였다는 그 말은, 어찌 보면 타인의 이야기를 글자로 녹여내는 이 작업과도 크게 다르지 않았다. 내게 글과 가장 가까운 곳은 타인의 삶이었다. 우리는 그렇게나마 타인의 이야기를 양분 삼아 자신만의 서사를 쌓고 있지는 않을까.

싱가포르에 관한 이야기를 잠시 해볼까? 싱가포르는 부유하지만 동시에 인구 500만인 조그만 나라잖아. 내가 생각하기에 싱가포르인들은 그 구매력으로 자국을 벗어나 외국으로 향할 것 같

은데, 그것도 조슬린이 글로 한국과 일본, 태국을 다루는 이유와 맞닿아 있을까?

J 맞아. 싱가포르 사람들은 여행을 삶의 일부분으로 여겨. 한국처럼 휴가 때 국내 여행을 가는 게 아니라 대부분 해외로 떠나. 사실 싱가포르는 워낙에 작다 보니 국내 여행이랄 게 거의 없잖아. 그래서 주로 말레이시아나 태국, 한국, 일본 같은 나라들로 여행을 가는 편이야. 또 싱가포르 사람들은 새롭고 특별한 경험을 좋아해서 뻔한 여행보단 자기만의 독특한 여행을 하길 원해. 나는 보통 '고급' 잡지들과 일해왔는데, 독자들이 흔히 경험하지 못하는 니치한 여행이나 상품을 원하니까 그런 콘텐츠를 만들어야 해.

흥미롭네. 보통 싱가포르 사람들은 어디로 여행을 많이 가?

J 싱가포르 사람들은 주로 말레이시아, 태국, 인도네시아 같은 가까운 나라로 가고 멀리는 한국이나 일본으로도 많이 가. 여행에서 치안은 중요한 요소 중 하나야. 20대 초반의 친구들은 조금 더 모험을 할 수도 있겠지만 대다수는 안전한 곳을 택해. 여행은 주로 편히 쉬기 위해 가는 거니까. 물론 태국이나 동남아시아는 물가가 저렴해서 쇼핑을 목적으로 가는 경우가 많고, 한국과 일본은 맛있는 음식과 다양한 문화 덕분에 매력적인 곳이지.

싱가포르는 동남아시아에 있잖아. 몇 번인가 조슬린은 본인을 '동남아시아 사람'이라고 했었지. 싱가포르 사람들은 동남아시아에서 자신들의 위치를 어떻게 정의해?

J 동남아시아에서 싱가포르의 위치라니, 대답하기가 조금 부끄럽네. 싱가포르는 동남아시아에서 소득 수준이 가장 높은 나라야. 그렇다 보니 싱가포리언이라는 게 자랑스러울 수도 있겠지만 그걸 지나치게 내세우는 사람들은 거북하게 느껴져.

조슬린은 자신을 '중국계' 싱가포르인이라고도 정의하더라. 자신의 정체성에 대해서 더 이야기해 줄 수 있어?

J 싱가포르는 대단히 가족 중심적인 사회야. 특히 나 같은 중국계 싱가포르인들은 가족과 매우 가까워. 우리 가족만 해도 아파트 한 층에 여러 가족이 함께 살고 있어. 서로 자주 왕래하며 두리안 파티를 하거나 그냥 가서 밥을 먹는 게 자연스럽지. 싱가포르인 절반 이상이 이렇게 친척들과 가깝게 지낼 거야. 외할머니는 우리 옆집에 살고, 가끔 싱가포르 동쪽에 사는 고모가 전화로 "음식 만들었으니까 가지고 갈게!" 하고는 방문하곤 해. 제일 먼 곳에 있는 친척도 차로 20분 거리에 살아.

인도계 삼촌도 있다고 들었는데.

J 응, 작은이모부. 다른 인종과의 결혼이 점점 흔해지고 있어. 처음 싱가포르에 연고가 없던 인도인 이모부가 이모와 결혼한다고 했을 때 외할머니가 많이 반대했어. 하지만 나중엔 둘의 결혼을 지지했고 지금도 잘 지내. 싱가포르는 다인종 다문화 사회로, 중국계가 가장 많지만 말레이계와 인도계도 많아. 이제는 나도 다른 인종을 보면 '어, 인도계다'라고 생각하기보다는 '어, 싱가포르 사람이네'라고 먼저 생각해. 하지만 여전히 중국계 우위의 사회에서 다른 인종들은 차별을 겪을 수도 있다고 봐. 물론 가장 인종적으로 주류에 속하는 내가 이런 말을 하는 것도 웃기지만.

조슬린과의 대화는 즐거웠다. 그녀는 오히려 인터뷰를 자연스럽게 이끌었고, 그 가운데 자신의 이야기를 적절히 풀어냈다. 그런 서사라면 기실 이야기의 중심이 될 만했다. 그 경험에, 배움에, 커리어를 벅차고 나서는 용기에 감탄했다. 비록 여전히 카메라 뒤에 머물지만, 언젠가 조슬린이 카메라 앞에서 주인공으로서 나타날 그날을 고대한다.

Steff

30대 중반
부에노스아이레스, 아르헨티나
인스타그램 @steffboni

스테프
경계벽을 깨는 사람

영화 〈부에노스아이레스에서 사랑에 빠질 확률〉은 오래된 파리풍 아파트로 가득 찬 부에노스아이레스에서 두 남녀가 아파트의 측벽을 깨고 나와 서로를 알고 사랑에 빠지는 이야기이다. 영화의 원제는 〈Medianeras〉로 '경계벽' 혹은 '측벽'을 의미하는데, 익명의 도시에서 살아가는 이들이 그 익명성을 깨고 나와 타인을 만나는 과정을 다뤘다. 우리는 사실 거대한 아파트 단지 같은 세상에서 자기 내면에만 몰두해 타인을 제대로 바라보지 못하고 사는 건 아닐까. 내게 스테프는 그 벽을 깨고 나온 사람이었다. 견고한 벽을 깨고 내 손을 잡아준 스테프가 문득 궁금했다. 아르헨티나에서 한국으로 날아온 그녀를 만났다.

#한국과 일본 여행 #치안과 안전 #음료 개발자 #이민자 2세 #부에노스아이레스의 삶

한국과 일본엔 얼마나 있었어?

S 한국에 8일, 일본에 6일 있었어. 아시아는 처음이라 모든 게 신기했지. 일본에서는 오사카, 교토, 도쿄에서 이틀씩 머물렀는데 다 좋았어. 도쿄는 낮엔 조용하지만 밤이 되면 붐비는 도시였고, 교토는 사찰과 자연이 아름다웠어. 오사카는 도쿄와 비슷했어.

일본 도시들을 아르헨티나의 도시들과 비교할 수 있을까?

S 도쿄와 오사카는 부에노스아이레스 같았어. 팔레르모 지역처럼 파티와 문화가 넘치는 느낌이었고, 교토는 아르헨티나 남부의 바릴로체처럼 조용한 곳이었어.

한국 여행에선 어디를 방문했어?

S 부산, 서울, 수원을 방문했어. 부산은 서울과 많이 달랐어. 특히 노인들이 많은 도시였지. 해운대에는 젊은 사람들만 있었고 감천문화마을은 관광객들로 붐볐지만, 밤에는 다시 노인들이 많아져서 그게 좀 신기했어. 아르헨티나의 노인들은 대개 집에만 있거든. 한국의 노인들은 활동적이고 에너지가 넘치며 더 젊어 보였어.

아르헨티나는 바다를 마주하지만 사실 직접적으로 접한 건 강이잖아. 부산의 바다를 보니까 어땠어?

S 부산은 무척 아름다운 곳이었어. 내가 머물 때는 비가 많이 와서 바다를 제대로 보지 못했지만, 그래도 친구랑 카페에서 커피를 마시고 멋진 풍경도 즐겼어.

서울은 어땠어?

S 정말 좋았어. 다만 서울이 너무 크다 보니 여행하는 데 시간이 꽤 걸리긴 했어. 지하철도 타고, 버스도 타고, 계속 걸어야 했지. 도시가 안전한 게 무엇보다 마음에 들었어. 일본도 그렇지만, 밤늦게라도 어디든 갈 수 있었고 항상 안전함을 느꼈어.

더 이야기해 줄 수 있어? 나도 부에노스아이레스에 6개월 동안 있었지만, 낮에 도시를 걷는 게 그렇게 위험하다고 느끼진 못했거든.

S 그건 네가 안전한 지역에만 있었기 때문일 거야. 부에노스아이레스 외곽이나 슬럼 지역은 위험해. 내가 부에노스아이레스 교외에서 살 때는 해가 지면 집 밖으로 나가지 않았어. 밤에는 위험하거든. 차를 타고 갈 때만 밖에 나갈 수 있었어. 그에 비해 한국은 정말 안전한 나라야.

부에노스아이레스에서 안전한 지역과 위험한 지역의 구분은 명확한 편이야? 혹은 그런 지역의 차이를 현지 주민만 알아?

S 부에노스아이레스는 정말 큰 도시야. 나도 교외에서 3년을 살았지만 여전히 안전한 지역과 위험한 지역을 구분하지 못해. 확실한 건 시내가 교외보다는 안전하지만 시내에서조차 강도를 만날 수 있다는 거야.

서울의 강남대로 같은 부에노스아이레스의 코리엔테스에서 버스를 타고 가다가, 버스 밖에서 점프해 내 핸드폰을 빼앗으려는 어린아이를 마주한 적 있어. 얼마나 놀랐던지.

S 부에노스아이레스의 일상이지.

여행을 마치고 이제 아르헨티나로 돌아가면 바로 일을 시작하는 거야?

S 응, 부에노스아이레스에 가서 모레부터 바로 일을 시작해.

아르헨티나에서 무슨 일을 해?

S 나는 IFF(International Flavors & Fragrance)라는 미국 회사에서 음료를 개발해. 우리 회사는 음식, 향수, 음료 등의 원료를 개발하고 나는 그 원료를 바탕으로 고객과 회사가 원하는 음료를 만드는 일을 하고 있어.

코카콜라나 환타 같은 음료를 만드는 거야?

S 직접 음료를 만들기보다는, 예를 들자면 콜라 맛을 만들어서 코카콜라

같은 회사에 판매하는 거야. 내가 음료 샘플을 만들어서 고객에게 보여주면 그들이 제품을 생산하는 방식이지.

직접 만든 음료들에 관해 이야기해 줄 수 있어?

S 대부분 남미에서 팔리는 음료라 이름을 말해도 잘 모를 거야. 몬덜리즈(Mondeliz)라는 회사의 밀카(Milka) 초콜릿 음료 개발에 참여했고, 탕(Tang) 브랜드의 열두 가지 맛을 직접 만들었어. 그래서 모두 내 아이들처럼 느껴져. 그 외에도 다른 아르헨티나 음료 개발에 참여했어.

정확하게는 연구소에서 일하면서 맛을 개발하는 일을 하는 거지?

S 연구소에서 일하며 원료를 섞고, 맛을 보고, 고객들에게 직접 그 맛을 보여줘. 일한 지 오래돼서 이제는 고객사들과 직접 소통할 수 있어.

지금 하는 일을 사랑해?

S 응, 나는 내 일을 사랑해. 벌써 10년 넘게 하는 일인걸. 사실 어제가 14주년이었어.

14년이라니 대단하다. 이 일은 어떻게 시작하게 된 거야?

S 나는 화학공학을 전공했어. 그리고 작년에는 생물공학을 공부했지. 석사를 공부한 건 아니고, 회사에서 지원해 준 덕분에 두 번째 학사 과정을 밟았어. 일과 공부를 병행하는 건 생각보다 힘들었지만 코로나19 팬데믹 기간의 지루함을 떨쳐내기엔 딱 좋았어.

화학공학과 생명공학은 어떻게 달라?

S 생명공학은 제약뿐만 아니라 식품 분야에서도 가능성이 무궁무진해. 예

를 들어 콤부차도 생명공학의 결과물이야. 우리 회사는 원래 맛(flavors)만 다루어왔는데 몇 년 전에 원료공학 회사를 합병했어. 그래서 생명공학을 공부한 게 내 경력에 큰 도움이 되었어.

앞으로도 이쪽 분야에서 계속 일할 생각이야?

S 응, 회사에서 나를 높이 평가하고 지원도 해줘서 만족스러워. 계속 경험을 쌓으며 배우고 싶어. 작년에는 칠레 지부로 옮기려고 했지만 상황이 맞지 않아 불발되었어. 나중에라도 다시 기회가 생기면 다른 나라에서도 일해보고 싶어.

부에노스아이레스에서 공부한 거야? 에콰도르에서 태어난 걸로 알고 있는데.

S 정확히 말하면 난 에콰도르에서 태어났지만 한 살 때 아르헨티나로 이사 왔어. 우리 아빠는 우루과이인, 엄마는 에콰도르인이고 나는 우루과이 여권을 가지고 있지. 나는 내내 아르헨티나에서 살았지만 아르헨티나 여권은 없어. 아무래도 우루과이 여권이 남미에서 가장 강력하니까.

스테프는 그럼 아르헨티나 사람인 셈이잖아. 부에노스아이레스 사람들은 에콰도르나 우루과이에서 온 사람들을 어떻게 생각해?

S 우루과이는 아르헨티나와 비슷하지만 더 잘살고 진보적인 곳이야. 에콰도르는 아르헨티나에 사는 많은 이민자의 고향 중 하나일 뿐이고.

스테프가 이민자의 자녀, 혹은 이민자로서 어떤 삶을 살았는지도 궁금해. 아르헨티나는 원주민 학살의 역사가 있고, 그래서 라틴 아메리카의 그 어떤 나라보다 백인의 비율이 높잖아. 많은 아르헨티나 사람들이 자신을 소개하면서 유럽과의 상관관계를 이야기하곤 했어. 우리 아버지는 이탈리아에서 오셨어, 우리 할머니는 프랑스인이야, 이런 식으로. 그들은 여전히 유럽에서 살고 있는 듯했지. 그런 백인 위주의 사회에서 소외감을 느낀 적은 없어?

S   지금은 큰 차별을 느끼지 않지만 어릴 때는 아르헨티나식 스페인어를 하지 못하고 이름도 아르헨티나식이 아니라서 따돌림을 당했어. 하지만 아이들이 서로 놀리는 건 이곳만의 일은 아니지. 아무튼 네가 말했듯 아르헨티나는 백인이 인구의 95퍼센트를 차지해.

정체성에서 혼란을 겪지는 않았어? 스테프는 아르헨티나인인 동시에 우루과이와 에콰도르의 문화를 경험하며 자랐잖아.

S   정체성보다는 다른 사소한 문제들이 있어. 예를 들어 아르헨티나에 돌아올 때마다 공항에서 내국인과 외국인 줄 가운데 어디에 서야 할지 망설이게 돼. 나는 아르헨티나 영주권이 있어서 어느 쪽에 서도 상관이 없는데 말이야. 그 외에 특별한 차이는 없는 것 같아. 그나마 음식에 관해 말하면 해산물이 많이 나는 에콰도르에서 온 엄마는 아르헨티나에서 힘들어했어. 아르헨티나에선 해산물이 비싸니까. 하지만 나는 해산물을 좋아하지 않아서 별문제는 없었어.

부에노스아이레스에서의 삶에 관해 조금 더 이야기해 줄래?

S   아름다운 도시야. 이곳에서 나는 고양이들과 살고 있어. 원래는 세 마리였는데 한 마리는 집을 나갔고 남은 두 마리는 열 살이 넘어서 건강이 걱정돼. 부에노스아이레스에서 반려동물을 키우는 건 흔한 일이야. 요즘은 많은 사람들이 자녀 대신 동물을 키워. 경제적으로 더 저렴하고 관심을 덜 줘도 되니까.

고양이들과 시간을 보내는 것 말곤 보통 부에노스아이레스에서 뭘 하며 지내?

S   처음 부에노스아이레스에 왔을 땐 일과 공부에만 집중했어. 두 번째 학사 졸업 후엔 도시를 탐험했지. 관광객처럼 도시의 다른 모습을 보고 싶었어. 사진 수업을 들으면서 주말엔 다른 수강생들과 시내로 나가 사진을 찍기도 해.

부에노스아이레스의 어떤 모습들을 제일 좋아해?

S 내 가족, 고양이들 그리고 우리 집. 도시에 대해 말하자면 나는 이곳의 오래된 건축물들을 좋아해. 내 인스타그램을 보면 유럽 스타일의 건물 사진이 많을 거야.

마지막 질문을 던질게. 다음 행선지는 어디야?

S 잘 모르겠어. 아르헨티나의 경제가 어려워서 미래가 불확실해. 나는 좋은 직업을 가지고 있지만 국가 상황에 따라 내 인생도 영향을 받을 수 있어. 회사가 물가나 환율 변화에 맞춰 월급을 올려준다고는 해도 말이야. 그래도 계속 일하고 돈을 모아서 여행을 떠나고 싶어. 여행은 삶을 풍요롭게 하니까.

원고를 쓰는 이 시점에 스테프는 멕시코를 여행 중이다. 스테프는 비행기 좌석에 앉아 내게 사진 한 장을 찍어 보냈는데, 좌석 스크린에 한국 영화 〈패스트 라이브즈(Past Lives)〉가 떠 있었다. 우리는 길 위에서 수많은 사람들을 마주한다. 굳이 사랑이 아니더라도, 그들은 때때로 인연이 닿아 소중한 사람이 되기도 하고 혹은 인연을 잇지 못해 관계의 여백으로 남기도 한다. 인연을 만들기 위해서는 경계벽을 부숴야 할지도 모른다. 익명으로 가득 찬 거대한 자본주의의 세계에서, 우리는 너무 벽 안의 풍경에만 몰두해 있지는 않을까. 스테프는 벽을 깨고 나온 사람이다. 벽을 깨고 나와 길 위의 인연들에 손을 건네는 사람이다. 나는 그녀가 앞으로도 계속해서 벽을 부쉈으면 한다. 그 모든 경계를 부수고 반짝이는 삶을 살았으면 한다.

Julia K

#30대 중반
#베를린, 독일
#인스타그램 @jemappellewilli

율리아 K
우리 세대의 율리아

그녀를 어떻게 정의해야 할지 모르겠다. 율리아는 다채로운 색깔을 지녔고, 그 색으로 무장한 채 끊임없이 빛을 발하곤 했다. 대한민국 사회 규범으로 정의하면 소수자였지만 내가 아는 율리아는 그 누구보다도 정상성의 표본과도 같은 사람이다. 보편적인 사고방식으로 많은 이들을 포용하며 살아가는 율리아와 마주했다. 태국에서의 더위를 잊지 않은 듯 따뜻한 포옹으로 나를 환영했다. 알고 지낸 지 9년 만에야 우리 세대의 퀴어 여성, 율리아를 제대로 만났다.

#태국 여행 #퀴어 여성 #베를린 #다름과 정상성 #이민자를 향한 시선

최근 다녀온 태국 여행은 어땠어?

J 여행은 방콕에서 시작했어. 방콕에서 하룻밤 묵고 차이나타운으로 갔는데 거대한 바퀴벌레 무리를 보고 경악했지. 충격을 뒤로하고 치앙마이에서 일주일 정도 행복한 시간을 보냈고, 그 후 빠이(치앙마이에서 차로 약 3시간 정도 걸리는 작은 마을)에서 다시 일주일을 보냈어. 다음으로 남쪽의 섬으로 갔는데 그건 좋은 선택이 아니었어. 친구들이 11월에는 태국 남부에 비가 올 수 있다고 했거든. 그 충고를 무시하고 꼬 따오(태국 남부에 있는 작은 섬)에

갔는데, 섬은 물론 아름다웠지만 비가 3일 내내 내리더라. 이런 날씨에 어딜 가야 할지 몰라 3일을 가만히 앉아만 있었어. 여자 친구와 막 헤어진 상태라 우울한 감정을 즐기기에는 적합한 풍경이었지.

그때 이별했구나. 괜찮았어?

J 나름 괜찮았어. 꼬 따오의 비, 스쿠터, 음식들이 위안이 되어줬거든. 다음엔 꼬 리뻬(태국 남부의 아름다운 섬)로 갔어. 다행히 거긴 날씨가 좋았어. 호스텔에서 다양한 친구들을 만났는데, 스페인 친구는 영어를 못하고 영국 친구는 스페인어를 못해서 나랑 아르헨티나 친구가 통역을 하며 넷이 어울렸어. 또 네덜란드와 루마니아에서 온 친구들과 함께 지내며 아침을 먹고, 스노클링하고, 보트 투어를 하거나 술을 마시면서 일주일을 보냈지. 방콕으로 다시 돌아와서는 바퀴벌레를 잊고 새로운 여행을 즐겼어.

율리아는 항상 여행지에 있는 것 같네. 여태까지 다녀온 나라 중에서 다시 가고 싶은 곳을 하나 꼽는다면 어디야?

J 내 마음속 영원한 여행지는 콜롬비아야. 9년 전에 유학했던 곳인데 여전히 가장 멋진 나라로 기억돼. 콜롬비아는 아름답고 사람들도 멋졌어. 전 세계에서 온 수십 명의 학생들과 일주일에 세 번은 파티를 열었어. 춤추고 술 마시며 바랑키야 카니발(Barranquilla Carnival, 사순절 전에 바랑키야에서 열리는 라틴 아메리카 최대 축제 중 하나)도 즐겼고, 매주 콜롬비아를 여행하기도 했지. 그래서 다시 콜롬비아에 돌아가는 게 두렵기도 해. 이 완벽한 추억이 지워질 것 같거든. 많은 친구들이 이미 콜롬비아를 떠났고, 나는 더 이상 스물다섯 살이 아니야. 그럼에도 콜롬비아는 내게 가장 환상적인 여행지로 남아 있어.

콜롬비아는 정말 특별한 나라야. 기억에 남는 또 다른 나라들이 있을까?

J   남아프리카 공화국과 덴마크. 덴마크는 콜롬비아에 가기 2년 전, 한 학기 동안 공부했던 곳이야. 스칸디나비아 국가들이 좋은 교육 시스템으로 유명한 거 알지? 남아프리카 공화국은 콜롬비아와 비슷한 느낌이었고, 그 경험도 여전히 소중해.

각 나라에서의 경험은 어떻게 달랐어?

J   삶의 방식이 달랐어. 나는 독일인이지만 독일을 자랑스럽게 생각한 적은 없어. 역사적 이유로 독일에선 국가를 자랑스럽게 여기는 법을 배우지 않거든. 이탈리아에선 사람들이 함께 노래하고 요리하며 이탈리아적인 삶을 즐기지만 독일에는 그런 게 없어. 남아프리카 공화국과 콜롬비아에선 거리에서 삶을 느끼며 다양한 사람들을 만날 수 있었어. 싸구려 플라스틱 의자에 앉아 맥주를 마시며 떠들었고, 모든 이들이 흥겹게 자기 삶을 살았지. 나는 언어만 배우면 되었어. 그럼 쉽게 그들과 친구가 될 수 있지. 콜롬비아 친구 집에 초대받았을 땐 친구 가족과 친척, 이웃들과 함께 모여 따뜻한 시간을 보냈어. 독일은 익명적이고 폐쇄적인 데 반해, 콜롬비아에서는 금방 친구를 사귈 수 있었고 사람들 사이에서 연결된 느낌을 받았어. 나는 이렇게 따뜻한 사람들과 춤추고 대화하는 게 좋아. 어디서든 사람들을 만나 그들 안의 불꽃을 찾아내는 거지.

그럼 율리아는 왜 독일에 있는 거야?

J   정말 좋은 질문인데.(웃음)

나도 콜롬비아에 머무는 게 좋았어. 사람들은 항상 날 반겨줬고, 어딜 가나 사랑받는 느낌이 들었어. 그럼에도 나는 알게 모르게 외국에서도 여전히 나였어. 가끔 무의식적으로 나오는 말

이나 행동에서 한국인의 면모가 드러나 깜짝 놀라기도 했거든.

J 나도 그래. 독일인인 게 자랑스럽진 않지만 독일 여권과 시민권, 사회보장제도는 정말 고맙다고 느껴. 콜롬비아에서 살고 싶지만 거기선 재정, 보안, 세금 등에서 많은 걱정을 하게 될 걸 알아. 나는 독일의 치안과 안정에 감사하고, 내가 내는 월급이 연금으로 쌓인다는 것도 알고 있지. 물론 독일 상황이 앞으로 나빠질 수도 있지만 적어도 아플 때 병원에서 치료받을 수 있다는 건 큰 장점이잖아. 금융과 의료보험 그리고 사회보장 때문에 나는 계속 독일로 돌아오고 있다고 생각해.

솔직히 대답해 줘서 고마워. 하지만 그게 전부는 아닐 것 같은데. 율리아는 그냥 '독일'이 아니라 '베를린'에서 살고 있잖아. 베를린의 문화적 다양성도 율리아가 독일에서 살아가는 이유 중 하나가 아닐까?

J 그 말대로 베를린의 문화적 다양성은 독보적이라서 나는 일주일만 떠나 있어도 이 도시가 그리워져. '베를린에 없는 국적이나 인종은 없다'라는 말도 있으니까. 30년 전에는 베를린 사람이라고 하면 모두가 독일인이었는데, 지금은 어디서든 영어를 써야 할 정도로 다양한 인종과 문화가 섞였지. 물론 일부 독일인들은 이민자들을 싫어하지만 나는 다양한 나라에서 온 친구들이 좋아. 30년 전의 도시는 더 이상 존재하지 않아. 베를린은 열려 있고 다양하며 동시에 포용적이야.

베를린에서는 익명성과 다양성 덕분에 더욱 자유로울 수 있었던 것 같아.

J 베를린에서 나는 필요한 만큼 자유롭게 무지할 수 있어. 사회적 규범에 따를 필요 없이 원하는 대로 살 수 있지. 하지만 다른 나라, 예를 들어 모로코에 가면 나는 그곳의 종교적·성적 규범을 따라야 해. 퀴어 여성인 나는 나로서 존재할 수 없으며 규범을 배우고 따라야 하지. 베를린에서는 낡은 점퍼

에 엉뚱한 양말, 이상한 헤어 스타일로도 밖에 나갈 수 있지만, 뮌헨만 봐도 여성이 클럽에 가려면 드레스와 하이힐을 신어야 해. 베를린에서는 상상도 못 할 일이지. 베를린은 모든 성별과 다양성을 포용하는 곳으로, 심지어 거리에서도 다양한 성별을 쉽게 볼 수 있어. 베를린에선 수염을 1미터나 기른 남성이 드레스에 하이힐 차림인 모습도 자연스럽지만 뮌헨에서 그런 건 신문에나 나올 법한 일이야. 이 익명성과 그 속에서의 연대를 좋아해.

성에 관해서라면 한국도 뮌헨 못지않게 보수적일걸. 아직도 남자는 남성성을, 여자는 여성성을 지녀야 한다는 암묵적 합의 속에서 많은 이들이 침묵하며 살아가지. 베를린은 어때?

J 베를린에서는 '정상성'의 정의가 달라진 것 같아. 100년 전이나 우리 부모님 세대에서는 이성애자 백인 남성이 정상의 기준이었다면 지금은 그런 기준 자체가 흐려졌어. 베를린에서는 많은 사람들이 스스로 양성애자임을 자각하거나 일부일처제가 아닌 자유로운 연애를 추구해. 내 친구 중 다수는 퀴어이고, 혹은 크로스 드레싱(cross dressing, 남성이 여성 옷을 입거나 여성이 남성 옷을 입는 것)을 즐겨. 나도 파티에 갈 땐 남자처럼 정장을 입고 머리를 올려 꾸미곤 해. 내가 정말 사랑했던 사람은 한 피자 가게의 트랜스젠더였어. 베를린에서는 누구든지 자신이 원하는 사람을 사랑할 수 있어. 이런 곳에서 살 수 있어서 정말 행복해. 물론, 내가 독일계 백인 여성으로서 특권을 누리고 있다는 것도 잘 알아. 그래서 가난하거나 다른 이유로 자유를 누리지 못하는 사람들이 베를린을 똑같은 시선으로 볼 수 없다는 것도 이해해.

윗세대 독일인들의 생각은 어때? 그들 입장에선 순식간에 이민자들이 범람하게 된 거잖아. 많은 이민자들이 사회에 동화되기보단 여전히 자신들의 문화와 가치를 유지하려고 하고.

J 최근 우크라이나 난민들이 오고 있지만 그전에는 시리아나 리비아에서 많은 사람들이 독일로 왔어. 독일이 큰 나라여서 모든 사람을 포용할 수 있

다는 게 정말 기뻐. 그들이 환영받는다고 느꼈으면 좋겠어. 하지만 이 문제는 독일에서 민감한 주제이고, 내가 할머니와 더 이상 이야기하지 않는 이유이기도 해. 조부모 세대는 전쟁 후 재건한 나라에 이민자들이 오면서 불만을 품기 시작했어. 이민자들에 관해서 우리에겐 두 가지 선택지가 있었어. 그들에 대해 배우거나 다름을 지적하고 배척하는 것. 안타깝게도 1970~80년대부터 많은 독일인들이 후자를 선택했지.

한국도 비슷해. 독일이 100만 명에 가까운 난민을 받는 사이, 한국은 겨우 수백 명의 난민들로 전국적인 시위가 일어나기도 했어.

J 불안감이 문제라고 생각해. 왜 이민자들이 올 수밖에 없는지 이해하는 건 어려운 일이 아닌데도 시도조차 하지 않아. 많은 독일인, 특히 노인 세대는 왜 이민자들과 사회보장 시스템, 의료 시스템을 나눠야 하는지 이해하지 못해. 하지만 나는 전후에 태어나 이민자들의 도움으로 나라가 성장하는 걸 지켜본 세대야. 독일은 다양한 문화와 가치가 융합된 곳이고, 그 덕분에 세계 음식을 맛보고 다양한 문화를 경험할 수 있어. 그런 것들을 누리면서도 불평하는 걸 이해할 수 없어.

율리아에게 사랑에 관해 묻자 1초도 망설이지 않고 대답했다. 자신에게 사랑은 이성애자 남성과 이성애자 여성이 사회적 합의에 따라 감정을 나누는 문화적 관습이 아니라고. 율리아에게 사랑이란 그저 마음이 가득 차는 것, 때로는 한 사람 또는 여러 사람과 함께 마음을 가득 채우는 것을 의미했다. 일주일 동안 비를 맞으며 태국의 조용한 바닷가에 앉아 있는 것, 가장 맛있게 먹었던 음식을 상상하며 행복감에 젖는 것, 우정과 가족애 그리고 모든 형태의 감정을 주고받는 행위가 사랑이었다. 나는 율리아의 사랑을 믿는다. 특유의 낙관으로 계속해서 사랑하기를, 그녀가 정의 내린 자신의 '정상성'이 끝없이 빛나기를 응원한다.

Gaelle

- #20대 중반
- #디종, 프랑스
- #인스타그램 @gaellelmrt

더 많이 여행하고 사랑할 것

갤의 첫인상은 '천방지축 소녀'였다. 프랑스 파리에서 날아온, 가족과 친구들을 사랑하며 매 순간 장난스러운 웃음을 선물하는 소녀. 갤과 6개월을 함께 일상을 보내면서 나는 갤이 안고 살아가는 수많은 감정을 응시할 수 있었다. 몇 개는 진득했고 몇 개는 가벼웠지만, 그 진득함과 가벼움 사이에서 여행하고 사랑하며 성장해 나가고 있었다. 첫 질문부터 우리는 여행을 논했다.

#여행과 공부 #인도 대학 #산업디자이너 #학업 #세대와 정치

멕시코에서도 공부했다고?

G 6개월간 교환학생으로 있었는데 학기를 시작하고 2주 뒤에 코로나19가 터지자 학교 건물이 다 닫혔어. 그 후 5개월 동안은 여행만 했지. 월요일에 온라인 수업을 몰아서 듣고 나머지 날에는 친구들과 멕시코 전역을 여행했어.

몬테레이에 있었다고 들었는데, 어떤 인상을 받았어?

G 치안이 좋지 않았어. 예를 들어 파티에 갔는데 함께 춤추던 남자가 마약

카르텔 소속이라는 걸 알게 된다거나 했지. 학기 말이 되자 상황은 더 심각해졌어. 그전에는 자주 밖에 나갔지만 나중엔 아예 집을 나서지도 않았어. 한국에 비하면 정말 위험했고 파리랑 비교해도 위험했지만, 파리도 요즘 치안이 안 좋아져서 큰 차이를 느끼진 못했어.

멕시코에 머무는 동안 다른 국가들도 방문했어?

G 코스타리카, 과테말라, 니카라과 등등 대부분 중미 국가를 방문했어. 올해도 6개월 정도 떠날 예정이야. 이번엔 브라질, 페루, 볼리비아, 아르헨티나를 방문할 건데 구체적인 계획은 없어. 멕시코에도 2주 정도 들를 예정이고.

프랑스에선 이렇게 졸업 후 갭 이어(Gap Year, 학업이나 업무를 잠시 중단하고 여행이나 진로 탐색, 사회 경험 등 미래를 준비하는 활동을 하는 것)를 갖는 게 자연스러워?

G 자연스러워. 나는 올해 6월에 석사를 졸업하거든. 그래서 졸업 후 친구들이랑 여행을 가기로 계획한 거야. 커리어를 시작하기 전에 친구들과 떠나는 마지막 여행이 되겠지. 일을 시작하면 긴 여행은 어려울 테니까. 많은 사람들이 학사나 석사 졸업 후 이렇게 여행을 떠나.

한국은 삶에 정해진 수순이 있어서 보통 그 순서를 따라가는 편이거든. 대학, 졸업, 취업, 결혼처럼 암묵적으로 정해진 길을 따라가. 반면 프랑스에선 사이사이에 자신만의 이야기를 쓰면서 사고의 지평을 넓힐 수 있구나.

G 내 부모 세대도 이런 자유가 없었고 정해진 길을 따라야 했어. 하지만 우리는 다르잖아. 공부하고 직장을 갖고 결혼하고 아이 낳는 것도 좋지만, 때론 그게 자유를 억압한다고 느껴. 우리는 자신을 틀에 맞추기보다 하고 싶은 걸 하려고 해. 전 세계를 여행하며 일하는 노마드처럼 살 수도 있고, 외국에서 일하거나 더 열린 국제적 경험도 할 수 있지.

인도의 벵갈루루에서도 1년을 있었다고 했잖아. 거긴 어땠어?

G 프랑스를 떠나 그렇게 장기간 머문 나라는 인도가 처음이었어. 당시 난 열여덟 살이었는데 모든 게 낯설었고, 처음 몇 개월은 문화 충격이 컸어. 경험하는 모든 것들이 알던 것과 달라서 한동안 인도에 적응하기 힘들었어.

인도에선 어떤 공부를 했어?

G 산업디자인을 공부했는데, 파리에 있는 학교의 벵갈루루 캠퍼스였고 교수님과 학생 대부분은 인도인이었지. 같은 프랑스 대학인데도 문화가 달랐어. 프랑스에선 보통 월 단위로 수업을 계획해. 월요일은 그래픽디자인, 화요일은 포토샵, 수요일은 다른 과목. 이런 식으로 수업을 편성하는데 인도에선 한 과목을 일주일 동안 집중적으로 가르쳐. 월요일에 한 과목을 시작하면 금요일에는 최종 프로젝트를 제출해야 하는 거야. 평일엔 공부하느라 제대로 잠도 못 잤어. 과제도 많았고, 바쁠 땐 오전 9시부터 오후 11시까지 학교에 있었어.

아마도 문화적인 차이가 아닐까. 인도는 고등 교육에서 무척이나 경쟁적인 나라로 알고 있어. 그 경쟁을 이겨내야만 사회에서 살아남을 수 있지.

G 문화 차이가 확실히 있었어. 인도 친구들이 공부를 얼마나 열심히 하던지, 프랑스 친구들이랑 비교할 수 없을 정도야. 인도 친구들은 이미 많은 경쟁을 뚫고 왔고, 경제적으로도 여유가 있어야 프랑스 대학에 올 수 있었어. 그 친구들은 유럽인에 가까운 인도인 같았고 영어도 유창했지.

인도를 떠날 때는 인도에 관한 첫인상이 많이 바뀌었어?

G 인도에 가기 2주 전까진 아무 생각이 없었어. 인도에 대해 아무것도 몰라서 도착한 후에야 책을 사서 공부했어. 1년 동안 인도에 관한 많은 걸 배웠지만 소음과 매연은 아무래도 적응하기 어렵더라.

한국은 어떻게 오게 된 거야?

G 한국은 원래 계획에 없었어. 석사 졸업을 위해 인턴십을 알아보던 중 뉴욕의 한 주얼리 브랜드에 지원했는데 다행히 결과가 좋았어. 이전에 발렌시아가에서 일하면서 주얼리 브랜드에 관심이 생겼거든. 원래 뉴욕에서 일할 예정이었는데 두 달 후 회사 대표가 서울로 오라는 연락을 해온 거야.

갤의 여행은 항상 공부와 연관 있는 것 같아. 지금은 뭘 전공하고 있어? 공부와 동시에 일도 했던 건지 궁금해.

G 석사로 프로젝트와 산업디자인을 공부하고 있어. 발렌시아가에서 일한 후에는 다른 패션 브랜드와도 협업하고, 회사를 창업하고, 프리랜서로 여러 이벤트를 담당하기도 했지. 예를 들면 NBA(미국 프로 농구 리그)와 협업한 적도 있어. 산업디자인을 공부하면 다양한 분야에서 일할 수 있어. 가구, 패션, 냉장고 디자인은 물론 그래픽디자인이나 UI/UX 디자인도 가능하고. 모두 본인의 노력과 선택에 달렸어.

갤의 여정은 참 흥미로웠다. 20대 초중반이란 나이에 삶을 주체적으로 개척하고 있었다. 자신을 인도와 멕시코, 한국에 던졌고 그곳에서 삶을 가꾸어나갔다. 갤에게 여행이란 새로운 곳의 문화와 사람을 배우는 과정이었다. 배움 속에서 성장하고, 그 한 뼘의 성장을 통해 앞으로 나아갈 수 있었다. 그 여정엔 항상 공부가 함께했다. 멕시코와 인도 그리고 한국에서 많은 걸 배우고 경험했다. 그런 경험을 통해 더 커다란 세상을 마주하고 있었다.

갤의 사랑에 관한 이야기도 해줄 수 있어?

G 인도에서의 연애는 악몽 같았어. 남자 친구는 모든 걸 계획하고 설계해야 직성이 풀리는 타입이었지. 내게 사랑은 자유인데, 그 사람은 결혼과 미래를 계획하는 게 우선이라고 생각했어. 사실 그 인도인 친구는 대단히 부유한 집

안 출신이었으니 어쩌면 결혼해야 했던 건지도 몰라.(웃음) 내게 사랑이란 함께 좋은 시간을 보내고 즐거운 대화를 나누는 거야. 나는 아직 어리고 유럽에서 우리 세대는 결혼을 하거나 아이 갖는 것을 그리 우선시하지 않지. 지금은 자신을 먼저 사랑하는 게 중요하다고 생각해.

실제로 많은 유럽 사람들이 결혼하지 않거나 그저 파트너로 지내는 경우가 많다고 해. 편부모 가정도 많고.

G 내 친구 중 60퍼센트는 부모님이 이혼했어. 나는 한 사람과 평생 함께한다는 게 잘 이해되지 않아. 사람은 변하는데, 지금 좋은 점만 보고 평생을 함께한다고?

유럽에선 결혼 제도를 떠나 함께 살면서 서로를 알아가는 게 정말 자연스럽잖아.

G 응, 전혀 문제 되지 않는 생활 방식이야. 함께 시간을 보내고, 연애하고, 잠도 자고. 이 중 도대체 무엇이 문제가 되는 걸까? 프랑스에선 남녀 모두 친구들이랑 살고 좋아하는 사람과 연애해. 부모한테 모든 걸 배울 순 없어. 내 인생은 내가 주체적으로 살아야지. 부모는 조심하라고 충고해 줄 수는 있어도 그 이상은 얘기하지 않아.

프랑스의 부모 세대와 갤 세대 간의 차이점이 보여? 아무래도 최근 다른 국가에서 유입되는 사람들도 많아져서 더 변화가 클 것 같은데.

G 모든 게 변하고 있어. 긍정적인 면, 부정적인 면이 있지만 받아들이기 나름이야. 프랑스 사람들, 특히 부모 세대들은 불평이 많고 변화에 부정적이지만 다른 나라에서 살아보면 프랑스에서 누리는 권리가 얼마나 큰지 알게 될 거야. 프랑스는 정부에서 급여를 주고 노후에도 많은 지원도 해주지만 다른 나라들은 그렇지 않거든. 프랑스에서 사는 건 정말 행운이라고 생각해.

최근 프랑스에서 시위가 잦잖아. 정부의 유류세 인상에 반대하는 노란 조끼 시위도 있었고. 그것도 변화에 반대하는 시위라고 볼 수 있을까?

G 노란 조끼 시위는 좀 다른 맥락이라고 봐. 시위자들은 마크롱 정부에 대한 불신을 표현하고 싶었을 거야. 최근 농부들이 도로를 막고 시위를 벌였잖아. 그들은 유류세 인상과 살충제 금지에 반대했어. 물론 살충제 사용이 환경과 건강에 좋지 않다는 건 알지만, 많은 EU 국가가 살충제를 허용하는 상황에서 대안 없이 그 사용을 막고 유류세를 올리는 건 농부들에게 너무 가혹한 조치야. 정부는 개혁을 시도하지만 적절한 대안이나 보상을 제시하지 않아서 사회 개혁에는 도움이 안 될 거야.

청년들은 정치에 관심이 많은 편이야?

G 정말 안타깝게도, 아무도 신경 쓰지 않아. 모두 정치에 실망하고 있기 때문이야. 정치인들은 더 나은 사회를 만들기보다는 자신의 이득을 챙기는 데만 집중하지. 사람들은 정책을 보고 투표하기보단 싫어하는 정치인을 반대하려고 투표해. 좋은 정책을 만드는 정치인을 뽑는 게 아니라 자신이 싫어하는 사람을 피하려는 거지. 사실 나도 정치에 크게 관심이 없고 그저 사회가 조금 더 나아지길 바랄 뿐이야.

사랑 이야기는 프랑스로, 프랑스는 정치로 주제가 가닿았다. 그 어떤 주제보다 갤의 사랑에 관한 이야기가 가장 흥미로웠다. 갤과 대화하면서 우리의 사랑이 너무 경직되어 있지 않나, 하는 생각을 했다. 우리는 과연 누구를 위한 사랑을 하는 것일까. 조금은 자유롭게 우리의 사랑을 내려놓을 수는 없는 걸까. 아니, 최소한 타인들의 사랑만이라도 조금은 무신경하게 바라보면 안 될까. 자유롭게 사랑하는 갤이 문득 부러웠다. 여행으로 시작한 이야기를 정치 냉소로 끝내자니 좀 씁쓸했다. 그럼에도 불구하고, 자유로운 그녀가 여전히 공동체에 관심을 두는 모습을 보니 마음이 따뜻해졌다. 부디 갤이 앞으로의 여정에서 더 많이 사랑할 수 있기를, 그리고 그 너른 사랑으로 주변의 사회를 보듬을 수 있기를 기원했다.

PART 2

앞으로 나아가는 삶

sofja

- #30대 중반
- #뉴욕, 미국
- #인스타그램 @sofa_mofa

소피아
꿈꾸는 삶을 살고 있어요

처음 소피아를 만난 건 런던의 한 공항에서였다. 이른 새벽, 베를린으로 가는 개트윅 공항의 게이트에서 나는 우연히 마주친 사람에게 눈인사를 건넸다. 그녀를 다시 만난 건 일주일 뒤 런던으로 돌아오는 베를린의 게이트. 수많은 사람이 오가는 공항에서 일주일 간격으로 두 번이나 같은 사람과 마주칠 확률은 얼마나 될까. 연착된 베를린의 브란덴부르크 공항에서 우리는 면세점표 샴페인을 마시며 이야기를 나눴다. 우연을 인연으로 만들어 참 기뻤다. 그 늦은 밤의 샴페인을 떠올리며 소피아를 다시 만나 인터뷰했다. 그로부터 2년이 흘렀을 뿐인데 그녀는 또 다른 삶을 개척해 나가고 있었다.

#아메리칸드림 #에미레이트 전 승무원 #자기애 #새로운 시작

소피아의 삶에 관해 이야기해 줘.

S 나는 5년간의 결혼 생활을 끝내고 영주권을 받아 미국에 왔어. 로스앤젤레스에서 전남편과 재결합을 시도했지만 결국 각자의 길을 걷기로 하고, 뉴욕으로 이사했어. 지금도 그와의 인연을 완전히 끊진 않았지만 이제 내 삶을 스스로 개척하려고 해. 이 이야기가 러시아 소녀의 아메리칸드림으로 들릴 수도 있다는 걸 알아. 어쨌거나 삶은 여정의 연속이잖아. 새로운 프로젝트와 일, 뉴욕의 풍경이 기대돼.

간결하게 정리해 줘서 고마워. 그간의 여정에 관해 자세히 듣고 싶은데, 먼저 왜 미국에서 살기로 결심했는지가 궁금해.

S 처음에는 유럽에서 계속 살고 싶었지만 인생은 예측 불가능하더라. 영국에서 미국 남자와 결혼했고, 일하면서 영주권을 얻은 다음 미국으로 왔지. 인생이 이끄는 대로 흘러갔을 뿐이야.

왜 뉴욕을 선택한 거야?

S 뉴욕은 다른 미국 도시들과 달라. 일단 미국이 러시아와 비슷한 점은, 큰 도시는 흥미롭지만 작은 도시들은 그렇지 않다는 거야. 처음에는 로스앤젤레스에서 지냈는데 다양한 인종과 문화가 섞여 있는 런던과 너무도 달랐어. 특히 내가 살던 교외는 똑같은 풍경과 자동차로만 끝없이 이어지는 지루한 공간이었지. 사람도 거의 만날 수 없어서 외롭고 고립된 느낌이 들었어. 그때 깨달았어. 나는 사람들 속에서 살아가야 하는 사람이라는 걸.

그럼, 소피아에게 고향이라고 부를 만한 도시가 있을까?

S 아무래도 24년간 살아온 노보시비르스크(남부 시베리아에 있는 러시아의 도시)겠지. 나는 스무 살이 되어서야 처음으로 홍콩과 중국에서 두 달간 지내 봤어.

그때 이야기를 조금 더 듣고 싶어.

S 스무 살 때 홍콩과 중국에서 열린 뷰티 콘테스트에 러시아 아시아 지역 대표로 참가했어. 우승은 못 했지만 아시아 25개국 모델들과 함께하며 다양한 문화를 경험하는 게 색다르고 즐거웠어. 그 대회는 평생 러시아밖에 몰랐던 내게 이국적이고 다채로운 경험을 선사해 주었지. 이후 러시아로 돌아와 대학에 갔어.

대학에선 뭘 공부했어?

S 호텔경영과 여행(Hotel Management and Tourism)을 공부했어. 이스탄불에서 모델 일을 제안받았지만 당시 만나던 연인 때문에 거절했는데 지금도 그 결정이 후회돼. 이후 모델 에이전시를 통해 두바이에서 레스토랑 종업원으로 일하다가 에미레이트 항공에 지원해 보라는 제안을 받았고, 열심히 준비해 승무원이 됐지. 스물네 살에 두바이로 와서 4년간 에미레이트 항공에서 일했어.

레스토랑 종업원과 승무원의 삶은 또 달랐을 것 같아.

S 에미레이트 항공은 중동의 부유한 항공사야. 처음엔 서류 문제로, 두 번째는 몸에 있는 문신 때문에 탈락했지만 문신을 지우고 세 번째 지원에서 합격했어. 덕분에 두바이에 살면서 많은 나라를 여행했지.

승무원의 업무 스케줄은 어떤 식으로 정해지고, 주로 어느 나라들을 다녀왔어?

S 에미레이트 항공에서 스케줄을 잡아줬는데, 보통은 체력 안배가 그리 힘들지 않지만 가끔은 정말 빡빡하기도 했어. 한 달에 여덟 번 정도 비행을 나가고 비행 사이에는 두바이에서 쉬거나 목적지에서 며칠 머물기도 했지. 45분짜리 짧은 비행도 있고 호주나 뉴질랜드로는 14시간을 비행했어. 긴 비행 후엔 하루나 이틀 동안 목적지에서 쉬거나 도시를 탐험하다가 다시 두바이에 돌아왔고. 그때는 생체 시계가 전 세계에 걸쳐 있었어.

승무원 일을 하면서 어느 지점이 제일 좋았고 또 싫었어?

S 가장 힘든 건 새벽 1시나 2시에 일어나야 하는 거였어. 반수면 상태로 준비할 때도 많았지만, 그래도 일 자체는 재미있었어. 파리나 시드니에 갈 수도 있어서 도시에 나가 사람들을 만나고 경험하는 게 즐거웠어. 리조트에서 묵지 않는 이상은 숙소에만 머물지 않고 항상 도시를 탐험했어.

승무원의 삶은 참 흥미롭네. 그 일은 왜 관뒀어?

S 안 그래도 그만두려던 찰나 미국인 전남편을 만났어. 아일랜드의 더블린에서 살았던 그는 두바이를 경유하던 중이었는데 우리는 대화를 나누면서 서로 공통점이 많다고 느꼈지. 당시 유행하던 데이팅 앱으로 승무원들은 새로운 도시에서 친구를 쉽게 사귈 수 있었고, 나 역시 앱을 통해 그를 만나 두바이와 더블린을 오가는 장거리 연애를 시작했어. 두바이-런던 항공편이 많았던 덕분에 우린 두바이와 런던에서 자주 만났어. 그러다 그가 프러포즈하면서 나는 두바이를 떠났던 거야.

그렇게 영국 혹은 아일랜드에서의 삶이 시작된 거야?

S 런던에 정착했는데 새로운 걸 시도해 보고 싶어서 헤어 살롱에서 일을 시작했어. 창조성을 표현할 방법을 찾던 중이었는데, 모델 일과 헤어 살롱 일이 자연스럽게 연결됐어.

또다시 새로운 경력을 시작한 셈이네. 하나 궁금한 게 있어. 그런 경력 전환의 결정들에는 항상 '사랑'이 있었어?

S 맞아. 이스탄불에 가지 않았던 것도, 런던과 로스앤젤레스에 간 것도, 모두 사랑하는 누군가 때문이었어. 하지만 이제는 나만을 위해 살고 싶어. 뉴욕에서 지내며 헤어스타일 일을 하기로 결심한 건 처음으로 나 자신을 위한 결정이었어. 물론 과거의 수많은 결정이 현재의 나를 만들었다는 걸 알지만 지금은 모두에게서 멀어져 나 자신의 내면을 되돌아보고 싶어.

내가 아는 소피아는 사랑으로 삶을 개척하는 사람이야. 우리가 처음 만나 이야기하게 된 것도 우연과 우연이 겹친 운명이었잖아. 그 운명을 끌어냈던 건 소피아의 미소였고.

S 그 경험은 정말 멋졌어. 처음 너를 만난 건 베를린 가는 런던 개트윅 공항

에서였어. 그때는 짧게 얘기하고 헤어져서 다시 만날 거란 생각을 못 했는데 일주일 뒤 베를린 공항에서 다시 마주쳐서 내가 손을 흔들었지. 비행기가 연착된 덕분에 면세점에서 몇 시간 동안 얘기했고, 런던에 와서도 공항에서 시내로 가며 계속 얘기했던 기억이 나.

그렇게 쉽게 사람들에게 먼저 다가가는 소피아인데, 사랑과 관계에서 멀어지려고 한다고?

S 힘들지만 정말 노력하는 중이야. 많은 사랑을 했고 상처도 많이 받았지. 사랑에 빠지면 환상에 사로잡히기 쉬워. 사랑도 좋지만 결국 나를 보호해야 하는 건 나 자신임을 깨달았어. 나와 대화하며 천천히 자신을 알아가고 있어.

사랑에 관해 이야기하고 있으니, 관련해서 몇 가지 질문을 할게. 소피아는 사랑을 어떻게 정의해? 그리고 그 정의가 바뀌어 온 거 같아?

S 사랑의 힘은 강력하지만 동시에 약점이 될 수도 있어. 그래서 나는 나 자신을 사랑하려고 노력해. 자신을 사랑하고 보살피며 감사하는 게 중요한 것 같아. 그 사랑을 바탕으로 타인에게도 사랑을 전달할 수 있어. 자신을 사랑하면, 사랑을 전달하는 방법은 많아. 물론 어릴 때도 나 자신을 사랑하려고는 했지만 의식적으로 생각하진 않았어. 그간의 경험과 자아 성찰을 바탕으로 이제는 나 자신에게 좀 더 집중하기로 결심했어.

모델과 승무원으로 일했고, 지금은 헤어스타일과 관련된 일을 하려는 거야? 일전에는 사업을 기획하는 중이라고 했던 것 같은데.

S 맞아, 항상 나만의 여성 속옷 브랜드를 만들고 싶었어. 불편한 속옷 대신 단순하고 편안한 제품을 네 가지 색상으로 출시할 계획이야. 발리에서 순면으로 된 제품을 생산하고, 곧 브랜드를 론칭할 거야. 목표를 향해 한 걸음씩 나아가고 있어.

나는 사진이 개개인의 정체성을 잘 드러낸다고 생각하거든. 소피아는 사진이 자신의 정체성을 잘 표현한다고 생각해?

S 응, 나는 내 몸을 사랑하고 새로운 스타일을 추구하는 걸 좋아해. 가슴을 드러내는 게 일부 문화에서는 선정적일 수도 있지만 나는 자신을 있는 그대로 표현하고 싶고, 그게 예술적이라고 생각해. 성애는 결국 자기 자신을 사랑하려는 욕구와도 같아. 자신을 사랑하고 부끄러워하지 않는 게 중요해. 베를린에서 사라(Sarah)라는 매력적인 사진작가를 만난 적 있는데, 우리 주변에 있는 평범한 여성들의 누드 사진을 찍으며 본질적인 아름다움을 탐구하는 사람이었어. 나는 그녀와의 촬영을 통해 내 몸을 사랑하는 법을 배웠어.

자세히 설명해 줘서 고마워. 마지막으로 현재 관심을 두는 헤어스타일 일에 관해서 질문하고 싶어. 어떤 일을 하고 싶은 거야?

S 나를 창의적으로 표현하고 싶어. 런던의 헤어 살롱에서 일하면서 머리를 자르고, 다듬고, 색을 입히는 과정이 재미있었고 그 경험이 나에게 영감을 줬어. 뉴욕은 꿈을 이루기에 좋은 도시야. 헤어스타일링이나 모델 일을 통해 새로운 사람들을 만나고 싶어. 뉴욕에서 헤어스타일리스트로 일하는 것이 큰 기회가 되어줄 거라고 믿어.

노보시비르스크와 두바이, 런던과 로스앤젤레스를 거쳐온 소피아의 인생 경로를 마주했다. 소피아의 삶은 어디에나 있었다. 그녀는 주체적인 동시에 의존적이었고, 의존은 그녀를 새로운 삶의 길로 이끌었다. 때론 모델로서, 때론 승무원으로서, 때론 헤어 살롱의 헤어 아티스트로서 자신의 창의성을 발휘해 가며 앞으로 어떤 삶을 개척해 나갈지 궁금했다. 인터뷰를 마치고 소피아는 뉴욕에서 현재 머물고 있는 자신의 조그만 방 사진을 보여줬다. 아직 가구 하나 없는 그 방은 인생의 새로운 장을 시작한 그녀와 닮아 있었다. 소피아는 낯선 도시에서 새롭게 시작하는 사람치고 걱정이 하나도 없어 보였다. 아마도 지난 10년 동안 다양한 경험을 하는 것에 단련되었기 때문일 터였다. 앞으로 그녀가 만들어낼 이야기가 궁금해졌다. 얼마 지나지 않아 두 날개를 활짝 펴고 뉴욕을 날아오르고 있지 않을까.

Tia

\# 30대 초반
\# 아테네, 그리스

티아
아테네에서 조르바로 살아가는 법

1년에 여덟 달, 끝이 없는 여름을 보내는 티아는 여름의 딸이다. 티아에게 여름은 웃을 수 있는 이유이고, 삶을 지탱하는 수단이며, 일상을 존속시키는 비법이다. 티아는 여름이면 친구들과 여행을 떠난다. 남쪽의 섬으로, 근교의 바닷가로, 멈추지 않는 태양의 빛무리 아래에서 온전히 반짝인다. 우울함이라고는 모르는 티아에게 여름은 축복이다. 밝은 빛 아래서 술을 마시고, 춤을 추고, 친구를 사귀고, 누군가를 사랑한다. 그녀를 이스탄불과 아테네의 여름에 만났다. 역시나 반짝이고 있던 티아는 태양 알갱이들과 함께 춤을 추고 있었다. 그 춤에 동행했다.

#끝없는 여름 #디지털 패션 #그리스 경제 위기 #그리스인 조르바

그동안 어떻게 지냈어?

T 여름을 끝없이 즐겼지. 친구들이랑 여행도 가고. 뭐, 여름이 끝난 이후엔 현실로 돌아왔지만.

그리스인에게 여름이란 뭘까? 전에 그리스에는 여덟 달의 여름이 있다고 했었지. 여덟 달 동안 휴양지에서 일하고, 춤을 추고, 술을 마시다가 나머지 넉 달은 동면에 빠진다고.

T 그리스에는 여름철 직업이 많아. 수많은 섬에서의 일 대부분이 관광업이

니, 여름 내내 일하다가 관광객이 없는 기간에는 쉬는 거야. 8개월 동안은 계속 일하고 나머지 4개월은 그때 번 돈으로 지내. 열아홉 살 때부터 그리스인들은 일을 시작해. 몇 시간씩 바닷가에서 일하며 여름의 끝을 기다려.

티아의 동생도 그렇게 일했다고 들었어.

T 여름철 관광업은 네트워크가 중요해. 음식점, 카페, 호텔 등에서 사람들과 연결되어야 일할 수 있어. 내 동생도 큰 섬에서 일한 적 있어. 그 애는 모터사이클을 사려고 두 번의 여름 동안 일하며 돈을 모았지. 아테네의 여름은 끝이 없고, 사람들은 에게해에 펼쳐진 해변에서 패잔병처럼 여름에 굴복하며 햇빛을 즐겨. 우리는 그 끝을 붙잡으며 살아가지.

요즘 하는 일은 어때?

T 하던 일을 그대로 하고 있고, 동시에 박사 학위 과정을 밟고 있어.

어떤 공부를 하고 있어?

T 이야기하기 싫어. 아하하, 장난이야. 사실 박사 과정 1학년생에게 뭘 공부하는지 물어오면 어떻게 대답해야 할지 잘 모르겠어. 열심히 공부는 하고 있는데, 아직 방향이 불확실해. 일단은 디지털 패션과 게임에 관해 공부하고 있어. 즉, 게임 내 의류 산업을 연구 중이야. 예를 들어 〈리그 오브 레전드〉에 루이뷔통의 옷을 판매하는 식이지.

그러니까 온라인 캐릭터들이 입을 수 있는 의류를 제작하는 거네?

T 그렇지! 다른 게임들에 대해선 잘 모르지만 〈포트나이트〉를 예로 들면, 게임을 하는 건 무료지만 플레이어들은 발렌시아가의 옷을 유료로 구매해서 착용할 수 있어. 자신의 캐릭터만이 입을 수 있는 온라인 발렌시아가 옷을.

한국 게임 산업에선 참 익숙한 구조의 수익 창출 시스템이야. 이곳에서 무료로 발매되는 게임 중 다수가 한정판이나 가챠를 통해 과금하거든. 그럼에도 발렌시아가라니, 한국 게임 캐릭터들이 발렌시아가를 입고 있는 건 상상하기 어려운데.

T 그게 내가 한국과 그 외 동아시아 국가들, 예를 들어 일본이나 중국에 대해 연구하는 이유야. 이들 나라에는 디지털 아이템 시장이 잘 형성되어 있어. 반면 유럽에서는 그런 시장이 흔치 않고 디지털 재화를 구매하려는 사람들도 많지 않아. 그래서 패션 브랜드들이 이 시장에 주목하면서 새로운 산업이 생겨난 거야.

한국에선 심지어 게임의 재화와 가상 화폐를 연동한 시스템이 등장하기도 했어.

T 한국엔 디지털 의류를 위한 시장뿐만 아니라 모든 디지털 재화를 위한 시장이 존재해. 예를 들면 한국의 여성 아이돌 그룹들이 가상세계에서 콘서트를 열고, 자신의 가상현실 아바타를 만들 수 있는 서비스를 출시하기도 하지. 그건 정말 대단한 일이야.

학교는 어디에 있어?

T 그리스 북쪽 어딘가, 정말 칙칙한 도시에. 비행기를 타고, 1시간 반을 운전해야만 캠퍼스에 도착할 수 있어.

예전에 하던 일도 계속하고 있는 거야?

T 응, 여전히 대학에서 리서치 어시스턴트로서 프로젝트들을 진행하고 있어. 사기업에서 일하다가 현재 내가 박사 학위 과정을 밟고 있는 대학으로 옮겼고. 지도교수님과 함께 에라스뮈스 프로젝트(유럽 연합에서 운영하는 교환학생 프로그램)들을 담당하고 있어.

그러니까, 일을 하면서 동시에 공부도 하는 거네.

T 일은 최대한 줄이려고 해. 작년엔 여섯 개에서 일곱 개의 프로젝트를 담당했는데, 박사 학위 과정을 밟으면서 그렇게 많은 프로젝트를 진행하는 건 불가능하더라고. 그래서 올해에는 세 개만 하고 있어.

하는 일에 관해서 더 자세히 이야기해 줄 수 있어?

T 유럽 연합의 세금을 열심히 지출하는 것? 농담이고, 우리는 에라스뮈스 네트워크의 대학들이 함께 시너지를 낼 수 있는 프로젝트를 진행해. 예를 들어 작년에는 우즈베키스탄과 카자흐스탄에 텍스타일 엔지니어링 디자인 랩을 새로 만들고 관련 기기들을 지원했어. 참고로 유럽 연합의 구성원이 아니어도 혜택을 받을 수 있어. 지난주에는 요르단과 팔레스타인에서 일곱 명이 3D 패션디자인 훈련을 받았지. 이처럼 유럽 연합이 할 수 있는 일을 하는 거야. 물론 이 시국에 팔레스타인과 3D라니, 조금 의문이 들긴 해.

흥미로운 방식의 연대인데? 하긴, 이스라엘의 침략 이후니까.

T 그래, 가능한 모든 지원을 하는 거라고 해두자. 하지만 네 말을 정정하자면, 이스라엘이라는 국가는 이 세상에 존재하지 않아.

그래…. 마저 공부에 관한 주제로 돌아가서, 일을 하는 와중에 지도교수의 꾐에 넘어가서 박사 과정을 밟게 된 거야?

T 바로 그거야. 교수님이 그랬지, "티아, 나랑 함께하자. 네 인생에서 가장 힘든 결정을 하는 거야." 나는 '마케팅과 커뮤니케이션'으로 학사를 했거든. 그런데 석사로 패션을 하고, 이젠 박사까지 하게 되었네.

티아와의 대화는 어디로 튈지 몰랐다. 그녀는 종종 밝게 웃었고, 진정성 있게 마음속 이야

기를 풀었으며, 두 손을 휘저으며 시시콜콜한 이야기를 꺼내기도 했다. 선명한 정치색은 풍자와 독설을 오가며 드러났고, 그 천방지축의 대화 속에서 그녀의 멋진 이야기를 글로 풀어내기란 쉽지 않았다. 티아의 일도 흥미로웠지만 더 재미있는 건 박사 연구 주제였다. 게임에서의 디지털 의류에 관한 연구. 유년 시절 수많은 게임을 오가며 열심히 게임 아이템을 모았던 내게는 그리 낯선 주제가 아니었다. 일과 공부에 관한 이야기를 한참 동안 나누다 티아의 삶 일반이 문득 궁금해졌다.

첫 질문으로 돌아가서, 그리스는 관광업의 비중이 크잖아. 티아가 처음으로 마케팅을 공부한 건 그 사회적 요구에 맞아떨어지는 선택이었어? 그리스 사람들은 보통 어떤 직업을 꿈꿔? 예를 들면 한국은 관광업의 비중이 그리 크지 않다 보니까, 다른 형태의 직업군들이 주를 이루는 것 같아.

T 나는 다행히도 좋은 가정에서 자랐어. 부모님은 내가 어떤 선택을 해도 존중해 주셨지. 그리스는 가정 배경에 따라 직업이 정해지는 경향이 있어. 예를 들어 부모가 의사면 자녀도 의사가 되고 변호사면 변호사가 돼. 그런 분위기에서 많은 학생들이 원하는 직업을 포기하고 부모의 뜻을 따라가.

내 친구들은 공부를 포기하고 여름철 직업을 찾아 섬으로 떠나곤 했어. 그리스 사람들은 연극과 연기를 좋아해. 희극을 만든 나라도 그리스잖아? 하지만 그리스에서 연기자가 된다는 건 '아무도 아닌 사람'이 되는 것과 같아. 그리스에는 이미 너무 연기자가 너무 많아서 그 일로 먹고살기 어렵거든. 그래서 많은 사람들이 여름철 직업을 찾는 거야. 실패한 자신의 커리어를 이어 나가기 위한 수단.

티아가 마케팅, 패션, 그리고 디지털 패션과 게임을 전공한 건 어떤 맥락이었어?

T 내가 패션디자인을 공부하고 싶다고 했을 때 아빠는 "그리스에서 패션디자인을 공부하고 일자리를 구한다는 건 굶어 죽겠다는 뜻이야"라고 하셨어. 아빠는 내가 원하는 디자인과 융합할 수 있는 무언가를 공부하길 바랐기 때

문에 마케팅을 공부하라고 하셨지. 하지만 나는 패션디자인만 배우고 싶었고 심지어 부모님께 배우가 되겠다고도 말했어. 그러자 아빠는 "패션디자인을 공부해. 배우는 하지 말고. 네 인생을 위해 무엇이라도 해봐"라고 하셨어.

인생에 도움이 되는 말씀을 하셨네.

T 응, 아빠의 조언은 항상 내 인생을 개척하는 데 도움을 줘. 반면에 엄마는 "그래, 여배우가 돼서 뭘 하고 싶어?"라고 물어봐 주셨지. 그렇게 같게, 또 다르게 나를 지지해 주는 부모님이 있었기에 현재의 내가 있지 않을까.

물어본 김에 그리스의 상황이 궁금해. 2010년대 그리스 경제 위기 이후에 그리스의 실업률, 특히 청년 실업률이 엄청나게 증가했다고 들었어. 그럼, 그 청년들은 다들 그리스에서 계속 살고 싶어 해? 비슷한 상황을 겪는 체코만 해도, 다수의 청년이 프라하를 등지고 외국으로 떠나갔거든. 그리스는 어때?

T 2010년 이후 경제 위기로 청년들이 그리스를 떠나고 있어. 나도 학교를 마친 후의 미래가 보이지 않아 외국으로 유학을 가고 싶었지만 집안 여건상 불가능했지. 그래도 공부는 끝내야 기회라도 생기니까 졸업했어.

결국 많은 사람들이 그리스를 떠나지만 또 원래의 생활을 그리워하며 돌아오기도 해. 너도 알듯이 그리스의 생활 양식은 북유럽이나 다른 유럽 국가들과 다르거든. 날씨만 해도 그래. 베를린의 겨울 하늘에 해가 있긴 해? 런던은 여름이 고작 두 달 아니야? 지금은 2월이지만 나는 다음 달이면 여름옷을 꺼낼 거야. 그리스는 벌써 더워지기 시작했거든.

그리스 문학에 대해 잘 모르지만, 니코스 카잔차키스의 《그리스인 조르바》는 몇 번을 읽었어. 1964년도에 나온 영화도 봤고. 그런데 티아를 보면 종종 조르바가 생각나곤 했어. 조르바에 관해 어떻게 생각해?

T 조르바는 그리스 문화를 대표하는 상상의 인물이야. 당시 가난하고 신경질적이었던 사람들을 대변하지. 그리스는 오스만 제국과 나치 독일의 지배를 받으며 독립과 전쟁을 겪었고, 제2차 세계 대전 이후 잠시 잘살았지만 독재 정권의 정책은 나라에 도움이 되지 않았어. 그래서 우리 세대는 불행한 세대라고 할 수 있어. 윗세대의 잘못을 대신 반성하고 성찰하고 있거든. 언론은 정치와 결탁하고 중요한 문제는 다루지 않으며, 복지는 없고 모든 건 민영화되었어. 다행히 교육은 여전히 무상이지만 말이야. 2010년 이후 그리스 경제는 후퇴하고 있어. 아마 조르바가 다시 등장할 때가 아닐까.

마지막으로, 티아의 올해 계획은 뭐야?

T 세상에서 제일 듣기 싫은 질문이네.(웃음) 어젯밤 술을 마시면서 휴가가 필요하다는 생각은 했어. 그러니 휴가 계획만 말해줄게. 올해 7월에 친구들과 남쪽 섬으로 보름 동안 놀러 가기로 했어. 이미 계획은 다 세워놔서 당장 내일이라도 떠날 수 있어. 여름이 다가오고 있으니, 나는 그 계절을 즐길 거야.

니코스 카잔차키스의 《그리스인 조르바》에서 조르바는 술과 노동, 그리고 과부를 외친다. 그는 종종 산투리를 꺼내 곰살맞게 연주하고, 흥이 돋으면 춤을 춘다. 티아의 삶의 여정을 볼 때면 해박하고 지적인 조르바를 보는 것만 같다. 술과 노동, 그리고 사랑에 빠져서 살다가도 겨울이 오면 다음 여름을 위해 공부하고 정진한다. 밤새 춤을 추며 웃다가도 다음 날이면 진지한 표정으로 일한다. 나는 그 역동성이, 티아의 한없이 올라가는 입꼬리가 항상 좋았다. 짧은 인터뷰를 마치며 끝나지 않은 아테네의 그 여름을 떠올렸다. 2월의 티아는 벌써 여름 채비를 하고 있었다. 어느새, 여름이었다.

Oumayma

#30대 초반
#툴롱, 프랑스
#인스타그램 @oumay_ajg

우마이마
종교 안의 삶

새파란 바다를 보며 우마이마를 만났다. 모국인 모로코에 들렀다가 오는 길이라고 했다. 마지막으로 파리에서 본 게 엊그제 같은데, 어느새 8년이 흘렀다. 우리는 변하되 변하지 않았다. 지나간 시간에 다양한 이야기를 얹었다. 한 뼘 더 성숙해서인지 그녀의 이야기가 조금은 이해되었다. 우마이마는 내 삶에서 처음으로 사귄 무슬림 친구이다. 이슬람에 대해 하나도 모르던 시절, 우마이마의 존재는 각별했다. 그로부터 10년이 지나서야 끊임없는 질문을 들고 온 내게 그녀는 성실히 대답해 주었다. 의도치 않게 이번 인터뷰는 우마이마의 신앙고백이 되었다.

#무슬림 여성 #히잡과 자유 #종교와 정체성 #사회의 계층화

모로코에서 막 돌아왔다고 들었어. 그곳엔 무슨 일로 간 거야?

O 지난달 라마단(이슬람교의 중요한 행사로 이슬람력의 아홉 번째 달에 해당) 기간에 모로코에 갔어. 라마단은 무슬림에게 성스러운 시기로, 낮에는 금식하고 저녁에는 축제를 열어. 라마단이 끝나는 이드(eid)에는 가족들과 함께 식사를 해. 나도 그리운 가족들을 보러 가서 부모님, 형제자매, 조카들과 휴가를 보냈어. 특별히 계획하지 않아도 모두를 만날 수 있어서 좋았어. 내 두 살 아들도 할아버지, 할머니, 사촌들을 만나 무척이나 신나 했고.

나도 튀르키예에서 라마단을 경험해 봤는데, 튀르키예는 조금 더 세속주의적으로 느껴졌어.

O 나라와 종파에 따라 종교의 실천 방식은 달라. 내 형제자매들도 각자 자신만의 방식으로 종교를 실천하고 있어. 무슬림이면서 기도하거나 술을 마시기도 하고, 연애를 하면서도 여전히 무슬림일 수 있지. 그렇게 모두가 다른 방식으로 종교를 실천한다고 생각해. 부모님의 보수적인 신앙도 이해할 수 있어. 1년에 한 번만 종교에 따르는 게 아니라, 하루에 다섯 번 기도하고 식사를 시작할 때는 신의 이름으로 기도하는 부모님을 통해 신의 존재를 발견해. 나 또한 부모로서 아이들을 무슬림으로 키울 책임이 있다고 느껴.

나는 작년에 튀르키예에서 3개월을 지내며 처음으로 무슬림들을 일상적으로 마주했어. 나와 전혀 다를 바가 없는 친구들이었지. 같이 달리고, 파티하고, 노래방에 가고, 술도 마셨어. 물론 다른 지역에는 보수적인 이들도 있었지만 각자만의 방식으로 이슬람을 믿는 것 같았어.

O 전 세계에 20억 명의 무슬림이 있고 그들은 저마다의 방식으로 이슬람을 믿어. 예를 들어 히잡을 쓰는 여성이 있고, 쓰지 않는 여성도 있어. 술을 마시지 않는 무슬림이 있고, 술을 마시는 사람도 있지. 돼지고기를 먹는 무슬림도 있어. 이슬람의 실천 방식은 국가, 사회, 종파에 따라 달라.

히잡에 대해 더 이야기하고 싶어. 우마이마는 히잡을 쓰는 것에 관해 어떻게 생각해?

O 히잡은 여성의 자유로, 강요되어선 안 돼. 나는 더 신실해지면 히잡을 쓰려고 해. 히잡을 착용하려면 책임감이 필요한데 아직 그 책임을 다할 준비가 안 됐어. 언젠가는 이슬람 가치를 내면화해 히잡을 쓸 거야.
히잡은 사실 이슬람만의 전통이 아니야. 기독교와 유대교, 힌두교, 조로아스터교에도 비슷한 의복이 있어. 히잡을 쓰는 건 남성에게 복종한다는 뜻이 아니라 알라께 순종하는 의미야. '하나님께서는 아름다우시며, 아름다운 사람을 좋아하신다'라는 말이 《하디스》(이슬람교의 전통적 가르침을 기록한 책)에 있어.

실제로 다양한 무슬림들이 각각의 방법으로 히잡을 쓰는 것 같아. 카타르의 한 친구는 아바야 (abaya, 이슬람 국가 여성들의 전통 복식 중 하나)를 입고, 튀르키예의 어떤 친구는 히잡을 착용하지. 모로코 친구들은 대개 히잡을 쓰지 않았어.

O 난 프랑스에서 일하고 있는데, 언젠가 직장에서 히잡에 대해 얘기했더니 프랑스인 동료들이 충격받더라. 상사는 내가 히잡을 착용했다면 고용하지 않았을 거라고까지 말했어. 히잡에 대해 잘 모르는 프랑스인 고객들로 인해 사업에 악영향을 끼칠 수 있다면서. 프랑스에선 히잡을 이슬람과 연결시키기 때문이야.

이슬람에서 남성과 여성은 각자의 역할이 있어. 예를 들어 남편은 아내에게 모든 생활비를 제공할 책임이 있지. 남편의 돈은 아내의 돈이지만 아내의 돈은 아내가 소유할 수 있는 개인의 돈이야. 아내가 남편을 경제적으로 도울 순 있어도 그건 의무가 아니야. 이처럼 사람들이 모르는 것들이 많아. 사람들이 서구 미디어 속 왜곡된 이슬람 이미지에서 벗어나, 우리가 추구하는 가치를 이해해 줬으면 좋겠어.

조금만 더 위로 거슬러 올라가서, 어떻게 프랑스에 왔는지 알려줄 수 있어?

O 나는 파리에서 태어나 다섯 살 때 모로코로 이사 갔고, 대학은 다시 파리에서 다녔어. 우리 가족이 모로코로 갈 때 주변 사람들은 이해하지 못했어. 사회보장 시스템이 없고 삶의 질도 낮은 국가로 돌아가는 게 말이 되냐는 거야. 하지만 아버지는 모로코에서 자녀들을 키우고 싶어 하셨지. 나는 열일곱 살에 파리에서 학위를 마치고 모로코에서 일을 시작했지만 그곳에서 남편을 만난 후 프랑스로 돌아가고 싶었어. 당시 모로코에선 신실한 무슬림들을 찾기 어려웠고, 오히려 프랑스에서 만난 무슬림들이 더 편했거든.

모로코에서 나는 현대적인 가치와 전통적인 가치를 모두 지니고 있었어. 하지만 엘리트들의 위선적인 행동은 이해할 수 없었어. 그들은 나에게 "술 한

잔만 마셔봐", "담배 하나만 피워봐"라고 말하곤 했지. 나는 자신의 믿음으로 이슬람을 믿는 무슬림이고, 내게 그걸 권하는 남성들도 무슬림들이었어. 내가 거절하자 그들은 자신들과 다르게 행동하는 나를 이상한 사람이라고 판단했어. 반면에 프랑스에서 만난 무슬림들은 신실했으며 뭔가를 강요하지 않았고 함부로 나를 판단하지도 않았어. 프랑스에서의 삶이 더 편안했기에 남편과 함께 툴롱에 와서 행복하게 지내고 있어.

하지만 다시 모로코로 돌아가고 싶다고 하지 않았어?

O 최근 유럽과 중동에서 일어난 일들이 나를 지치게 했어. 프랑스 사람들은 편을 나눠 이스라엘이나 팔레스타인을 지지하고, 정교분리를 말하면서 히잡을 벗기를 강요하며, LGBTQ 교육을 아이들에게 시켜. 프랑스의 자유와 가치를 존중하지만 그건 내가 아이를 키우는 방식이 아니야. 히잡을 억압하는 국가가 내 아이에게 다른 성적 지향성을 강요할 권리는 없다고 생각해.

흥미로운 이야기 들려줘서 고마워. 우마이마는 종교가 어떻게 삶에서 중요한 부분이 될 수 있다고 생각해?

O 종교의 일상화는 교육에 달려 있다고 봐. 나는 여전히 부모님과 모든 걸 터놓고 이야기해. 어릴 때 종교나 삶에 대해 궁금한 게 생기면 아버지에게 물어봤고, 그럼 아버지는 나와 몇 시간씩 대화를 나누며 설명해 주셨지. 한 번은 이슬람이 왜 알라에 대한 두려움만 가르치는지 물은 적도 있어. 모로코에서는 알라에 관해 이야기할 때 두려움을 먼저 가르치거든. 이걸 하면 지옥에 가고, 저걸 하면 지옥에 간다, 그런 가르침 속에서 사람들은 좌절감을 안고 종교를 두려워하게 돼. 그러다 기독교인들이 사랑을 이야기하는 걸 듣고 궁금해졌던 거야. 아버지와 대화하면서 나는 이슬람이 두려움과 사랑을 함께 가르친다는 걸 알게 되었어. 알라를 두려워하는 만큼 사랑하는 거지. 알라

는 신이기에 우리를 사랑하고 용서할 수 있는 거야. 아버지 덕분에 나는 내 문화를 다른 문화와 비교하며 바라보게 되었고, 그 과정을 통해 내 믿음에 대해 돌아볼 수 있었어. 내 문화는 왜 이런지, 나는 어떻게 신을 믿고 싶고 변화하고 싶은지를 고민했지. 그러면서 나만의 정체성을 확립하고 내가 원하는 방식으로 신을 믿게 되었어. 성찰을 바탕으로 결정을 내리면 아무도 우리를 막을 수 없다고 생각해. 나의 원칙과 선택을 알게 되면 계속해서 현명한 선택을 할 수 있을 거야.

무슨 말인지 알겠어. 나도 외국에서 더욱 한국이, 내 사회가, 내 문화가 객관적으로 보였거든. 멀리 떨어져야 내 삶이 보였어. 하지만 그럼에도 여전히 둘 사이에서 갈팡질팡하곤 해. 우마이마는 둘 사이에서 어떻게 자신을 찾았어?

O 파리에는 전 세계에서 온 사람들이 모여 있어. 아프리카, 아시아, 미주 등 여러 지역 출신들이 각기 다른 종교를 가지고 살아가. 모로코에는 모로코인과 프랑스인만 있지만, 프랑스는 정말 국제적인 나라야. 나는 프랑스에서 다양한 국적의 친구들을 만나 다른 문화와 종교를 배우고 많은 이야기를 나눴어. 그 과정에서 그들의 가치관을 이해할 수 있었고, 덕분에 나 자신에 대해서도 더 잘 알게 된 것 같아. 그래서 특별히 두 문화 사이에서 고민할 필요는 없었어.

그 와중에 프랑스 사회의 계층화를 마주하진 않았어? 알제리와 말리 출신의 친구들이 사회의 계층화에 대해 이야기한 적이 있어. 그들 또한 프랑스에서 태어났기에 자신들이 프랑스인이라고 생각하고 살아왔지만 사회는 그들을 냉대했지. 프랑스 사회는 이미 굳건하게 계층화되어 있어서 그들이 나아갈 길은 없는 듯했어.

O 프랑스에서 인종차별이 만연한 게 안타까워. 능력이 아닌 출신, 피부색, 종교로 차별받아. 예를 들어 같은 능력을 갖춘 흑인이 백인보다 직업을 구하는 데 더 어려움을 겪어. 아파트를 구할 때도 집주인들이 아랍인들에게는 집을 임대하지 않으려는 경우도 많고. 그런데 모로코도 마찬가지로 계층화가

심해. 일정 소득을 가진 사람들끼리 모여 살고, 빈민가는 따로 떨어져 있어. 나는 좋은 동네에서 살았지만 바로 2분 거리에 빈민가가 있었어. 사람들은 그곳을 지날 때마다 현실을 마주하면서도 그 참상을 보지 않으려 하지. 빈민들은 농부, 택시 기사, 경비원, 배달원 같은 일을 하고 있어.

마지막으로 앞으로 어떤 삶을 살고 싶은지 궁금해.

O 여동생과 함께 사업을 하고 싶어. 사업을 시작하면 모로코에 돌아와 내 아이가 사촌들과 함께 자라는 모습을 볼 수 있겠지. 그렇게 내 삶을 모로코에서 새롭게 시작하고 싶어.

많은 이들이 무지 속에서 살아가고 있는지도 모른다. 다수의 사람이 사색은커녕 검색조차 하지 않는다. 정보의 홍수와 범람은 독이 되었고, 우리는 그저 언론과 정부가 떠먹여 주는 가공된 정보를 습득한다. 나 또한 그랬다. 내게 이슬람은 할리우드의 악역이었다. 무슬림은 테러리스트였고, 히잡은 여성 차별적인 의복이었다. 무지했다. 사람들을 만나고, 책을 읽고, 더 많은 곳을 경험할수록 나의 무지가 드러났다. 무지에서 벗어나고자 작은 것부터 알아가기 시작했고 사색을 덧붙였다. 조금이라도 더 친구들을 이해하고 싶었다. 이 인터뷰를 통해 우리의 무지가 한 꺼풀 벗겨지길 기대한다. 그리고 우마이마의 삶의 방식에 동의하건 그렇지 않건 응원해 줬으면 좋겠다. 그녀가 우리를 존중하듯, 우리도 그녀를 존중해 주었으면 좋겠다.

Marine

30대 초반
마르세유, 프랑스
인스타그램 @marine_solarite

마린
기약 없는 인생의 춤

5년 전 열었던 사진 전시에서 마린에 관한 글을 썼다. 그 첫 문장은 이랬다. '그녀라면 기약 없는 춤을 시작했을 터이다.' 마린은 어디서든 돋보이는 존재였다. 콜롬비아의 조그만 도시에서도, 인도의 산자락 마을에서도, 독일의 대학교 교정에서도, 프랑스의 고향에서도 그녀의 미소는 항상 반짝였다. 남들이 삶에 의미를 부여하기 급급하다면, 그녀는 수많은 의미를 하나하나 살아내기 바쁜 사람이었다. 마린에게 삶이란 춤이고, 웃음이며, 취할 때까지 술을 마시거나 이별을 겪은 친구와 밤새 우는 것이었다. 쉬이 사랑하고 사랑을 받는 마린을 만났다. 그 기약 없는 춤이 궁금했다.

#디지털 노마드 #밴에서의 2년 #삶의 균형 #우선순위

오랜만에 다시 봐서 기뻐. 어떻게 지내?

M 덕분에 잘 지냈어. 요즘은 삶의 균형을 맞추기 위해 노력하고 있어. 우선순위를 정하고, 매일 움직이고, 하루에 한 번은 바다에 가려고 해. 오전 9시부터 오후 6시까지 일하는데 주로 12시에서 2시 사이에는 마르세유의 바다에서 수영을 하거나 책을 읽어. 난 친구 넷과 플랫을 공유하면서 살고 있어. 그 플랫에서 재택근무를 하고 파티도 열면서 일상을 보내. 그게 내가 삶을 가꾸어가는 방식이야.

어쩌다 마르세유에서 살게 된 거야?

M 일과 일상, 자연과 사람들 사이에서 균형을 맞출 수 있는 도시를 찾다가 마르세유로 오게 되었어. 이곳에 오기 전에는 밴을 타고 다니며 미국을 횡단했거든. 덕분에 도시와 자연을 동시에 접할 수 있었어. 내겐 그 균형이 가장 중요해.

밴에서의 생활에 대해 더 자세히 이야기해 줄 수 있어?

M 거의 2년 정도를 밴에서 살았어. 코로나19가 처음 닥쳤을 땐 뉴욕에 있었는데, 전 남자 친구와 신발 상자같이 아주 작은 방에서 살았지. 그러다 밴에서 살면 자연 속에서 살 수 있다는 걸 깨닫고는 직접 실행에 옮겼어. 도시에 갇혀 사는 삶을 포기하고 길 위로 나선 거야. 어떻게 보면 팬데믹 상황을 제대로 활용하기 위한 맥락의 일부와도 같아.

그렇게 많은 도시를 방문하면서 미국을 종단했어?

M 응. 처음엔 관광객처럼 모든 경험을 해보길 원했지만 시간이 흐르면서 우리만의 루틴을 만들기 시작했어. 속도를 늦추고, 한곳에서 적어도 일주일은 머물려고 노력했지. 목적지에 도착하면 할 일 목록을 작성하고는 주어진 일과를 수행했어. 그렇게 일주일간 온전히 그 도시를 '한 번 사는 인생'처럼 경험한 다음 다시 길을 떠났어. 날씨도 가고 싶은 곳을 정하는 데 꽤 중요한 요소였어. 우리는 온기를 따라다녔거든. 최대한 춥지 않은 곳으로 가려고 노력했지.

그렇게 2년 동안이나 밴에서 지낸 거야?

M 맞아, 둘 다 비자가 만료되어서 멕시코로 돌아가기 전까지는 그렇게 디지털 노마드처럼 살았어.

밴에서 살면서 가장 좋았던 점이 뭐였는지 궁금해.

M 가장 좋았던 점은 내가 살면서 무엇을 원하고 필요로 하는지 제대로 알게 되었다는 거야. 마음속 욕망과 실제로 필요한 건 달라. 무엇을 살지, 무엇을 할지에 대한 결정은 항상 현실적이고 물리적인 '밴'이라는 공간에서 이루어졌어. 공간적 한계로 밴에는 아무 물건이나 둘 수 없으니까. 이런 의식적인 노력들이 자신을 이해하는 데 큰 도움이 된 것 같아. 음식, 인터넷 데이터, 배터리 충전 방식까지 모두 신중히 생각해야 했고, 내 행동과 옷차림 역시 마찬가지였지.

최악이었던 점은?

M 우리 이야기는 완전한 자유를 찾아 떠난 여행처럼 들릴 수도 있어. 하지만 밴에서의 생활은 사실 스트레스의 연속이야. 머물 만한 장소를 찾기 위해선 고려해야 할 게 많아. 땅이 평평한지, 볕은 잘 드는지, 도시에서 너무 멀지는 않은지, 데이터는 잘 터지는지 등등. 태양이 지평선 너머로 자취를 감추고 어둠이 내려오고 나서 미처 발견하지 못한 문제들을 알아차리면 너무 늦어. 게다가 두 사람이 좁은 공간을 공유한다는 것도 쉬운 일이 아냐. 모든 사소한 것들을 같이 결정하고 공유해야 하거든.

그래도 인생에 단 한 번뿐일 경험이기에 후회는 없을 것 같아.

M 확실히 밴에서 2년을 보낸 이후 내 삶이 바뀌었어. 다신 할 수 없는 인생 경험이었지. 밴을 떠나 도시로 돌아와서 깨달았는데, 그 사이 내가 많이 성장했더라고. 그 경험으로 세상을 보는 내 시선과 행동 방식이 변한 거야.

세상을 바라보는 관점이나 입장이 어떻게 바뀌었는지 좀 더 자세히 듣고 싶어.

M 필요 없는 것들을 과하게 원하고 구매해 왔다는 걸 알게 되었어. 밴 생활

을 하면서 덜 가지는 편이 오히려 더 행복하고 환경에도 이롭다는 걸 깨달았지. 밴에서는 패션에 신경 쓸 필요가 없어서 옷도 거의 안 샀어. 대신 차 정비나 전기 지식, 새로운 장소에 적응하는 법 등 생존과 관련된 걸 많이 배웠는데 그런 일들이 즐겁게 느껴졌어.

밴에서 생활할 때는 어떻게 생계를 유지했어?

M 두 가지 선택지가 있었어. 돈을 더 벌거나 소비를 줄이거나. 뉴욕의 집에서 우리가 지불했던 한 달 임대료는 2천 달러였고, 그 외에 술자리나 워크숍 관련 지출이 있었지. 반면, 밴에서는 지출이 거의 없었어. 당시 나는 코칭 사업을 개발 중이었고 남자 친구는 비영리 단체를 위한 디지털 대행사 일을 했는데, 밴에선 시간이 많아서 새로운 사업들을 시작할 수 있었어.

두려움은 없었어? 도시 사람들은 박물관이나 갤러리에 가서 새로운 지식을 습득하고 서로 만나 네트워킹을 하잖아. 어떻게 보면 밴에서 지내는 동안 문명에서 소외되어 살아간 셈이니까.

M 네 말대로 종종 두려웠고, 특히 고립과 단절이 가장 걱정됐어. 자연 가까이에서 지내는 건 좋았지만 그만큼 사람들과는 멀어지니까. 하지만 동시에 신선하기도 했어. 뉴스를 소비하는 대신 세상에서 한 걸음 물러서는 것도 나름 괜찮았어. 마침 팬데믹 상황이라 모두가 같은 처지이기도 했고.

다시 밴으로 돌아갈 수 있을 것 같아?

M 다시 할 것 같아. 하지만 다음번엔 다른 방식으로 해보고 싶어. 이전에는 여러 가지에 도전해야 했어. 밴에서 지내는 것뿐만 아니라 낯선 외국에서의 여행, 남자 친구와 함께하는 생활, 길 위에 있으면서 동시에 내 삶을 책임지는 것 등등. 언젠가 다시 밴을 타고 떠난다면 이런 모든 도전을 다시 하는 게 아니라 그저 자연과 자유만을 위해 떠나고 싶어.

밴에서의 생활에 관해 알려줘서 고마워. 마린은 어떻게 뉴욕에 가게 된 거야?

M 프랑스에서 석사 학위를 취득한 후 6개월간 아시아로 배낭여행을 떠났는데, 여행 직전에 뉴욕에서 사랑에 빠졌어. 여행을 마치고 프랑스로 돌아오자마자 뉴욕에서의 일자리를 알아봤지. 남자 친구와 함께하면서도 자립적으로 살고 싶었거든. 운 좋게 뉴욕의 컨설팅 회사에서 긍정적인 연락을 받았고, 그 사람과 함께 지내기 위해 뉴욕으로 갔어. 그 후 계약이 끝나면서 밴 생활을 시작한 거야. 나는 코칭과 요가를 가르쳤고 남자 친구 일도 도왔어. 비즈니스스쿨에서 배운 국제 비즈니스 전공이 큰 도움이 되어준 덕분에 그걸 바탕으로 미래 계획을 세우고, 인생의 균형을 찾으려고 했어.

균형을 찾는 것?

M 나는 내 삶이 일에만 집중되지 않도록 노력했어. 사업을 성장시키기 위해 일에만 집중하는 것이 아니라, 동시에 친구들과 좋은 시간을 보내며 즐거운 기억을 만들고 하루하루를 만끽하면서 내 삶을 포용하고 싶었거든.

마린은 인생과 관계에 대한 책을 많이 읽고, 동시에 일상적으로 요가와 명상을 하잖아. 네겐 어떤 삶의 우선순위가 있어?

M 마음뿐 아니라 영혼을 키우는 것, 그러기 위해 나 자신에게 더 많은 시간을 투자하는 것이야. 나는 하나의 사명을 위해 태어났다고 생각해. 바로 이 세상에 감동과 기쁨을 주는 것. 그러기 위해선 내 몸과 마음 그리고 영혼을 잘 돌봐야 하지. 그래서 계속해서 자신을 되돌아보려고 해.

과거로 돌아간다고 해도 현재와 같은 삶을 살까?

M 모든 일이 일어나는 데는 그만한 이유가 있다고 생각해. 나는 내 삶을 바꾸는 대신 더 멋지게 만들어갈 거야. 그렇게 만들어질 삶의 방식이 기대돼.

과거든, 현재든, 그리고 미래든.

앞으로 어떤 일을 하고 싶어?

M 기술과 예술을 혼합하는 일. 프로젝트 매니저가 되어 사람들과 소통하고, 기술이나 디지털 분야에서 능력을 발휘하고도 싶어. 그리고 사람들이 여행하듯 예술을 할 수 있게 도울 수 있다면 좋겠어.

도대체 마린의 삶엔 몇 개의 목표가 있는 거야?(웃음) 게다가 다수의 목표가 타인을 향해 있는 듯한데, 자신을 위한 목표는 없어?

M 많은 목표가 있지만, 자신을 위한 목표는 없어. 다만 나는 더 나은 사람이 되고 싶고 이 세상을 더 나은 곳으로 만들고 싶어. 일상을 차근차근 쌓아가며 조금씩 더 나은 사람이 되길 바라고 사회를 위해 작은 일부터 하려고 해. 자유롭되, 세상과 함께 전진하면서 다른 사람을 도울 수 있는 일을 찾길 원해. 나와 타인 사이에서 균형을 맞추고 싶어.

마린은 한 명의 현자와도 같았다. 종종 삶과 사랑에 관해 이야기하는 마린은 삶으로 자신을 증명했다. 스스로의 삶으로 질문에 대답하는 현자. 그녀를 생각할 때면 항상 밝은 웃음을 짓고 춤을 추는 모습이 떠올랐다. 팬데믹 시절, 마린은 자신의 삶을 중계하듯 웹사이트에 올려두고는 밴을 타고 뉴욕을 떠났다. 나는 경로가 기록된 지도를 바라보며 진정 유목민적인 삶을 살고 있는 그녀를 응원했다. 그 삶의 기반과 사고방식, 그리고 라이프 스타일 위에서 마린은 계속 전진하고 있다. 앞으로도 그녀는 자유와 일 사이에서 삶의 균형을 찾고자 고군분투하며 사랑하는 이들을 돕기 위해 노력할 것이다. 그녀가 바라는 세상이 펼쳐지기를 고대하며 인터뷰를 마쳤다.

Hanafi

#30대 중반
#자카르타, 인도네시아
#인스타그램 @hanhanafi

하나피
춤 혹은 몸짓으로 표현하는 삶

그의 몸짓을 따라갔다. 손가락, 팔목, 팔꿈치와 어깨를 넘나들며 동작으로 삶을 표현해 냈다. 자카르타의 복잡한 거리에서 하나피를 만난 건 우연이었다. 우리는 조그만 거리의 상점에서 인도미를 먹었고, 현대적인 미술관에서 첨단을 붙잡기도 했다. 하지만 역시나 진정한 하나피를 볼 수 있는 건 무대에 선 모습을 통해서였다. 무대를 장악하는 노래, 노래에 몸을 맡긴 발걸음. 하나피는 리듬에 맞춰 한 걸음 한 걸음을 내디뎠고, 그 걸음 사이사이에서 온전히 자신을 드러냈다. 춤 혹은 몸짓으로 표현하는 삶이 문득 궁금해졌다.

#안무가 #여행 #나라별 춤 산업 #직업으로서의 춤

최근에 남아프리카 공화국에 갔다고 들었어. 얼마나 머물렀던 거야?

H 여행을 위해 한 달 동안 있었어. 친구가 조언하길, 인도네시아에서 남아공까지 가는 항공권이 비싼 만큼 오래 있는 것이 좋다고 말해주었거든. 결과적으로 한 달 동안 머물기로 한 건 잘한 결정이었어. 나는 느긋한 걸 좋아하는 사람이기도 해. 계획을 세워 바쁘게 여행하는 대신 여유를 즐기고, 잠을 충분히 자고, 춤도 추면서 한 달을 보냈어.

그동안 춤 수업들은 어떻게 했어?

H 남아공에 있는 동안에는 수업을 거의 진행하지 않고 그간 모은 돈으로 생활했어. 다만 요하네스버그에선 두 번의 춤 수업을 진행했는데 무척 행복했지. 남아공 사람들은 마치 몸에 그루브가 있는 것 같아. 춤 산업은 인도네시아만큼 크지 않지만 요하네스버그는 특별한 도시였어.

어떤 면에서 특별했어?

H 남아공에서 아마피아노(Amapiano, 2010년대 초에 남아프리카에서 시작된 하우스풍의 음악 장르) 춤 수업을 몇 개 들었어. 만약 아마피아노를 추고 싶다면 남아공이 참 좋은 선택일 거야. 사실 요하네스버그에서의 생활이 특별했다고 하는 게 맞을지도 몰라. 요하네스버그에서 친구들과 요리하고 처음으로 술도 마셨거든. 여행을 가기 전에는 상상도 못 한 경험으로, 꿈을 꾸는 것만 같았지.

술을 마셨다고? 인터뷰에 실어도 되는 거야?(웃음) 남아공 와인은 유명하잖아.

H 응, 친구들이 한 번은 마셔야 한다고 이야기하더라고. 그런데 그리 맛있지는 않았어. 뭐랄까, 약간 멍한 기분이었어. 이게 좋은 기분인가 싶기도 하고 갈피를 못 잡겠더라. 다음번엔 한국에 가서 소주를 마셔봐야 할 것 같아.

한국에 오면 같이 마셔. 그건 그렇고, 나라마다 춤을 추는 스타일이나 사람들이 춤에 관해 생각하는 게 달라?

H 아시아의 춤은 뭐랄까, 모두가 하나의 춤을 추는 듯해. 한국의 보이그룹들처럼 군무를 춘다고 하면 이해가 빠르려나. 정해진 안무를 따라 같이 춤을 춰. 아프리카는 그에 비해 훨씬 자유로워. 노래가 나오면 각자 리듬에 맞춰 춤을 추지. 그런데 또 그게 같으면서도 달라. 뭔가 다름으로서 조화로워 보였어.

아시아라고 다 같지는 않을 거 아냐. 한국과 인도네시아는 어떻게 달라? 또 한국, 인도네시아 그리고 남아공의 댄서들은 어떤 자세로 춤을 대해?

H 각자의 추세를 따라가는 것 같아. 각 국가에 유행하는 춤이 있어. 한국의 춤에는 모든 게 들어 있는 듯해. 역동적인 힘, 각각의 취향, 그리고 부드러움이 한데 어우러져 있지. 한국에서는 춤이 산업처럼 여겨져. 춤을 추는 사람들은 대부분 아이돌이나 그런 비슷한 직업을 원해. 그에 비하면 인도네시아의 춤은 여전히 평면적이야. 그리고 인도네시아인들에게 춤은 취미일 뿐 직업으로 생각되진 않아. 남아공도 비슷한 상황이고. 춤을 좋아하지만 직업으로 삼는 건 쉽지 않다고 했던 누군가의 말이 기억나.

하나피는 어떤 자세로 춤을 대해?

H 인도네시아에서는 힙합이 큰 장르라서 나는 힙합에 맞춰 춤을 추는 안무가가 되기로 결심했어. 나는 모든 춤을 좋아하지만 기분에 따라 다르게 춰. 예를 들어 아리아나 그란데의 노래를 들으며 그루브에 맞춰 움직이고, 슬픈 노래에는 슬프게 움직이지. 하지만 모든 춤을 가르칠 순 없어서 힙합을 기본으로 안무를 가르쳐. 힙합을 기본 언어로 삼고 거기에 다른 스타일의 춤을 더하는 방식으로 안무를 만들고 있어.

사람마다도 다르지만, 각 나라의 트렌드나 춤 산업의 형태에 따라서도 유행이 다를 것 같아. 인도네시아, 한국, 남아공에서 유행하는 춤은 다 달라?

H 인도네시아는 팝 음악이 더 영향력 있고, 남아공은 아프로 음악이나 아마피아노가 주류였던 것 같아. 한국은 케이팝이 다수고.

춤은 언제부터 추기 시작했어?

H 2014년부터. 그전에는 방송국에서 일했고, 또 그전에는 대학에서 정보공

학(Informatics Engineering)을 공부했어.

방송국에서 일했다고?

H 응. 처음에는 모든 게 재밌었는데 두 해가 지나고 나서는 내가 지금 성장하고 있는 게 맞는지 회의감이 들더라. 매일 같은 일을 하는 내 모습이 싫었어. 어릴 때부터 늘 예술가가 되고 싶었지만 방송국에선 그게 불가능하더라고. 그러다가 처음으로 춤을 배웠는데 바로 사랑에 빠졌어. 그제야 내가 어떤 삶을 살고 싶은지 알게 된 거야.

춤과 사랑에 빠졌구나! 언제 춤을 전문적으로 추게 되었고, 직장을 관둬야겠다고 생각한 거야?

H 춤을 3년쯤 배웠을 때 친구가 자기 학교 학생들에게 춤을 가르쳐달라고 부탁해 왔어. 학생들을 가르치면서 정말 행복했어. 누군가를 가르치면서 나도 성장할 수 있었지. 그때 춤이 내 삶의 길일 수도 있다는 걸 깨달았어. 춤은 내게 숨 쉬는 것처럼 자연스러웠고, 세상을 열린 시선으로 보게 해줬어. 그래서 방송국을 떠나 춤을 추기 시작한 거야. 제대로 살기 위해서.

오랜 학업을 통해 얻은 직장이었잖아. 그만두기가 쉽지 않았을 것 같은데, 가족이나 친구들이 반대하지는 않았어?

H 처음에 엄마는 춤을 직업으로 삼겠다는 내 뜻을 이해하지 못했어. 이미 내 학업에 많은 지출을 하기도 했고 춤이 경력에 도움이 안 된다고 생각하셨지. 그래서 엄마에게 이렇게 말했어. "돈을 위해 사는 삶을 원치 않아요. 전 사랑하는 일을 하며 행복하게 살고 싶어요." 그 말에 엄마는 이해해 주셨어.

한국에서도 그렇지만, 정말 유명하지 않고는 춤을 직업으로 삼는 건 안정적인 삶과는 거리가 멀 것 같은데 인도네시아는 어때?

H 유명해지면 좋은 점이 많겠지. 네가 말한 안정 같은 것들. 그런데 안 좋은 점도 많아. 나는 당장 댄서로서 유명해지고 싶진 않아. 원하는 건 단지 내가 어떻게 하면 더 나은 사람이 될 수 있는지, 더 나은 댄서가 될 수 있는지 알아내는 거야. 내가 가치 있는 사람이 되면 사람들이 날 알아봐 줄 거라고 생각해. 명성은 부차적인 거야.

사회적인 시선도 궁금해. 최근에는 케이팝의 발흥과 세계적인 유행으로 한국에서도 댄서가 '선망의 대상'이 되고 있긴 해. '선망의 직업'까지는 아직 모르겠지만. 내가 아는 인도네시아는 다수의 사람들이 무슬림이고 문화적·종교적 그리고 사회적으로 한국보다 보수적인데, 인도네시아에서 춤을 직업으로 삼는다는 건 어떤 의미야?

H 자카르타 사람들도 댄서를 하나의 직업으로 막 인식하기 시작했어. 요즘은 인도네시아 텔레비전 프로그램에도 댄서들이 나오곤 해. 물론 여전히 사람들은 댄서를 예술가로 여기지 않아. 텔레비전 프로그램들에 나오는 가수들은 우리가 없으면 존재할 수 없는데도 댄서는 여전히 중심에 있지 않지.

직업으로서의 춤에 관해 이야기해 보자. 2014년에 춤을 시작했다고 했지. 왜 힙합을 한 거야?

H 사실 나는 케이팝으로 춤을 시작했어. 케이팝은 여러 장르가 섞인 스타일인데 그걸 보고 춤을 추고 싶은 마음이 들었어. 엑소의 〈중독〉을 처음 익힐 때 한 달 동안 영상을 보며 혼자 연습했지. 그리고 나서 힙합, 안무 수업을 들었어. 인도네시아와 싱가포르에서 춤을 배울 때 다른 사람들의 춤을 보고 감동해서 처음으로 울었던 기억도 나. 몸에 감정을 싣는 걸 보고 눈물이 났어. 힙합을 배우면서 힙합을 기본으로 안무를 하게 되었어. 힙합뿐만 아니라 다양한 춤들, 하우스나 컨템포러리 댄스도 배웠는데 컨템포러리 댄스는 참 어려워. 감정을 모두 실어야 하거든.

그 경험들을 통해 안무가가 되기로 결심했구나. 자신만의 안무를 만들기도 해?

H   처음에는 다른 댄서들의 안무를 보고 익혔어. 몸이 노래에 맞춰 어떻게 움직이는지를 배웠지. 지금은 내 몸을 믿고 프리스타일로 춤을 춰. 이제는 노래가 나오면 자연스럽게 몸이 반응해. 그 분위기를 안무로 바꾸는 게 내가 사랑하는 일이야.

안무에도 다양한 종류가 있어? 노래 하나에 안무 하나, 이런 식으로 말이야.

H   노래 전체의 안무를 짜진 않아. 짧으면 30초, 길면 1분 정도. 노래에서 춤추고 싶은 부분을 정해서 안무를 짜는 거야. 만약 3분이 넘는 노래의 안무를 짜서 춤을 춘다면 아마 모두가 힘들어할걸. 그건 너무 길어.

이게 올바른 질문인지는 모르겠지만, 현재 몇 개의 안무를 가지고 있어?

H   글쎄, 잘 모르겠어. 정말 많아! 매달 네 개에서 여섯 개의 안무를 짜. 안무가마다 각자의 방식이 있겠지만 나는 매번 새로운 안무를 갈구해. 안무를 하나 만들어도 수업에서 그걸 두세 번 가르치고 나면 쉽게 질려버려. 그럼 또 새로운 안무를 만들어.

만약 학생들이 하나피의 인스타그램을 보고 특정 안무를 배우고 싶다고 하면 어떻게 해?

H   그건 수업의 종류에 따라 달라져. 그런 식으로 개인 수업을 요구하는 학생들에겐 특정 안무를 가르쳐줄 수 있지. 하지만 일반적으로 진행되는 공개 수업들은 안무를 짜서 두세 번 진행하는 방식으로 이뤄져.

하나피는 안무를 짤 때 어디에서 영감을 받아?

H   행복에 대한 갈망이 아닐까. 나는 그저 행복해지고 싶고, 안무에도 행복

을 담고 싶어. 또 다른 영감의 원천은 내 감정 자체야. 나는 안무를 통해 내 감정을 표출해. 그게 기쁨이든 슬픔이든, 춤은 감정을 승화시켜. 그런 맥락에서 내가 사랑하는 장르는 프리스타일이야. 프리스타일로 춤을 출 때면 그저 음악을 즐기면서 그 분위기에 몸을 맡기기만 하면 되거든.

댄서로서의 자신을 어떻게 바라봐? 5년 뒤의 모습을 그려볼 수 있을까?

H 나는 춤을 가르치는 걸 좋아하고, 사람들이 성장하는 모습을 보는 게 즐거워. 그들의 변화를 보면서 나도 많은 걸 배우기 때문에 계속 춤을 가르치고 싶고 좋은 댄서가 되어 무대에 서고 싶어. 아직은 시작 단계지만 그런 기회들을 쌓아가고 있어.

5년 뒤에는 경력과 관계 모두가 안정적일 것 같아. 나는 55세까지 춤을 추고 싶고, 그때까지 행복하게 살고 싶어. 춤 없이는 내 인생을 말할 수 없어. 아이돌과의 협업도 꿈꾸지만 큰 계획보다는 삶의 흐름을 따르며 준비해 가고 있어. 계속해서 배우는 좋은 댄서가 되고 싶고, 남들과 비교하지 않으며 꾸준히 나아가고 싶어.

춤이란 분위기를 몸에 입히는 행위와 같아, 라고 하나피가 말했다. 그는 춤을 통해 내면 깊숙한 감정들을 끄집어냈다. 하나피의 춤을 보며 문득 부러워졌다. 나는 감정 하나를 꺼내기 위해 공을 들여 글쓰기에 알맞은 환경을 만들고 올곧은 자세로 앉아야 겨우 진지한 감정을 풀어낼 수 있는데, 하나피는 30초면 자신의 감정을 몇 개의 동작으로 표현할 수 있을 것 같았다. 글이든 춤이든, 우리는 자기 몸을 매개로 감정을 풀어내고 있었다. 나는 그가 두어 시간 가르쳐줬던 춤 동작들을 기억한다. 우리는 거울 앞에 나란히 서서 힙합 동작을 느리게 연습했다. 거울 속 하나피는 행복해 보였다. 자카르타와 서울, 요하네스버그와 로스앤젤레스에서도 그는 꾸준히 춤을 췄다. 그리고 삶에 자유로운 안무를 입히듯 흘러가는 대로 살았다. 그 흘러감 속에서 계획한 커다란 꿈이 보였다. 자기 자신의 감정에서 영감을 받고, 그 감정을 통해 춤을 추는 하나피. 그가 그려낼 다음 안무가 무척 궁금해졌다.

Tomin

20대 후반
호찌민, 베트남
인스타그램 @tomin.106

도민
가장 자유로운 영혼

도민을 만났다. 선글라스를 끼고 웃음을 흘리며 장난치는 도민은 내가 아는 가장 낙관적인 사람 중 한 명이었다. 삶을 흐름에 맡긴 채 살아가면서 관계도 연애도 부지런히 일궈나갔다. 도민을 처음 알게 된 것도 뜬금없는 메시지 때문이었다. 호찌민에 한 달 동안 머물면서 괜찮은 러닝 루트를 찾고 있었는데, 완벽한 타인이었던 그녀가 먼저 내게 말을 걸었던 것이다. 그 이후 호찌민에 갈 때마다 도민을 만났다. 그녀는 특유의 '호탕한' 미소로 나를 반겨줬다. 그런 도민이 호찌민을 떠났다. 그녀의 새로운 도시, 쿠알라룸푸르에서의 일상이 궁금했다.

#다국적 연애 #흐름 #사랑과 관계 #인생을 채색하기 #낙관과 그 이면

요즘 그렇게 지루하다면서? 지루한 일상 이야기 좀 해줘.

T 말레이시아는 좀 시루해. 나가서 돌아다니고 싶고 남자도 만나고 싶은데, 여기선 그런 걸 못 하겠어. 힌두인, 이슬람 말레이인들만 있다 보니 종교와 문화가 달라서 데이트하기 쉽지 않아. 게다가 무슬림들은 술도 안 마시지. 그나마 중국인, 말레이계 중국인, 한국인, 유럽인 등을 만날 수 있어 다행이지만 여기 온 지 얼마 안 돼서 친구도, 할 수 있는 일도 별로 없어.

왜 말레이시아에 갔어?

T   요즘 베트남은 경제 상황이 별로고 모든 게 느리게 흘러가. 물론 말레이시아가 훨씬 더 재미없긴 하지만 대신 급여가 높거든. 그래서 일에 집중하면서 돈을 벌려고 말레이시아에 왔어.

도민이 선택해서 말레이시아로 간 거야, 아니면 회사에서 보내준 거야?

T   원래는 프리랜서로 일했어. 그러다 베트남에서 말레이시아로 가는 일자리를 구했고, 그 회사에서 훈련을 받아 근무지인 여기로 온 거야.

베트남은 공산주의 일당제 국가라 종교의 영향력이 크지 않지만 말레이시아는 이슬람교를 믿잖아. 문화적으로 특별한 차이를 경험했어?

T   무슬림 문화는 잘 몰랐는데 규칙이 많더라. 돼지고기를 먹고 싶어도 구하기 힘들고 밤에 할 수 있는 것도 호찌민에 비해 훨씬 적어. 베트남 여성은 자유롭고 독립적인 반면 말레이시아 여성은 남편에 종속적인 것 같아. 여기선 항상 규칙을 지켜야 해.

베트남 여성들은 사회적으로 주체적이고 독립적으로 보였어.

T   그뿐만 아니라 친절하고 개방적이지. 베트남 여성들은 결혼해도 여전히 독립적이고 남편과 평등한 권리를 가지는 반면 말레이시아의 여성들은 항상 남편에게 순종적이어야 하고 가족을 위해 희생해야 해.

그게 싫은 거야?

T   당연하지. 베트남의 국제적이고 현대적이며 개방적인 가치들이 더 좋아. 여기선 여성들이 전통을 따라야만 해.

호찌민의 데이팅신(dating scene)은 어때?

T 호찌민에서도 데이팅 앱을 자주 썼는데 연애하기 좋은 도시는 아니었어. 연애는 쉽게 할 수 있지만 가벼운 편이라고나 할까. 호찌민은 큰 도시임에도 데이팅신이 좁아서, 앱으로 매칭된 사람과 파티에 가면 다들 이미 서로를 알고 있어. 물론 좋은 사람들도 많이 만났지만 그중 10퍼센트는 완전 별로였어.

도민은 어떻게 연애 상대를 찾아왔어?

T 데이팅 앱인 범블(Bumble)을 써. 처음엔 다른 앱도 썼는데 이상한 변태가 너무 많았어. 범블에선 친구도 만날 수 있고 연애 상대도 찾을 수 있지.

데이팅 앱에선 어떤 경험을 했어?

T 최근에 만난 중국인은 정말 고지식한 사람이었어. 며칠 정도 만났는데 술을 마시면 안 되고 선정적으로 입어서도 안 되며 자기를 따라야 한다고 하더라. 살이 찌면 안 되니까 많이 먹지 말라고도 했어. 한번은 친구 만나러 가는데 펑퍼짐한 옷을 입으라고 간섭했어. 며칠 동안 계속 그런 강요를 받았지.

그럼 말레이시아의 데이팅신은 어때? 베트남과 말레이시아의 차이점이 궁금해.

T 가장 다른 점은 말레이시아 남성의 다수가 무슬림이라는 거야. 그들은 술을 마시지 않아. 술값을 내려고도 하지 않지. 보통 베트남에선 남자가 데이트를 신청하면 모든 걸 지불하거든. 그런데 여기는 항상 반반이야. 그 점들이 달랐어.

그건 괜찮은 거 같은데.(웃음)

T 그리고 말레이시아 남성들은 계속 신체 접촉을 하려고 해. 나를 성적인 대상 혹은 이국적인 존재로 대하는 거야. 예를 들어 여기 남성들은 내가 베

트남에서 왔다고 하면 클럽이나 노래방에서 일한다고 생각해. 그 연상이 자연스럽게 이어지고 나를 대상화하니까 너무 불편해. 베트남에서 연애할 때가 더 편안했어.

베트남 여성에 관한 편견을 도민에게 투영하는 거네. 다분히 폭력적이고 인종차별주의적인 행동 같아. 다른 질문이 있는데, 베트남과 비교해서 말레이시아는 낯선 이들과 쉽게 친해질 수 있는 문화야? 혹은 종교적 보수성이 낯선 타인과의 소통을 억제하려나?

T 일상에서 낯선 사람이 내게 말을 건 경험은 없었어. 그보다 나는 종종 파티나 클럽에 갔거든? 그곳에 있는 모든 사람이 나를 뚫어지게 응시하고 몇몇은 말도 걸었는데, 그들의 행동이 정말 불편했어. 그런데 나는 베트남 남자랑도 연애할 생각이 없어.

베트남 남자랑은 왜 연애를 안 하려고 해?

T 최근 10년 동안 베트남 사람과는 연애를 안 했어. 베트남 남자들은 너무 복잡해. 그들은 쉽게 바람을 피우고 엄청나게 복잡한 관계를 만들어. 심지어 결혼하고도 바람을 피우는 걸 봤어. 예를 들어 어떤 베트남 남성들은 돈을 많이 벌게 되면 가정에 흥미를 잃고 몰래 외도하기도 해. 물론 내가 만난 베트남 남성들의 경우에 한해서야. 말레이시아 무슬림은 여러 아내를 둘 수 있는데, 이건 외도는 아니잖아. 반면 많은 베트남 남성들은 비밀스럽게 바람을 피워. 유명인들도 그런 일로 종종 언론에 보도되곤 해.

그럼 지난 10년 동안 누구와 연애를 한 거야?

T 외국인을 만났어. 외국 남성과 연애를 시작하고 나선 더 이상 베트남 남성을 만날 수 없었어. 노력도 해봤지만 잘 안 되더라고. 아무래도 내가 개방적이어서 전통적인 연애관을 가진 사람들과는 멀어지게 된 것 같아. 보수적이

었던 중국인이나 인도인과 다르게 유럽이나 한국에서 온 사람들은 나를 존중하고 이해해 주고, 편안하게 해줬어.

어떤 국적의 사람들과 연애했어?

T 8년 전에는 한국인 남자와 연애했어. 내 또래였는데, 그의 아버지가 베트남에서 회사를 운영했지. 그런데 그가 정신적으로 성숙하지 않다 보니 삶에 대한 모든 걸 가르쳐야 했어. 그냥 부유한 집안에서 자란 남자였기에 내가 청소나 운동하는 법 등을 알려줬어. 그렇게 1년이 지나자 그가 남자 친구가 아닌 아들처럼 느껴져서 헤어졌어. 그 후 2년간 그가 매달렸고, 결국 나중에 한국으로 돌아가 군대에 갔는데 이후로는 베트남에 오지 않았어.

저런. 그 이후 다른 나라 사람을 만난 적 있어?

T 몇 명 만나긴 했지만 진지한 관계는 피곤해서 맺지 않았어. 연애가 시간 낭비 같았거든. 만난 지 몇 달이 지나고 나서야 안 맞는 점을 발견하면 그건 완전 시간 낭비잖아. 내가 만난 사람들은 미국인, 호주인, 독일인, 중국인, 말레이시아인이었는데 그중 최근에 만난 말레이시아 남자는 정말 별로였어.

하하, 자세하게 알려줘서 고마워. 베트남에선 도민처럼 연애하는 게 일반적이야? 내가 알기론 베트남 여성의 결혼 적령기가 꽤 어리던데, 도민의 연애 방식을 부모님은 어떻게 생각하셔?

T 내 부모님은 꽤 전통적인 분들이야. 당연히 내가 일찍 결혼하길 원하시지. 심지어 내가 고등학생일 때부터 결혼에 관해 이야기했어. 지금도 여전히 내게 선을 보라고 하시고. 물론 나는 계속 부모님의 제안을 거절하는 중이야. 이젠 내가 외국에 있으니 강요도 못 하실 거야.

말레이시아에 있으니까 더 이상 뭐라고 못 하시는 거야?

T 내가 고향에 갈 때마다 엄마는 누군가를 끊임없이 소개해 줬어. 그게 너무 싫어서 맨날 도망 다녔지. 그렇게 몇 년을 피하니까 이제는 부모님도 어느 정도 포기하신 것 같아. 이젠 내가 돈을 많이 벌고 행복하기를 바라신대.

다행이네.

T 응, 나는 행운아야. 부모님이 나를 완벽하게 이해는 못 하시겠지만 그래도 70퍼센트 정도는 이해하지 않으실까.

도민의 삶은 다른 베트남 사람들의 삶과 다른 것 같아. 베트남 사람들은 도민에 관해 어떻게 생각해?

T 친구들은 내가 너무 개방적이라고 말해. 사실 나는 아직도 내가 뭘 원하는지 모르겠어. 이 나이가 되어서도 자신이 원하는 걸 모른다는 사실이 스트레스로 다가와. 요즘은 지나치게 이런 고민에 몰두하고 있어.

정확하게 어떤 고민을 하는 건데?

T 삶, 미래, 가족 같은 것들에 관해 생각하지. 특히 삶과 관계에 관해서 자주 생각하는데 그것 때문에 종종 우울해져.

내게 도민은 긍정과 낙관의 대명사이고, 고민은 전혀 없는 삶을 살고 있을 줄 알았어. 나는 지난 10년 동안 외국에서 살거나 여행했지만, 난데없이 인스타그램에 올린 질문을 통해 누군가를 만난 건 처음이었거든. 그래서 도민이 격이 없고, 고민 없이 살아가는 줄 알았어.

T 인생의 흐름을 따르는 게 내 정체성의 일부이지만 고민이 아주 없진 않아. 사실 예전에 자살 시도를 한 적도 있어. 4~5년 전, 과도한 생각과 가족, 일에서 오는 스트레스에 시달리다 그런 결정을 내렸었어. 가족과 이야기해도 이해받지 못했고 회사 인간관계도 힘들던 때였지. 그 사건 이후로 새로운 경

험을 더 많이 하고 세상을 더 낙관적으로 보려고 노력하고 있어.

항상 밝은 모습만 봐서 그런 일이 있었는지 몰랐어.

T 최선을 다하려고 했을 뿐이야. 지금 이 순간에도 최선을 다하고 있고. 말레이시아가 지루하다고 했잖아? 문화도 다르고 연애도 잘 못 하겠고 아직 친구도 없다고. 그럼에도 나는 밖에 나가. 집에만 있으면 우울해지거든. 물론 주중에는 집에 머물면서 쉬지만 적어도 주말에는 나가서 커피라도 마시거나 돌아다녀야 우울에서 벗어날 수 있어. 데이팅 앱은 나를 밖으로 나가게 해주는 아주 좋은 방법이고.

호찌민에서도 데이팅 앱을 자주 이용했어?

T 응! 물론 나 혼자서도 모든 걸 즐길 수 있고 친구들을 만날 수도 있지. 하지만 친구들은 이미 결혼했거나 직장 때문에 바빠서 밤늦게나 주말에 함께 시간을 보낼 수 없잖아. 그래서 데이팅 앱을 이용해 사람들과 와인이나 커피를 마시러 갔어. 다양한 사람들을 만나 새로운 문화에 대해 배우고 이야기를 나누는 것도 즐거웠고.

좋네! 앞으로도 부디 즐거운 일들을 하면서 지냈으면 좋겠어. 밖으로 나가 사람들도 만나고.

T 그래야지. 하지만 남자로서 밖에 나가 새로운 친구들을 만드는 건 쉬운 반면 여성으로서 친구를 만드는 건 정말 어려운 일이야. 이상한 사람들도 있어서 아무래도 종종 조심스러워지곤 해.

흥미로운 게, 여태까지 약 40명을 인터뷰했는데 모두가 현재라는 순간에 각자의 주제를 가지고 살아가고 있었거든. 도민이랑은 사랑과 관계를 주로 이야기하는 거 같아. 그게 지금 도민에게 중요한 주제라는 의미겠지?

T 사랑과 관계는 항상 내게 중요한 주제였어. 우리는 일을 하지만 일을 마치면 집에 돌아와 더 많은 시간을 보내잖아. 그럼, 그 많은 시간이 반짝여야 하지 않을까? 결국은 인생을 반짝이게 채색하는 것이 중요한데 나에게는 그게 사랑이나 관계라고 생각해.

사랑과 관계 말고 삶에서 중요시하는 주제들이 또 있을까?

T 여행을 하는 것, 밖에 나가 운동하는 것, 더 많은 경험을 하고 새로운 이들을 만나는 것, 맛있는 음식을 먹는 것. 그것들이 내가 삶을 채색하는 방법이야.

나는 종종 낙관에 너무 많은 기대를 했다. 낙관이 나를 배신할 수도 있다는 걸 잊고 있었다. 도민의 낙관 이면의 이야기를 들었고, 또다시 나의 무지를 마주했다. 한 사람의 우주는 절대 단조롭지 않음을, 그 반짝이는 풍경 뒤엔 수많은 서사가 있을 수 있음을 망각하고 있었다. 도민은 여전히 호탕하게 웃으며 이야기했지만 나는 앞으로 그녀의 웃음을 마주할 때마다 그 내면의 이야기를 떠올릴 터였다. 도민의 가벼움, 쉽게 터트리는 웃음, 장난스러운 포옹, 그리고 남성에 대한 냉소를 넘어, 그녀를 한 뼘 더 이해할 수 있어 기뻤다. 도민이 어디에서든 행복하기를 기원했다.

Mac

- #20대 후반
- #마닐라, 필리핀
- #인스타그램 @macflorendo
- #홈페이지 www.macflorendo.com

맥
우리는 모두 마술사입니다

내가 기억하는 맥은 마술사였다. 그는 마술로 분위기를 쉬이 바꾸었고 사람들의 어색함을 없앴다. 맥의 손에서 현란하게 움직이는 카드들을 볼 때마다 나는 경탄을 내뱉었다. 사실 빠른 손놀림보다 매혹적이었던 건 그의 침착하고 단호한 표정이었다. "마술사들은 종종 실수를 해. 하지만 그 실수 하나로 마술 인생이 끝나는 건 아니잖아. 실수를 넘어서서 다음 마술을 선보이는 게 중요해"라는 맥의 말은 마치 인생에 관한 충고 같았다. 우리는 많은 실수를 저지르지만 그 또한 삶의 과정임을 종종 잊고 있지는 않을까. 마술의 발걸음 뒤로 그는 삶에 관해 들려줬다. 진정으로 다양한 색을 품은 사람이었다.

#마술 #음식 구조 #목소리 #실패를 대하는 자세 #삶은 마법과 같다

듣고 싶은 이야기가 많지만, 일단은 역시 일상부터 묻고 싶어. 어떻게 지냈어?

M 행복하게 인생을 즐기면서 지내고 있어. 누군가 내게 잘 지내냐고 물으면 지난 4년간 늘 이렇게 대답해 왔어. 인생을 즐기고 있다고.

어떤 맥락에서 인생을 즐기고 있는지 알려줄래?

M 내 삶은 세 가지 주제로 정의할 수 있어. 첫 번째는 '마술'. 마술은 내게 정말 추상적인 주제라 백만 가지로 정의할 수 있지. 새로운 걸 마주할 때 느끼

는 호기심이 마술적이라고 생각해. 두 번째는 '음식 구조(food rescue)'. 남은 음식을 필요한 사람들에게 전달하는 프로젝트로, 오랫동안 개인적으로 해왔는데 이제는 비정부기구와 함께하고 있어. 마지막은 '목소리'. 우리의 목소리가 삶에서 중요한 도구임을 깨달았어. 나는 곧 서른이 되는데 앞으로 이 세 가지에 집중하며 인생을 즐길 거야.

방금 말한 세 가지에 대해 자세히 듣고 싶어. 마술에 관한 이야기부터 시작해 볼까? 마술은 어떻게 시작하게 된 거고, 어떤 마술을 해왔어?

M 여덟 살 때 처음 마술에 관심을 가졌어. 마술이 슈퍼 히어로의 초능력처럼 신기하고 매력적으로 보였거든. 마술을 배우면서 사람들을 즐겁게 하는 방법도 알게 되었어. 물론 쉽진 않았지. 친구나 가족 앞에서 실수하거나 마술의 비밀을 들킨 적도 많았고 그때마다 상처도 받았지만 그 경험들이 나를 더 강하게 만들었음을 깨닫고 계속하기로 결심했어. 마술을 하면서 부족한 순간도 있었지만 그걸 극복하며 자신감을 쌓아왔어. 마술은 내 한계를 알게 했고 그 한계를 넘도록 노력하게 만들어주었어. 이제 마술은 내 삶의 일부가 되어, 사람들에게 이야기를 전달하는 수단이 된 거야. 단순한 트릭을 넘어 마술을 통해 사람들의 마음을 움직이고 싶어. 마술은 하나의 이야기를 효과적이고 매력적으로 전달할 방법이니까.

마술과 관련해 기억에 남은 순간들이 있어?

M 여행할 때마다 마술은 큰 도움을 줬어. 한국에 처음 가서 수많은 친구들을 만든 것도 마술 덕분이었어. 나는 한국어를 못했지만 마술은 '언어'처럼 나와 친구들을 이어줬지. 그리고 나는 마술이 나만의 이야기가 아니길 바랐어. 마술을 하면서 그걸 보는 대상에 관심을 줬고, 그게 쉽게 나와 사람들을 이어줬던 것 같아. 그 순간들이 가장 기억에 남아. 또 다른 순간은 텔레비전

광고에 출연해 카드 마술을 펼쳤을 때야. 그 광고는 여전히 자랑스러운 기억으로 남아 있어. 마지막으로 최근에 친구들과 함께 내 이름으로 마술쇼를 시작한 것도 의미 있는 순간이고. 쇼를 준비하면서 모든 걸 직접 결정해야 하는데, 이 경험은 내 마술 인생에서 중요한 기점이 될 거야. 마술 덕분에 나는 소심함을 극복했고 겸손하면서도 자신감 있는 사람이 되었지.

취미라는 건 보통 배움과 훈련을 수반하는 경우가 많잖아. 그 과정에서 가끔 실패를 하기도 하는데, 마술은 그 어떤 취미보다 실패에 냉혹할 것 같아. 마술을 펼치다 종종 실패를 마주해? 그리고 그렇게 실패를 마주하면 어떻게 극복해?

M 마술에서는 실수가 항상 발생할 수 있어. 중요한 건 마술사도 다음 순간에 일어날 일을 예측할 수 없다는 거야. 예를 들어 기타 치는 사람은 연주할 곡을 기억할 수 있고 농구 선수는 공이 어디로 갈지 알 수 있지만 마술은 그렇지 않아. 예측할 수 없는 실수나 실패를 겪으면 그 상황을 자연스럽게 넘겨야 해. 큰 실패가 발생하면, 마술사는 그것을 겸허히 받아들이고 다시 앞으로 나아가야 하지. 그 실패가 마술사로서의 실패나 경력의 끝을 의미하는 것은 아니니까. 결국 실패 속에서도 계속 나아가는 것이 중요해.

앞으로 어떤 마술을 하면서 살아가고 싶어?

M 두 가지 목표가 있어. 첫 번째는 마닐라에서 나만의 마술쇼를 여는 거야. 사람들이 마닐라의 마술에 대해 이야기할 때 나를 떠올렸으면 좋겠어. 나는 가장 개인적이고 친밀한 이야기를 마술로 전달하고 싶어. 두 번째는 내 마술을 보는 사람들이 각기 다른 감정을 느끼길 바란다는 거야. 웃고, 경탄하고, 놀라고, 때로는 두려움을 느끼거나 울기도 하면서, 하나의 쇼를 통해 다양한 감정을 경험할 수 있으면 좋겠어. 나는 삶의 모든 순간이 마법 같다고 생각해. 그리고 내가 느끼는 감정을 사진가, 작가, 요리사, 교사 등과도 나누고 싶

어. 모두에게 자기 삶이 얼마나 멋진지 알려주고 싶어. 그들이 수많은 실수 속에서도 다시 일어나 좋은 책을 쓰고, 멋진 요리를 선보이고, 의미 있는 가르침을 나누는 것처럼, 결국 우리는 모두 마술사라고 말해주고 싶어.

마술에 관해 이야기해 줘서 고마워. 그럼 두 번째 주제로 넘어가서 음식 구조에 관해 이야기해 줄 수 있어?

M 음식 구조는 2015년 미국에 갔을 때부터 시작한 프로젝트야. 환경에 대해 배우던 중, 음식 구조 단체에 대해 알게 되었어. 이 프로젝트는 간단해. 음식점이나 카페, 제과점에서 버려지는 질 좋은 음식을 모아 그걸 필요로 하는 사람들에게 나누는 거야. 당시 필리핀에는 음식 구조란 개념이 없었고 상황도 미국보다 훨씬 나빴어. 많은 사람들이 굶주렸고 음식은 계속 버려졌지. 그래서 이 아이디어를 필리핀에 일종의 기념품 삼아 가져오기로 결심했던 거야.

처음에는 자전거 한 대로 시작했지. 사람들은 이 프로젝트가 가능할 거라고 생각하지 않았고 장애물도 많았어. 음식점 섭외, 커뮤니티 찾아내기, 위생 문제 등에서 여러 어려움이 있었지만 나는 오히려 더 해보고 싶었어. 처음에는 자주 가던 채소 가게에서 시작했어. 그곳에서 품질 좋은 채소들이 버려지는 걸 보고 그걸 필요한 사람들에게 나누어도 될지 물었지. 가게가 프로젝트 참여를 승낙하면서 프로젝트가 시작된 거야. 마술은 내 삶의 일부였고 수많은 트릭으로 사람들을 즐겁게 했지만, 이번에는 음식 구조를 통해 삶에 진짜로 와닿는 마법을 펼쳐보고 싶었어. 자전거로 20분 거리를 이동해 100명이 넘는 아이들에게 음식을 나눴을 땐 얼마나 행복하던지, 심지어 '이대로 죽어도 여한이 없겠다'라고 생각했던 기억이 나.

점차 프로젝트가 커지면서 많은 사람들이 도와주었고, 언론의 관심도 받았지. 마닐라의 한 직장으로 이직한 뒤에도 계속해서 이 프로젝트를 진행하면서 음식 업계 사람들과 네트워크를 쌓았어. 그러다 국제 비정부기구인 '생계의 학자들(Scholars of Sustenance, SOS)'에서 나를 국제 프로젝트의 일원으로 받아들여 주었고, 그 결과 작년에만 200만 인분의 음식을 나눴어.

음식 구조도 중요하지만, 그 프로젝트 너머에서 도움을 받아야만 하는 사람들을 만들어내는 시스템에 관한 고민도 해본 적 있는지 궁금해. 결국 본질적인 문제가 해결이 안 되면 이 문제는 지속될 뿐이잖아.

M 첫 번째로 떠오르는 건 '물고기를 잡아줄 것인가, 물고기 잡는 법을 가르쳐 줄 것인가'라는 문제야. 맞아, 본질적인 문제를 해결하는 건 중요해. 하지만 내가 마주한 건 버려지는 수많은 물고기와 그것을 먹지 못해 굶주리는 사람들이었어. 결국 어떻게 상황을 바라보느냐가 중요한데, 나는 일단 버려지는 물고기를 좋은 곳에 나누자는 데 초점을 맞췄어. 우리는 보다 지속 가능한 자원 활용을 추구해. 버리지 않고 기부하고, 남은 질 좋은 음식을 사람들에게 주거나, 그 외의 것은 동물 사료나 비료로 활용하자는 거지. 결국 버려지는 것들을 제대로 활용하는 게 목표였어.

두 번째로, 우리는 가난한 사람들이 음식 구조에만 의존하지 않기를 바라. 우리가 줄 수 있는 건 하루 일용할 양식일 뿐이고 매일 주겠다는 보장을 해줄 순 없어. 오늘 음식을 받아도 내일은 못 받을 수 있거든. 우리는 그저 사람들이 굶주리는 대신 일이나 공부 등 자신의 일에 집중할 시간을 조금이라도 주려고 노력하는 거야. 결국 앞으로 나아가는 건 그들의 몫이지.

물론 이 방법이 모든 문제를 해결하는 건 아니지만 우리는 천천히 해결책을 찾고 있어. 지역 커뮤니티에서 그 결과를 보고 있고, 도움받은 사람들이 자원봉사에 참여하기도 해.

이제 세 번째 주제에 관해 이야기해 보자. 목소리의 중요성에 관해 이야기했는데, 더빙과 내레이션(voice over)은 언제 시작한 거야?

M 2020년과 2021년, 코로나19 팬데믹 때 목소리 연기 워크숍에 참여하며 목소리의 중요성을 깨달았어. 대학교에서 커뮤니케이션을 전공하면서 많은 사람들이 자신의 목소리를 싫어하는 걸 봤어. 우리 목소리는 하나의 악기인데 그걸 잘 활용하는 사람이 많지 않더라고. 한 단어를 어떻게 발음하고 성조를 어떻게 조절하느냐에 따라 전달되는 의미가 달라지잖아. 우리는 다양한 도구로 소통하지만 목소리는 각자가 타고나는 거야. 따라서 자신의 목소리를 사랑하는 게 무엇보다 중요해. 그 목소리는 각자만이 낼 수 있는 거니까.

더빙이나 내레이션을 하면서 기억에 남았던 프로젝트들이 있어?

M 2년 동안 수백 개의 작업을 했는데, 나는 내가 일반적인 목소리를 가지고 있어서 참 기뻐. 너무 저음도 고음도 아니라 다양한 캐릭터를 소화할 수 있거든. 그렇게 중간 음의 목소리로 많은 프로젝트에 참여했고 다수가 주인공 역할이었어. 울트라맨을 연기했을 때가 가장 기억에 남아. 또 몇몇 한국 드라마의 주인공 역할을 맡아서 그들의 목소리를 타갈로그어로 더빙했던 것도. 누군가에게 도움이 될 수 있는 일, 그러면서 돈을 벌 수 있고 또한 나 자신을 발전시킬 수 있는 일들을 하고 싶어. 운이 좋게도 '마술, 음식 구조, 목소리'가 모두 그 세 가지에 포함돼. 이 완벽한 조합 속에서 나는 행복해.

맥은 모든 것이 마법 같다고 했다. 현재를 살고 싶다는 갈망이 지금의 그를 이뤄냈다는 것이다. 그는 한국에서도 미국에서도 유심을 사지 않았다. 와이파이가 없는 환경에서 그가 할 수 있는 일이라곤 현재에 집중하는 것. 그는 매일의 발걸음 속에서 삶의 날것을 들여다보며 그저 앞으로 걸었던 것이다. 마술은 마법이 되었고, 그 마법은 굶주린 많은 이들을 보살폈다. 그 가운데 그는 또다시 새로운 길을 향해 나아가고 있었다. "답은 바로 눈앞의 현재에 있어. 우리는 그저 못 본 체하고 있을 뿐이지." 인터뷰 말미에 그가 했던 말처럼 우리는 수많은 매혹 때문에 현재를 무시하고 있는 건 아닐까. 현재를 직시한다면 그처럼 마법과 같은 삶을 살 수 있지 않을까, 문득 궁금했다.

사만타
자신을 믿는 것

여기 스스로를 믿는 한 사람이 있다. 자신의 직감에 따라 사랑하는 일을 하는 사람, 타인의 슬픔에 공명하면서 동시에 그 이야기를 써 내려갈 수 있는 사람, 일상과 일의 경계에서 자신을 바로 잡을 수 있는 사람. 독일과 아르헨티나, 인도를 건너 태국에서 사만타를 만났다. 마약과의 전쟁으로 인한 피해자들의 목소리를 석사 주제로 삼았던 사만타는 이제 우주에 관한 일을 하고 있었다. 안 그래도 복잡한 국제 정세에서, 피해자의 시선을 넘어 광활한 우주까지 가닿은 이야기가 궁금했다. 방콕에서 사만타를 만났다.

#유엔 우주 활용 부서 #우주와 과학 #마약과의 전쟁 #빈곤의 여성화 #가치 있는 일

요즘은 어떤 일을 해?

S 방콕 유엔에서 지속 가능 개발 목표(SDGs)에 초점을 맞춰 일하고 있어. 정확히는 '지속 가능 개발과 재난 위험 감소 부서'에서 일하고 있고, 기후 변화나 기후 위기와 관련된 프로젝트를 다루고 있어. 나는 그중에서도 '우주 활용 부서'에서 지속 가능한 개발을 담당해.

우주 활용에서의 지속 가능한 개발이라니, 감이 잘 안 잡히는데 더 자세히 설명해 줄 수 있어?

S 아시아 태평양 국가들의 초국가적 협력을 돕는 일이야. 한국, 일본, 중국, 몽골, 러시아 같은 국가들은 각자의 우주 관리 부서가 있는데, 그들의 우주 프로그램을 정리해서 다른 국가들이 볼 수 있도록 책이나 보고서로 펴내는 일을 해. 각국의 우주 프로그램에서 지속 가능한 개발 목표와 기후 변화 문제를 어떻게 다루는지 분석하고 있어.

그럼 대중보다는 국가 단위의 기구나 조직을 대상으로 일하는 거네? 사만타가 만들어내는 보고서는 일반인들도 열람할 수 있어?

S 우리는 각 정부 밑에서 일하는 게 아니라 유엔 산하에서 정부 활동을 조율하고 협력을 돕는 역할을 해. 연구자, 과학자, 학자들을 연결하고 2년마다 보고서를 내서 책으로 출판하는데 보고서는 대학, 연구자, 정부 기관을 주요 대상으로 하지만 대중도 열람할 수 있어. 하지만 기술적인 내용이 많아서 대중에게 다가가기에는 사실상 한계가 있지. 예를 들어 한국의 우주 개발 프로젝트나 몽골의 이니셔티브 같은 주제는 일반 대중의 관심을 끌기 어려워.

왜 우주를 주제로 하는 국제기구에서 일하게 된 거고, 그 결정을 한 계기는 뭐였어?

S 어릴 때부터 필리핀을 떠나 외국에서 일하고 싶었어. 열 살 때는 이모에게 유엔에서 일하고 싶다고 말한 적도 있어. 물론 유엔에 대한 꿈은 구체적이지 않았지만 언젠가 일하고 싶은 직장이라고 항상 생각했지. 가족 형편 때문에 외국 여행을 쉽게 가지 못했지만 대학생 때 처음으로 외국을 다녀왔고, 그 후 독일에서 봉사활동을 하며 다양한 배경의 사람들을 만나는 경험을 통해 국제기구에서 일해야겠다고 확신하게 됐어.

그럼 '우주'는?

S 예전에 같이 석사 공부를 한 친구가 유럽 의회에서 인턴십을 했어. 대기

권 밖과 관련된 일이었던 것 같아. 어느 날 또 다른 친구랑 그 친구에 관해 애기했을 때 나는 이런 말을 했어. "우리가 공부하는 국제학은 이렇게 거대하고 끝이 없는데, 결국 이건 지구 안에서 일어나는 작은 일일 뿐이잖아. 우주에 관한 일을 한다는 건 도대체 어떤 걸까." 물론 그때만 해도 내가 1년 후 필리핀 정부의 우주 기구에서 일하게 되리라는 건 상상조차 하지 못했었지.

하하하, 그러게. 국가와 국가, 그리고 그 모든 국가를 포함한 지구만 해도 거대한데 우주라니.

S 우주에 관심을 가지게 된 건 독일의 본에서 인턴십을 하면서였어. 그때 과학이 사회와 환경에 미치는 영향을 고민했어. 국제연구(Global Studies)도 이미 광범위했지만 우주는 그걸 뛰어넘는 분야였지. 상사가 말하길, 이 분야는 성장 가능성이 높고 내 학문적 배경이 도움이 될 거라고 했어. 과학은 기술적인 접근만 하는데 결국 그 과학이 사회에 미치는 영향도 중요한 문제라고 생각했어. 그게 우주에 입문하게 된 계기였지. 과학적 발전이 사람들에게 어떤 영향을 미치는지, 우리는 왜 그 영향에 대해 이야기하지 않는지 등 이런 질문들이 경력의 시작이 된 거야.

흥미진진한 이야기 잘 들었어. 우리는 2년 동안 독일과 아르헨티나, 인도에서 같이 공부했는데 지금은 이렇게나 다른 분야에서 일을 하고 있구나. 나는 정치 폭력과 분쟁을 통해, 사만타는 우주와 과학을 통해 세상을 이해하고 있네.

S 나 역시, 석사 논문을 쓸 때만 해도 네가 무장 분쟁과 관련한 일을 하게 될 줄은 몰랐어. 나도 필리핀의 마약과의 전쟁에 관한 논문을 쓰며 다양한 분쟁과 폭력 데이터를 접했는데 그것들로부터 자신을 유리시키는 게 쉽지 않았어. 그 폭력을 자료로 접하는 것만으로도 세계의 트라우마를 마주하는 것 같았지. 물론 내 상상과 실제 고통은 비교할 수도 없겠지만, 그 경험으로 인해 더 이상 분쟁 관련 글을 쓸 수 없겠다고 생각했어.

필리핀에서 이뤄진 마약과의 전쟁에 관한 논문을 썼어?

S 내 논문은 지금 하는 일과는 먼 주제였어. 그때 나는 세계화와 자본주의, 불평등에 대해 깊이 생각했지. 당시 세계 상황은 극단적이었어. 트럼프가 당선되고 두테르테가 집권했을 때 필리핀은 마약과의 전쟁을 선포했고 많은 사람들이 초법적으로 죽었어. 마약 문제에는 복잡한 사회 경제적 접근이 필요해. 그냥 사람들을 죽인다고 해결되는 게 아니었지. 그 당시 나는 다른 정치적 신념 때문에 많은 친구를 잃었고 두테르테를 지지하는 사람들을 비판할 수 없었어. 그때 내 도덕성의 반석과 나 자신에게 관해 계속해서 비판적으로 생각하면서 이 주제에 관해 써야겠다고 생각했던 거야.

두테르테가 대통령이 되기 전에 그는 다바오시의 시장이었어. 그는 '다바오 죽음 소대(Davao Death Squad)'를 창설하고 시의 범죄 조직과 맞섰지. 덕분에 많은 사람들이 다바오는 정말 안전하다고 말했지만 그 안전을 위해 수없는 초법적 살해가 이루어졌어. 많은 사람들이 두테르테와 그의 지지자들에 반한다는 이유로 제대로 된 법적 절차조차 거치지 않은 채 죽어나갔어. 이 경험 때문에 두테르테의 정책에 대한 논문을 쓰기로 결심했던 거야.

논문에 관해 조금 더 자세히 이야기해 줄 수 있어?

S 마약과의 전쟁에서 죽은 사람 대부분이 빈민 남성이라는 걸 알게 되었어. 중산층이나 부자는 적었지. 그래서 '빈민 남성이 죽고 나서 남은 여성과 가정은 어떻게 되는 걸까?' 하는 의문이 들었어. 마약과의 전쟁이 빈민 여성에게 미치는 영향에 대해 알고 싶었어. '빈곤의 여성화'라는 개념이 있어. 빈곤은 여성에게 더 큰 영향을 미친다는 거야. 가장을 잃은 가정의 여성들은 어떻게 생존할까? 그들은 엄마로서 가정을 꾸리고 아이들을 돌봐야 해. 동시에 사회적 기대가 그들을 힘들게 하지. 그들은 단지 남편을 잃은 아내들이 아니야. 그래서 그들의 이야기를 듣고, 어떤 영향을 받았으며 어떻게 고난을 이겨냈는지,

사회에서 어떤 위치에 있다고 느끼는지, 어떻게 살아가는지, 직접 목소리를 내서 삶을 바꾸는 것에 대해 어떻게 생각하는지를 물었어. 정부가 그들의 목소리를 무시할 때 어떤 감정을 느끼는지도 알아봤어. 전부 여덟 명의 여성에게 질문을 던졌어.

인터뷰는 정말 힘들었어. 가족을 잃은 그들의 트라우마를 건드리며 질문해야 했거든. 한 가정에 방문했을 때 그들은 문에 난 총알 자국을 보여주며 그게 남편을 뚫고 지나간 총알로 생긴 거라고 내게 알려줬어. 나는 그들의 목소리가 무시되고 사회가 변하지 않는 점이 화가 났어. 내 감정을 분리할 수 없었지. 감정적 영향으로 너무 힘들어하니까 엄마는 내게 상담 치료를 받아보라고 권유하기도 했어.

이렇듯 사회에서 소외된 사람들을 위해 무언가 하고 싶었지만 감정적으로 부딪히는 건 여전히 어려워. 그래서 지금의 일처럼 현실에서 감정적 거리를 두는 것에 만족해. 적어도 숨 쉬면서 일할 수 있으니까.

힘들었겠구나. 분쟁 데이터에서 감정적 거리두기는 정말 중요해. 안 그러면 쉽게 마모되어 일을 지속할 수 없어. 그래서, 논문의 결론은 뭐였어?

S 나는 그들이 사회나 정치적 변화를 위해 어떤 노력을 하고 있는지 분석했어. 그들은 목소리를 내고, 연대를 조직하며, 마약과의 전쟁 동안 부모를 잃은 아이들을 돌보았어. 많은 이들이 시민단체와 협력해 자신들과 비슷한 처지의 사람들을 돕고, 가톨릭교회나 다른 조직들과 함께 마약과의 전쟁에 반대하는 시위 혹은 프로그램을 개최하기도 해. 하지만 가장 중요한 건 정부의 지원 없이도 일어나 앞으로 나아가려는 그들 스스로의 의지야. 한 여성이 말하길, 처음에는 자신도 두려움에 떨며 시위장 구석에 서 있었지만 이제는 메가폰을 들고 시위를 이끌고 있다고 했어.

사만타가 썼던 논문과 지금의 일 사이의 간극을 메꿀 수 있을까?

S 첫째로, 나의 모든 결정이 깊은 숙고에서 나온 건 아니야. 필리핀 우주청에서 일할 때는 단지 방세와 밥값을 벌어야 하는데 마침 좋은 기회를 발견했던 거였지. 내 석사 논문은 개인적인 면이 있었지만 이 일은 전문적인 분야였어. 둘째, 내 세상을 보는 시각이나 관심은 변하지 않았어. 나는 계속해서 다양한 선택을 하며 살아갈 거야. 봉사활동에 관심을 가지는 나도, 전문적인 일을 하는 나도 나 자신이니까. 경력과 돈은 꼭 연결되지 않아. 내가 가치 있다고 생각하는 일을 하는 게 중요하고, 지금 하는 일도 그렇다고 생각해. 국제적인 환경에서 일하면서 자신의 다른 면모를 알게 되었고 협력이나 조율을 위한 소프트 스킬도 배웠어. 결국 이 모든 것은 내가 추구하는 길의 일부라고 생각해. 처음 석사를 시작할 때는 경력보다는 배움에 대한 욕심이 컸고 직감을 따라가며 내 길을 걸어왔어. 나중에 돌아보면서, 서로 아무 연관이 없어 보이는 일들도 결국 내 인생의 중요한 부분이 된다는 걸 깨달았지.

사만타는 한때 국제 인권 변호사가 되고 싶었다고 한다. 지금은 다른 일을 하고 있지만, 나는 사만타가 써 내려간 이야기들이 여전히 그녀가 꿈꿨던 삶을 대변한다고 생각한다. 어린 시절의 나는 세상을 부사와 형용사로만 바라봤었다. 나의 한쪽 눈은 감정적이었고 감정을 통해서만 세상을 이야기할 수 있었다. 그런데 어느 순간부터는 명사와 동사로만 세상을 바라보고 있었다. 분쟁 데이터에는 숫자와 객관화된 사실만이 중요했기 때문이다. 사만타 또한 다양한 시선으로 세상을 바라보고 글을 썼을 테다. 마약과의 전쟁으로 인한 피해자들을 인터뷰했을 땐 형용사와 부사로, 그들이 일궈나가는 세상을 마주했을 땐 명사와 동사로. 사만타가 지금 하는 일은 그 둘을 잇는 것이 아닐까. 결국은 '사람'이라고 이야기해 주고 있었다. 사만타는 언제나 자신을 믿었다. 그리고 여태까지 살아온 삶을 긍정했다. 나 또한 그녀를 믿는다.

Micha

30대 초반
베를린, 독일
인스타그램 @strubbi3000

미샤
열린 마음으로 바라보기

미샤는 항상 천진난만한 미소를 지었다. 순진무구해 보이는 얼굴로 아무 일도 없었다는 듯이 웃음 지을 때면 그가 어떤 잘못을 해도 용서해 주고 싶었다. 다른 무뚝뚝한 독일 친구들에 비해 살가운 구석도 있었다. 푹푹 찌는 여름날이면 미샤의 집 발코니에 앉아 파스타를 먹으며 프로세코를 비웠는데, 와인 한 잔에 그가 건넨 말린 생강을 입에 털어 넣어야 직성이 풀렸다. 미샤 곁에는 늘 친구들이 많았고, 그의 집은 사람들로 항상 붐볐다. 나 또한 종종 그 무리와 어울리기 위해 길을 나섰다. 취기가 오른 우리는 왁자지껄 소리를 내어 웃었고, 젊음은 오늘만 있는 양 순간을 즐겼다. 미샤가 있는 프라이부르크를 방문했다.

#자전거 대여 플랫폼 #집은 심장이 있는 곳 #가치관 #3년 뒤 목표

요즘은 무슨 일을 해?

M 프로젝트 매니저와 전략 컨설턴트로 일하고 있어. 그럴싸하게 들리지만 실제로는 각종 워크숍을 진행하는 일이야. 내가 일하는 회사는 자전거 대여 플랫폼인데, 기후 변화에 대응하기 위해 사람들이 전기 자전거나 일반 자전거를 더 쉽게 대여해 사용할 수 있도록 노력하고 있어. 물론 기후나 환경뿐만 아니라 이동권이나 건강 측면에서도 중요한 일을 해.

그 플랫폼은 독일에서만 사용할 수 있어?

M 회사는 독일계이고 본사는 프라이부르크에 있어. 주로 독일 시장을 대상으로 하고 있지만 얼마 전 오스트리아에도 지사를 열었을 정도로 사업은 성장세야. 최근 독일에선 회사가 직원 통근용 자전거를 구매하면 세금을 환급받는 법이 제정되었는데, 이 법 덕분에 회사는 세금을 돌려받을 수 있고 직원은 원하던 자전거를 탈 수 있지. 지금까지 우리는 150만 대의 자전거를 판매하고 대여했어. 올해만 해도 8개월 만에 20만 대가 계약되었고.

원래 이쪽 분야에 관심이 있었어?

M 이동권은 흥미로운 주제야. 국제적인 시각에서 봤을 때 어딘가로 이동할 수 있다는 건 큰 특권이지. 정치적 그리고 경제적인 이유로 도시 간 이동을 못 하는 사람들이 많잖아. 독일 시골에서 자란 나에게도 자전거는 자유롭게 이동시켜 주는 중요한 수단이었어. 일상에서 큰 부분을 차지하는 이동 수단이었기에 이 분야에서 일하게 되어 기뻐. 마침 이 회사도 프라이부르크에서 가장 알려진 회사 중 하나이고.

코로나19 팬데믹 기간에는 완전히 다른 분야에서 일했던 것 같은데.

M 그때는 인턴십을 통해 공공기관들에서 일했어. 평소 국제 개발이나 외교에 관심이 많았거든. 카트만두의 독일 대사관, 독일의 국제 개발 기구에서도 근무했어. 국제 개발 기구에서는 다양한 이익집단들과 회사들을 위한 전략을 수립했지. 예를 들어 독일 경제부에서 외주를 주면 인사이트를 제공하거나 국제 정세를 분석한 리포트를 제출했고, 또는 국제 이민이 독일 경제에 미치는 영향을 분석하기도 했어. 예전에는 공공정책에 초점을 맞췄다면 지금은 민간 부분의 이동권에 더 집중하고 있다고 보면 돼.

그럼 지금 미샤의 관심은 어디에 있는 거야? 국제 개발에 여전히 관심이 있어? 아니면 새로운 경력에 중점을 두고 싶어?

M 지금 하는 일과 국제 개발은 모두 같은 가치와 원칙을 바탕으로 하고 있어. 새로운 걸 시작하고 타인과 소통하며 최선을 다하는 과정들이 내게 원동력이 돼. 또 나는 기업가 정신을 중요하게 생각해. 무언가를 새롭게 만들어내고, 다양한 채널에 판매하고, 전략을 세우는 게 즐거워. 그런 활동들이 내가 하는 일에 큰 동기가 돼.
현재는 프로젝트 매니저로서 회사를 위해 전략을 수립하는데, 예전에 공공 부문에서 일할 때보다 책임감을 느끼며 일하고 있어. 공공 부문에서는 주로 당시의 이슈에 대해 조언하거나 보고서를 작성하는 일을 했는데 사회과학적인 분석은 흥미롭지만 대체로 거대 담론에 머물기도 했어.

석사 공부가 첫 번째 직업을 갖는 데 도움이 됐어?

M 공공 부문에서 일하는 데 학사와 석사가 큰 도움이 됐어. 학사에선 세계화를 지역적 관점에서 이해했고, 석사에선 전 지구적 관점에서 각 지역에 미치는 영향을 연구했지. 리서치 기술과 방법론을 공부하는 것도 흥미로웠고. 석사 때 가장 좋았던 점은 전 세계를 여행하며 새로운 사람들을 만나 소프트 스킬을 키우고 다른 관점에서 주제를 바라볼 수 있다는 거였어. 덕분에 나 자신을 되돌아볼 기회도 가질 수 있었고.

국제연구 석사 학위를 졸업하면 대부분 다른 나라와 도시에서 살아가잖아. 나만 해도 1년의 절반은 외국에 나가 있는 편이고. 미샤가 프라이부르크에 남은 이유가 따로 있을까?

M '집은 네 심장이 있는 곳이다'라는 문장이 내게 잘 맞아. 아직 프라이부르크에서 살아야겠다고 정한 건 아니야. 나는 여전히 베를린에 거주 등록이 되어 있고, 프라이부르크는 개인 사업과 일 때문에 가는 곳이지. 내 삶의 절반

은 베를린에, 나머지 절반은 프라이부르크에 있다고 생각해. 물론 다른 곳들도 자주 방문하고 있어. 내게 집은 물리적인 장소가 아닌 문화적이고 언어적인 공간이거든. 음악이나 음식의 맛, 거리의 한구석도 집이 될 수 있다고 생각해. 방콕의 펍에서 맥주를 마시며 집에 있는 느낌을 받을 수도 있지.
한 가지 덧붙이자면 내게 집은 우리 할머니와도 관련이 있어. 나는 할머니 밑에서 자랐어. 부모님이 근처에 살긴 했지만 내내 일하시느라 바빴거든. 그래서 학교가 끝나면 항상 할머니가 가꾼 꽃밭에서 놀곤 했지. 그렇게 할머니 집에서 봤던 꽃들 또한 내겐 집이야. 부에노스아이레스에 가든, 카트만두에 가든, 처음으로 사는 건 항상 꽃과 식물이었어. 그 둘이 있어야 집 같다는 느낌이 들었어.

독일의 각 도시는 무엇이 달랐어?

M 나는 프라이부르크에서 3시간 정도 떨어진 작은 마을에서 태어났어. 와인 생산지로 유명하고 숲과 호수가 있는 아름다운 곳으로 친구들과 자전거 타고 마을을 탐험했지. 어릴 때는 축구, 테니스, 발리볼을 좋아했고 자연과 함께하는 삶이 일상이었어. 하지만 작은 마을에서는 꿈을 펼치기 어려워서 큰 도시를 꿈꾸며 열여덟 살에 베를린으로 떠났어.

대비가 정말 컸겠다.

M 고향은 자전거나 차 없으면 이동하기 어려운 작은 마을이었어. 거기선 맥주를 집에서 마셔. 나도 항상 집에 맥주 상자를 예닐곱 개씩 쌓아두고 친구들이 오면 같이 마셨어. 반면 베를린에선 언제든 차가운 맥주를 구할 수 있고 친구랑 아무 공원에 앉아 맥주를 마실 수 있지. 당시 베를린은 파티 문화가 활발했던 터라 나는 매일 사람들을 만나며 도시의 다양한 문화를 경험했어. 어린 나이에 도시를 경험하기엔 딱 좋은 곳이었던 것 같아. 이후 고향에는 크리스마스나 생일에만 방문하게 됐어.

그렇게 내내 독일에서 살아온 사람으로서 처음 동남아시아를 방문했을 땐 어땠어?

M 압도당했어. 사회의 구성 방식부터 운전, 환율, 언어 등 모든 것이 달랐지. 그걸 이해해야 삶이 편해졌어. 나 자신을 되돌아보는 시간을 가지며 이 낯선 국가에서 나는 어떤 사람인지, 무엇을 하고 있는지를 끊임없이 질문했어. 사실 그게 내 공부의 근본적인 질문이었어. 학사 때는 아시아학을 공부하면서 독일과 다른 나라의 역사와 정치, 시스템, 행동, 신념의 차이를 비교했지. 20대 초반이던 2012년과 2013년, 방콕에 처음 와서 친구들을 만나고 근처의 나라나 도시로 여행하면서 많은 경험을 했어. 그리고 시간이 흘러 당시에 갔던 공간들을 다시 방문하면 또 다른 느낌을 받기도 해.

국제 정치학 공부를 하고 나서 다시 방콕을 찾았을 땐 느낌이 또 달랐을 것 같아. 이전에는 몰랐던 사회, 정치, 경제적인 측면에서 도시를 바라볼 수 있잖아. 피상적인 도시가 입체적으로 보이지 않았어?

M 내가 머무는 도시와 국가에 대한 이해가 확실히 넓어졌어. 학사 논문과 여러 소논문을 쓰면서 태국의 레드 셔츠 운동(태국에서 탁신 친나왓 전 총리 지지자들이 민주주의와 정치 개혁을 요구하며 벌인 대규모 항의 운동)을 다뤘거든. 그 당시엔 태국 정치에 대해 배우고 태국인들과 정치 이야기를 나눌 생각에 기대가 컸어. 그런데 막상 방콕에 가보니 사람들이 정치 이야기를 거의 하지 않더라. 특히 젊은 세대는 정치적 대화를 피하는 경향이 있었고 사회적 분위기도 그렇지 않았어. 게다가 법적인 문제도 있었고. 그 후 태국에서 군사 쿠데타가 일어나면서 정치 이야기를 하는 게 더 어려워졌어.

확실히 직접 경험하는 사회는 또 다를 수밖에 없지. 그렇게 새로운 나라를 새로 방문하면서 그곳을 이해하는 좋은 전략이 있을까?

M 나라와 문화마다 다르겠지만 중요한 건 열린 마음으로 사람들을 만나고

그들의 이야기를 듣는 거야. 책을 읽고 결론을 내리기 전에 대화를 나누는 게 중요하다고 생각해. 특히 그 나라의 언어를 이해하는 게 핵심이야. 언어를 조금이라도 할 수 있으면 모든 게 달라 보일 거야. 그 후에는 그 나라의 문학, 역사, 정치 관련 책을 읽으며 더 깊이 이해하려고 노력하는 과정이 필요해.

내가 아는 미샤는 이렇게 진지한 사람이 아닌데 너무 멋진 대답만 들려주네.(웃음) 사랑을 하는 것도 좋은 방법이 아닐까? 물론 그게 목적이 되어선 안 되겠지만.

M 사실 다른 문화를 이해하는 가장 빠른 방법은 그 나라 사람과 연애하는 거라고 생각해. 그리고 당연히 한곳에 혼자 오래 머물면 인간으로서 외로움을 느낄 수밖에 없잖아. 나는 오래전부터 태국인 여자 친구와 연애하고 있는데, 그녀를 만나면서 태국에 대해 훨씬 잘 이해하게 되었어.

동감해. 누군가를 사랑한다는 건 그 사람의 우주를 받아들이는 일이잖아. 당연히 많은 것들을 배울 수밖에 없지.

M 다른 나라 사람과 연애하면 많은 차이점을 깨닫게 돼. 같은 나라 사람과의 연애에서는 당연했던 것들이 걸림돌이 되기도 하고. 예를 들어 법적 문제나 돈, 결혼, 자녀 계획 등이 복잡해질 수 있어. 아무리 네가 상대방을 연인으로서 이해한다고 해도 그런 차이점들이 구조적인 장애물로 등장해. 물론 같은 나라 사람과도 다른 배경이나 취미로 갈등이 생길 수 있지만. 중요한 건 그런 차이점들을 어떻게 함께 극복하느냐겠지.

가치관에 관해 덧붙이면, 미샤는 어떤 가치관을 가지고 살아가고 중점을 뒤?

M 내게 가장 중요한 가치는 항상 열린 상태로 세상을 편견 없이 바라보는 거야. 어렵지만 계속 노력하려고 해. 뇌는 이미 알고 있는 정보로 세상을 이해하려 하니까, 편견을 버리기가 쉽지 않아. 또 계속 배우고 경험하는 것도

중요해. 대화 중 모르는 부분이 있으면 바로 구글로 찾아서 알아내려고 하지. 마지막은 팀워크와 혁신. 팀워크를 통해 서로의 장단점을 객관적으로 보고 협력하면서 성장할 수 있어. 그게 혁신의 원동력이 돼. 한 가지 더 덧붙이자면, 인생은 어느 순간 갑자기 끝날 수도 있다는 사실을 명심하는 거야.

우문에 현답이네. 그런 가치관들을 바탕으로 세운 삶의 계획들이 있을까?

M 우선 더 건강해지고 싶어. 건강은 삶에서 가장 중요한 요소라고 생각해. 나는 등도 안 좋고 면역 시스템이 제대로 작동하지 않아서 당분간 몸에 집중하려고 해. 경력도 중요하지만 건강이나 가족, 여행보다 우선되어선 안 된다고 봐. 또한 지금의 연애를 5년, 10년, 20년 동안 지속하는 게 목표야. 마지막으로, 독일 밖에서 더 오랫동안 살아보고 싶어. 태국에서 몇 년 살아보는 것도 꿈이야.

그 목표들을 종종 상상해. 예를 들어 멋진 셔츠를 입고 태국의 거리에 앉아 맥주를 마시거나, 모터사이클을 타고 방콕의 28층 콘도에 돌아가 여자 친구와 요리하는 모습을 상상하지. 3년 뒤에는 그걸 현실에서 보고 싶어.

독일과 아르헨티나 그리고 태국에서 사회학 석사 과정을 마친 미샤는 프라이부르크로 돌아왔다. 그는 특유의 낙관으로 3년 뒤 자신의 삶을 계획하며 일상을 개척하고 있었다. 미샤는 종종 생강 맛 리큐어를 판매한다. 도시의 파머스마켓에 자신이 만든 상품을 납품하며 다시 길을 떠날 순간을 고대한다. 나는 독일 맥주를 집어 들 때면 미샤의 말린 생강이 떠오르곤 했다. 물론 그의 웃음소리가 그 위에 얹히는 건 덤이다. 그 웃음을 떠올리며 미샤의 또 다른 도전을 응원했다. 3년 뒤에는 방콕에서 볼 수 있겠지, 기대하며.

Unsheen

\# 20대 후반
\# 지로, 인도
\# 인스타그램 @unsheenleegang

언신
지로의 작은 학자

처음 언신을 만난 곳은 인도 대학원의 한 강의실이었다. 평소 존경해 마지않던 교수님의 수업 시간, 내 옆에 앉은 그녀는 자주 도움을 줬다. 배움에는 끝이 없기 때문일까. 언신과 이야기할 때면 항상 무언가를 배우는 것만 같았다. 우리는 인도에서 델리와 리시케시 그리고 푸시카르로 종종 함께 떠났는데, 발걸음마다 언신의 천진한 웃음이 묻어나곤 했다. 그 진득한 웃음을 잠시 내려놓고 언신의 공부와 삶에 관해 물었다.

#토착 종교 연구 #종교와 삶 #심리학, 경제학, 사회학 #진로 고민

마지막에 연락했을 땐 연구 석사(MPhil) 학위를 이수한다고 했던 것 같은데.

U 응, 뭄바이에서 연구 석사를 시작했어. 그런데 코로나19 사태 때문에 모든 수업이 온라인으로 진행되었고, 난 작년에야 공부를 마쳤어.

연구 석사로 뭘 공부했어?

U 인도 북동부에 위치한 아루나찰프라데시 지역의 토착 종교인 랑프라이즘(Rangfraism)을 연구했어. 1980~90년대에 지역에서 종교 부흥 운동이 있었

는데 그 중심에는 도니 폴로(Donyi Polo)라는 자연 숭배에 기반을 둔 종교가 있었어. 랑프라이즘은 도니폴로이즘의 한 맥락으로 지역과 언어에 따라 다르게 불리기도 해. 이 종교는 반군의 활동이 잦았던 TLC 지역, 즉 티랍·롱딩·창랑 지역에서 크게 발흥했는데 나는 종교 부흥 운동이 강제적 개종에 반대해 어떻게 발전했는지에 관한 논문을 썼어.

정말 복잡한데. 역사적인 맥락 없이는 이해하기 어렵겠어.

U 기본적으로 탕사족(Thangsa)에 관해 알아야 해. 탕사족은 아루나찰프라데시와 아삼에 사는 나가족의 일부야. 나갈랜드의 나가인들은 기독교 이데올로기로 무장하고는 주변 부족들에게 기독교 개종을 강요했어. 이로 인해 폭력적 강제 개종 사태가 발생했고 전통적 종교 부흥 운동으로 반기독교 운동이 일어났지.

또 다른 흥미로운 지점은 여기에 힌두교가 개입한다는 사실이야. 알다시피 인도는 힌두교가 대부분인 나라로, 중앙 정부는 기독교를 서구의 억압적인 종교로 보고 힌두 민족주의를 강조해 왔어. 이를 위해 힌두 선교사를 북동부에 보내서 그 지역의 기독교 세력을 약화시키려 했지. 도니 폴로이즘은 이런 힌두교 영향을 받아 많은 종교적 제식이 유사한데 나는 그 발전 과정과 이유를 연구했어.

자세히 설명해 줘서 고마워. 한 편의 강의를 듣는 것 같았어. 왜 이 주제를 연구하게 된 거야?

U 델리의 자와할랄 네루대학교에서 석사 공부를 하면서 모디 정권과 인도인민당(BJP)의 힌두 민족주의를 접했고 이들이 사회를 어떻게 변화시키는지 목격했어. 그런 후 고향에 돌아가 보니 그 변화들이 종교를 중심으로 일어나고 있더라고. 그래서 내 지역 종교에 대해 연구해 보고 싶었어.

언신의 종교는 뭐야?

U 어릴 땐 도니 폴로이즘을 믿었지만 지금은 기독교로 개종했어. 어릴 때도 신앙심이 깊었던 건 아냐. 단지 도니 폴로이즘이 항상 주변에 존재했기에 그걸 관습적으로 믿었을 뿐이야.

아루나찰프라데시 사람들은 얼마나 도니 폴로이즘을 믿어?

U 2011년 통계에 따르면 26퍼센트가 도니 폴로이즘을 믿는대. 30퍼센트의 기독교와 29퍼센트의 힌두교를 바짝 쫓고 있어. 그리고 힌두교를 믿는 사람들은 대개 다른 지역에서 이주해 온 사람들이야. 원래부터 이 지역에 사는 사람들은 대부분 기독교나 도니 폴로이즘 신자들이지.

인도에서 종교는 삶의 중요한 요소 중 하나잖아. 그저 일상적인 제식뿐만이 아니라, 어떤 종교를 믿고 그 종교에서 어떤 카스트에 속하느냐에 따라 사회적 혹은 정치적 위치가 결정될 정도로. 종교가 실제로 일상에서 어떤 역할을 해?

U 인도에서 종교는 일상에 많은 영향을 끼쳐. 예를 들어 내가 언젠가 결혼하게 되면 결혼식을 기독교식으로 진행할 생각이지만 동시에 전통적인 도니 폴로이즘의 제식도 섞이겠지. 우리 가족에게 종교는 결혼식이나 장례식의 제식 전통과 같으니까. 하지만 힌두교, 이슬람교와 부족 종교는 차이가 있어. 현대 종교인 힌두교나 이슬람교는 경전에 맞춰 생활하고 믿음을 지속하지만 부족 종교는 제식의 일부로만 작용해. 다만 최근 부족 종교도 제도화되고 있고 경전을 만들고 있어. 부족 종교의 현대 종교화가 이루어지는 거지.

흥미로운데. 아루나찰프라데시의 지리적 위치도 그 변화의 이유가 될까?

U 아루나찰프라데시는 티베트, 중국, 부탄, 미얀마와 접해 있고 나갈랜드, 아삼 등과도 인접해 있어. 그런데 주 경계선이 인종이나 민족이 아니라 행정

적 편의로 나누어져 문제가 많아. 아루나찰프라데시는 중국과 인도의 영유권 분쟁 지역이고, 나갈랜드 사람의 90퍼센트가 기독교인으로 분리 독립을 요구해 왔어. 최근에는 나갈랜드의 명칭을 '나갈림'으로 바꾸고 주변 나가족 지역을 나갈랜드로 귀속시키자는 요구가 있기도 해. 이 가운데 종교 부흥 운동이 일어나고, 탕사족은 도니 폴로이즘으로 돌아가기로 했어. 도니 폴로이즘의 부흥 운동을 시작한 선지자를 인터뷰한 적이 있는데 오래전 나가족들이 와서 사원들을 부수고 종교적 제식들을 금지했었다고 이야기하더라고.

언신이 아루나찰프라데시 남부의 지로 출신인 걸로 알고 있는데, 지금은 어디에 머물고 있어?

U 아루나찰프라데시주의 주도인 이타나가르에 사촌과 함께 머물고 있어. 지로는 아주 지루한 곳이거든. 나는 11학년(한국의 고등학교 1학년) 때까지 지로에 있다가 델리로 유학을 갔어. 그렇게 1년을 델리에서 공부하고 방학 때 지로로 돌아왔는데 다시 델리로 돌아가기가 싫더라. 그래서 아빠한테 지로에서 공부하고 싶다고 했지.

왜 델리로 돌아가기 싫었어?

U 델리의 학습 환경에 적응하기 힘들었어. 고향에선 자연을 통해 많은 걸 배웠지만 델리에선 가만히 앉아 모든 걸 암기해야 했어. 나는 공부를 잘하는 편이었지만 델리의 교육 방식은 너무 낯설었고 기숙사 생활도 최악이었어. 선생님들은 시험에 나올 것만 가르쳤고. 아빠도 내가 행복하지 않다는 걸 알게 되었지.

아이들을 델리로 '유학' 보내는 게 보편적인 일이야?

U 응, 우리 오빠와 남동생도 델리로 갔어. 그런데 보통은 11학년이나 12학년 때 대학 도시로 유학을 보내. 도시에 미리 가서 차근차근 대학에 갈 준비

를 하는 거지. 델리에선 수업이 오후 3시까지였어. 그리고 4시부터 6시까지 대학 진학을 위한 코칭 수업이 있는데, 의학이나 공학 등 어떤 과로 진학하든 그와 관련해서 가르쳐주는 거야.

다수의 경우 그 '유학'을 보낼 경제적 여유가 있는 집안 아이들만 가능하겠네?
U 그렇지, 아무래도 그렇게 유학을 보내는 비용은 정말 비싸니까.

교육을 통한 사회 변화가 일어나기엔 그리 좋은 구조가 아닐 것 같아. 돈이 있어야만 자녀들에게 제대로 된 교육을 제공해 줄 수 있는 거잖아.
U 그런 셈이지. 그걸 감당할 수 없는 사람들은 아마 그 경쟁에 뛰어들 정신적 여력도 없을 거야. 가난한 계층이 감당하기에는 경제적으로나 정신적으로 과도한 경쟁이니까.

이후 대학은 방갈로르로, 대학원은 델리로 갔잖아. 그리고 대학원에선 사회학을 전공했고. 그 여정을 택한 이유가 있을까?
U 12학년 성적이 나온 후 델리대학교에 지원했지만 마냥 입학시험 결과를 기다리는 건 싫었어. 그사이 다른 좋은 대학교에 지원할 기회를 놓칠 수 있잖아. 그래서 방갈로르대학교에 지원해 합격했고 심리학, 경제학, 사회학을 전공했어. 그중 심리학과 경제학은 내게 너무 어려워서 졸업 후 자와할랄 네루대학교 사회학 석사 과정에 진학했던 거야.

네루대학교에서 공부는 어땠고, 어쩌다가 뭄바이에서 석사까지 하게 되었어?
U 처음 대학교에 갔을 때 내가 제일 멍청한 것 같았어. 아직도 기억나는 게, 어느 날 친구가 나한테 뭔가를 물어봤는데 도무지 대답할 수가 없더라고. 스스로가 어찌나 한심하던지. 그 후로는 정말로 열심히 공부했어. 그리고 지금

은 학계에 있을 생각까지도 하고 있어.

다양한 도시에서 공부하면서 동시에 많은 경험을 했을 텐데, 각 도시들은 어땠어?

U 각기 달랐어. 델리는 인종차별이 심한 곳인데 나는 북동부 출신이라 더 그랬지. 최근엔 그 차별이 더 심해진 것 같아. 네루대학교에서 공부할 땐 이 정도는 아니었어. 뭄바이에서의 연구 석사는 코로나19 때문에 온라인으로 진행되었는데 뭄바이 사람들은 델리보다 훨씬 친절했어. 방갈로르는 그 중간 쯤? 방갈로르에서 힌디어로 이야기하는데, 어떤 나이 든 사람이 내게로 와서 방갈로르의 현지어를 쓰라며 소리를 질렀던 적도 있어. 음식은 남인도 음식이 최고였고. 하지만, 결국 어느 도시에 있든 나는 집에 오고 싶었어.

이야기 들려줘서 고마워. 올해는 어떤 계획이 있어?

U 일단은 박사 학위 제안서를 준비하고 있고, 동시에 공무원 시험 준비도 하고 있어. 공무원이 되어 부모님으로부터 자립하고 싶어. 부모님이 항상 내 삶에 있어서 이걸 해라, 저걸 해라 하는 게 싫었어. 부모님은 줄곧 자신들이 원하는 것들을 내 삶에 투영해 왔거든. 그래서 후회하기 전에 한번 도전해 보고 싶어. 박사 학위 제안서를 내면서 적어도 2년 동안은 시험에 도전해 보려고 해.

처음 언신을 봤을 때 가장 놀랐던 건 인도인인 그녀의 외양이 나와 정말 닮았다는 점이었다. 북동부 출신인 언신은 사실 나와 내적으로도 크게 다름이 없는지도 모른다. 먼 인도에서도 한국에서도 우리는 비슷한 고민을 하며 살아가고 있기 때문이다. 언신 또한 삶의 한순간에서 다양한 진로를 고민하며 자신이 걸어갈 길을 탐색하고 있었다. 연구 석사 과정을 마친 후 앞으로 나아갈 길이 궁금했다. 그녀라면 어디에서든 잘할 것이다.

PART 3

변화,
그 길목에
서서

Dira

#30대 후반
#자카르타, 인도네시아
#인스타그램 @indirapramundita

디라
건축과 춤 사이의 몸짓

춤은 내게 하나의 언어야, 춤을 통해서 내 생각을 드러내지. 디라는 자신의 춤 연습장에 나를 데려가며 이렇게 말했다. 건축을 업으로 삼고도 쉬지 않고 춤을 추는 이유가 궁금하던 찰나였다. 디라의 춤을 보고 있노라면 마치 부사와 형용사가 반듯하게 쓰인 하나의 문장을 보는 것만 같았다. 감정은 드러날 듯 말 듯 나타났고, 그 자유로운 움직임은 또한 반듯하게 앞으로 나아갔다. 춤을 언어로 삼은 디라를 자카르타에서 만났다.

#건축가이자 컨설턴트 #건축 디자인 #일에 대한 열정 #춤의 언어

디라가 지금 하는 일에 관해 이야기해 줄래? 작년에는 건축 디자인 스튜디오에서 일했다고 들었는데.

D 맞아, 건축 회사에서 일했어. 회사의 첫 건축가로서 9년 동안 일했지. 그러다 작년에 회사가 조직을 재구성할 때 그곳을 떠나기로 결심했고, 이후 친구들과 함께 일을 시작했어. 그 당시에 나는 이미 프리랜서로 진행 중인 프로젝트들이 있었거든. 그중 하나를 바탕으로 건축 회사를 창업한 거야. 지금은 그 회사에서 일하고 있어.

지금은 건축 회사를 운영하는 거야?

D 응, 주로 건축 디자인과 저층 주택 프로젝트를 맡고 있어. 알다시피 분야가 매우 다양해서 인하우스 건축가는 주택 설계를, 상업 분야 건축가는 쇼핑몰이나 매장 설계를 해. 나는 건축가이자 건축 컨설턴트로서 고객의 요구에 맞춰 집을 디자인하고, 그 과정에서 상황을 반영해 문제를 해결하는 일을 하고 있어. 건축에서 중요한 건 제반 상황과 환경 그리고 의뢰자의 요구 사항을 적절하게 반영하는 거야. 홍수가 나는 지역이라든지, 벌레 출몰이 잦은 지역이라든지, 먼지가 많거나 소음 공해가 심한 지역이라든지. 그런 상황들을 고려해서 문제점을 건축 단계에서부터 해결해야 해.

건축은 하나의 건물을 짓는 데서 끝나는 게 아니라, 동시에 예상할 수 있는 문제점들을 해결하는 과정이구나.

D 디자인 단계에선 집의 방향, 침실 배치, 방 개수 등을 고려해야 해. 예를 들어 서향집은 다른 집보다 더워질 수 있다는 등 그런 부분을 미리 파악해서 해결해야 하지. 병원이나 쇼핑몰과 달리 집은 개별적인 요소가 중요한 곳이라 각 사람의 특성에 맞춰 다르게 제작되어야 하거든. 집주인의 직업, 취미, 습관 등을 고려해 레이아웃과 평면도를 디자인하는 거야. 외향성과 내향성 같은 성격마저도 집의 디자인에 반영된다고 생각하면 돼.

여태까지 몇 개의 집 건축에 관여해 왔어?

D 아마 200채 이상의 건축 디자인을 했을 거야.

그 모든 작업이 만족스러워?

D 그건 아니야. 사진가들도 같지 않을까? 그들이 직접 찍은 모든 사진을 애정하진 않는 것처럼. 게다가 나는 타인의 기호와 취향을 디자인하고 있잖아.

디자인은 나 자신의 내면을 바라보기 위한 게 아니라 고객의 요구를 구체화하는 과정이야. 물론 내 미적 감각이 반영되기도 하지만 결국 디자인은 고객을 위한 상품이지. 때때로 내가 제시한 기획이 마음에 들지 않거나 내 취향과 고객의 요구가 불일치할 때도 있지만 그럼에도 언제나 고객의 요구를 충족시켜야 해. 집은 건축가가 짓지만 그 집을 소유하고 살아가는 사람은 고객이니까. 우리는 그저 그들이 삶아갈 삶을 디자인이라는 이름으로 빚어줄 뿐이야. 어릴 때를 생각해 봐. 어린 시절의 기억 속엔 그때 살았던 집이 있고 그 속에서 성장하는 어린 내가 있지. 이처럼 디자인은 다른 사람들의 삶과 행동을 건축해 나가는 과정이야. 우리가 디자인함으로써 사람들이 그 공간에서 살아가고, 우리의 디자인을 내면화하는 거지.

이 말이 떠올랐어. '인간은 라이프 스타일을 구축해 내지만, 결국 우리의 삶을 빚어내는 건 우리가 만들어낸 라이프 스타일이다.' 예를 들면 우리는 편의를 위해 차를 만들어냈지만 우리의 삶은 그 차를 통해 완벽하게 달라졌지. 한국을 점령하다시피 한 아파트 또한 현재 한국인들이 살아가는 모습을 만들어낸 가장 큰 요소가 되었잖아.

D 그렇게 우리가 디자인한 것들이 결국 한 사람의 인생에 대한 기억을 바꿔내고 사는 방식마저 변화시키는 거야. 아이의 방을 1층에 배치한다고 해보자. 그리고 방의 창문은 정원을 향해 놓는 거야. 그럼 그 아이의 유년은 아침에 일어나 매일 마주하는 녹색 정원으로 가득하겠지. 우리는 디자인을 통해 아이의 유년에 그런 기억을 심어줄 수 있어. 그게 디자인의 아름다움이고 내가 디자인을 사랑하는 이유야.

디자인에 열정적인 모습을 보니까 또 낯설다. 정말 멋있어.

D 건축 디자인은 어릴 때부터 내 꿈이었어. 초등학생 때부터 집 평면도를 그려서 친구들에게 보여주었고 고등학생 때는 친구들의 집을 그려주곤 했지.

처음 입사한 건축 회사에서도 내가 주택 디자인을 꽤 잘했다고 판단했나 봐. 회사는 아예 주택 디자인 부서를 내게 맡겼어. 9년 동안 그 업무를 했는데, 바쁠 때는 한 달에 집을 열한 채씩 디자인하기도 했어.

디라 자신을 위한 집은 언제 지을 거야?

D 사실, 내 집을 디자인하고 짓는 것에 대해선 한 번도 깊게 생각해 본 적이 없어. '어떤 집을 짓느냐'보다 오히려 '어떤 곳에서 사느냐'에 관해 더 많이 고민했지. 예를 들면 호숫가에 집을 지으면 어떨까, 혹은 숲 한복판이나 정글 속에, 산꼭대기에, 바닷가에 집을 짓고 싶다 등등. 이런 식으로 건물 자체보단 항상 주위 환경에 관해 생각했던 것 같아.

지금은 아주 높은 아파트에서 모든 도시를 굽어보는 집을 가지고 싶어. 늘 여행하면서 살고 싶은데 그 여행이 끝나고 집에 돌아오면 나를 둘러싸고 있는 풍경들을 가만히 응시하고 싶거든. 나는 도시보단 자연을 더 좋아해. 항상 자연 근처를 떠돌며 살다가 가끔 도시의 '내 집'으로 돌아와도, 높은 층에서 사람들과 멀어지고 싶은 걸지도 몰라. 그런 곳이라면 사회 속에 있더라도 평화를 찾을 수 있지 않을까?

다시 유년 시절로 돌아와서, 건축에는 어떻게 관심을 갖게 되었어?

D 말했다시피 건축은 초등학생 때부터 내 관심의 대상이었어. 건축에 관심을 가지게 된 건 책의 영향 같아. 다섯 살 때부터 소설이나 만화책 등을 섭렵했고 손에 잡히는 읽을거리는 다 읽었어. 읽을 책이 없을 땐 엄마의 잡지를 가져다가 봤는데 잡지 속의 건축이라는 주제가 정말 재미있는 거야. 특히나 건축 상담을 하는 파트가 인상적이었어. 독자가 집에 대해 상담하면 해결책을 제시해 주는 코너였는데 그걸 읽으면서 건축에 대한 관심이 커졌어.

건축만큼이나 춤도 디라와 뗄 수 없는 주제일 텐데, 춤에 관해 이야기해 줘.

D 춤은 내게 사랑 그 자체야. 내가 나로서 존재할 수 있는 행위이자 엄청난 에너지를 쏟을 수 있는 대상이기도 해. 나는 춤을 통해서만 감정을 온전히 표현할 수 있어. 어릴 땐 고향에서 춤 시합이나 대회가 열릴 때면 항상 가서 구경했고 더 커서는 유튜브를 통해 다양한 춤을 접하면서 혼자서 춤 연습을 하곤 했지. 그러다 전문적으로 춤을 배우기 시작했는데 처음에는 부끄럼이 많아서 개인 수업으로 배우다가 나중에야 여러 명이 같이하는 공개 수업을 듣기 시작했어. 거기서 느꼈던 건 다들 처음이라는 시작 지점이 있다는 거야. 나처럼 부끄러움을 많이 타고 춤을 못 추는 사람들도 많았거든. 거기서 내 커뮤니티를 찾았어.

지금은 어떤 춤을 추고 있어?

D 지금은 새로운 회사를 일궈나가다 보니 아직 불확실한 미래 속에서 살고 있어. 그래서 춤에 집중하기 어렵지만 그럼에도 춤에 관해 이야기하자면 힙합이 가장 중요한 맥락 같아. 락킹(Locking)이나 하우스(House) 그리고 안무도 배웠지만 역시 힙합에 더 집중하고 싶어.

예전에 디라가 춤의 장르는 언어와 같다고 말해줬던 게 기억나.

D 춤을 배우는 건 또 다른 언어를 배우는 것과 같아. 춤은 문화의 일부야. 그래서 춤을 배우는 건 하나의 문화를 익히는 것과도 같지. 나는 춤이라는 언어를 통해 내 감정을 표현해. 그 언어의 수단이 힙합이라는 장르일 뿐인 거야. 언어를 배울 때도 사실 완벽이란 건 없잖아. 단지 읽고 쓸 수 있다고 해서 완벽한 문법을 구사한다거나 유려한 표현을 사용할 수 있는 건 아니니까. 춤을 배우는 것 또한 언어를 배울 때처럼 기본과 기초를 다지고 그 위에 기술과 경험을 얹는 것이라고 생각해. 하나의 언어를 통달하면 자유자재로 의사

를 표현할 수 있는 것처럼, 춤을 통해서도 감정을 자유롭게 드러낼 수 있어. 하나의 감정을 표현해 줄 다양한 수사법이 있듯이, 춤이라는 언어의 수사학을 익히는 거지. 그리고 그 언어를 통해 자신의 성격과 정체성을 표현할 수 있는 거야.

춤을 통해 정체성을 표현한다고?

D 내향성과 외향성에 관해 생각해 봐. 내향적인 사람들과 외향적인 사람들은 감정이나 생각을 표현하는 방법이 서로 다르잖아. 직접적으로 혹은 간접적으로 감정을 표현할 수도 있고. 예를 들면 어디에 가려고 할 때 '나 여기에 가고 싶어'라고 말하는 거랑, 그보다 더 완곡하게 '여길 너와 함께 가면 좋을 텐데'라고 말하는 것이 다르듯이. 춤도 어떻게 추느냐에 따라 정체성과 성격이 묻어난다고 생각해. 한편으로는 그래서 더욱 무엇이든 될 수 있어.

그동안 디라를 춤추는 사람으로만 이해하고 있었다. 건축과 디자인에 관해 열정적으로 이야기하는 모습은 낯설지만 매력적이었다. 집을 짓는다는 행위는 그 행위 자체로서 한 사람의 생활 방식마저 바꿀 수 있는 것이다. 디라는 그 행위를 통해 타인의 삶을 주조하고 동시에 더 나은 방향으로 끌어나가고 있었다. 건축에 관해서만 이야기해도 끝이 없을 것 같았지만 그녀가 건축만큼이나 사랑하는 춤에 관해서도 빼놓고 갈 순 없었다. 디라는 춤을 추기 위해 유창해질 필요는 없다고 했다. 유창함이란 건 오랫동안 춤을 추면서 갈고닦는 것이기 때문이다. 중요한 건 기본을 닦는 것, 그리고 그 가운데 자신의 색깔을 입혀나가는 것이다. 우리가 낯선 언어를 배우고 서서히 그 단어의 영역을 확장해 가듯이 몸짓과 손짓 그리고 발짓으로 유려함과 유창함, 견고함 따위를 훈련해 나가는 것이다. 건축과 춤 사이에서 활보하는 디라를 보았다. 그녀의 춤사위에 동행하고 싶었다.

Bassel

- #20대 중반
- #이스탄불, 터키
- #인스타그램 @basseldoueik

바셀
일상의 정치

바셀과의 첫 만남을 기억한다. 이스탄불 시슬리에서 여러 명과 둘러앉아 중동의 정치사를 톺아봤던 그곳에 바셀도 있었다. 처음부터 정치 현안에 대해 토론하러 나선 자리는 아니었다. 하지만 이집트와 레바논, 시리아와 튀르키예 사람들의 술자리에 정치 얘기가 빠질 수는 없는 일. 그저 가만히 그들의 이야기를 들었다. 주제는 튀르키예의 대선에서 시리아 난민 이슈로 바뀌었다. 삶의 모든 곳에 정치가 있었다. 그 자리 이후 1년이 지나, 바셀은 어느새 나와 함께 일하는 정치 연구원이 되었다.

#레바논 이민자의 삶 #중동의 정치 #일과 성장 #국회의장으로의 꿈

바셀은 어쩌다 이스탄불에서 살게 되었어?

B 2021년에 처음 이스탄불로 왔어. 원래 레바논에 있는 싱가포르 회사에 입사해 한 달 동안 일했는데, 레바논 경제 위기 때문에 다른 곳에서 일자리를 찾아야 했어. 그때 찾은 곳이 이스탄불이었지. 처음엔 한두 달만 있을 생각이었지만 벌써 2년 반이 지났네.

레바논 사람들은 자주 이스탄불에 오는 편이야?

B 거의 관광으로 올 거야. 일단 이스탄불과 베이루트는 정말 가까워. 비행 시간이 1시간 50분밖에 안 걸리지. 또 항공편이 저렴하고 이스탄불의 생활비가 레바논보다 저렴하단 점도 유인 요인이야. 레바논 사람들은 주로 걸프(gulf) 국가들, 그러니까 사우디아라비아나 두바이, 카타르, 쿠웨이트 같은 곳이나 유럽으로 일을 하러 가.

처음 바셀을 만났을 땐 정말 신기했어. 외국인 커뮤니티들에 가면 대개 유럽이나 미국 사람들이 그룹을 점유하는 비율이 높거든. 그런데 바셀의 이스탄불 그룹에는 중동 사람이 많더라. 덕분에 태어나서 처음으로 시리아 친구를 사귀고 이집트, 모로코, 파키스탄 친구들과 쉽게 어울릴 수 있었지.

B 당시 아랍 친구들은 이스탄불에서 일하려고 왔을 거야. 이스탄불은 세속적이고 생활이 편리한 곳이야. 같은 이슬람 국가라서 더 좋았을 거고. 하지만 레바논인들은 보통 이스탄불에 오지 않아. 레바논의 GDP와 실질 임금이 더 높아서 대기업에서 일하는 게 아니면 올 이유가 없어. 걸프 국가들은 임금도 높고 비슷한 아랍어를 쓰기 때문에 많은 레바논 사람들은 주로 그곳으로 가.

레바논과 중동 그리고 튀르키예는 어떻게 달라?

B 레바논은 아랍 국가와 구분되어야 해. 기독교 인구가 가장 많기도 하고, 처음에는 기독교 국가였다가 무슬림이 유입되며 성장한 곳이니까. 그래서 레바논은 두 종교의 문화와 이데올로기가 섞여 있고 다른 중동 국가들보다 개방적인 곳이야. 기독교의 개방성도 물론 있겠지만 두 이데올로기가 섞여서 더 개방적이게 된 것 같아. 무슬림 다수 국가에선 이슬람 규칙을 모두 따라야 하지만 레바논에는 열여덟 개의 종파가 있어 서로를 통제할 수 없어. 기독교 마론파도, 이슬람교도 마찬가지야. 헌법은 세속적이지만 종교적 규범도 존재하지. 그래서 처음 튀르키예에 왔을 때 꽤 충격을 받았어.

어떤 점에서 충격을 받았어?

B 튀르키예는 국민 대다수가 이슬람이지만 예상보다 더 세속적이었어. 헌법도 세속적이고, 다른 이슬람 국가와 달리 남자는 네 명의 아내와 결혼할 수 없고, 히잡을 안 쓰거나 술을 마시는 사람도 많았지. 기본적으로 레바논과 비슷한 사회 규범을 가진 나라 같았어. 걸프처럼 보수적인 곳에서 온 사람들은 충격받을 수도 있겠지.

레바논과 이스탄불의 삶은 각각 문화적으로 어떻게 달라?

B 말했다시피 레바논엔 열여덟 종파가 있어. 내가 자란 곳은 시아파가 다수라 보수적인 편이야. 반면, 베이루트는 클럽 문화로 유명할 만큼 진보적이지. 북쪽은 기독교인이 많아 개방적이고 끝자락은 수니파가 다수라 더 보수적이야.

정말 모든 종교가 섞여 있구나.

B 응. 내 고향은 해발 1,000미터에 자리 잡은 작은 마을로 기독교인과 이슬람인이 함께 살며 금요일엔 모스크, 일요일엔 교회에 가는 곳이었어. 하지만 이스탄불은 고향이나 베이루트보다 훨씬 다양한 문화를 품고 있지. 다양한 국적의 사람들과 그들의 문화를 접하면서 내 문화와 비교할 기회도 많아. 베이루트는 국제적 다양성이 적어서 외국인을 보기 힘들지만 이스탄불은 내게 세계가 얼마나 큰지, 그리고 이 세계에서 내가 얼마나 작은 존재인지를 깨닫게 해주었어.

레바논의 가족이나 친구들은 이스탄불에서 삶을 일구는 바셀에 관해 어떻게 생각해? 말했다시피 이스탄불은 관광지에 가까운 도시잖아.

B 보통 사람들과 다른 아웃라이어(outlier)로 여겨지는 것 같아. 나는 레바

논의 정치 체제에 비판적이었고, 그 때문에 곤란을 겪거나 협박을 받기도 했거든. 정치 거물들이 침묵을 요구해도 진실이라면 말해야 한다고 생각했어. 그렇게 항상 정치적 물결을 거슬러 왔지. 하지만 이스탄불에서 나는 전형적인 레바논 이민자일 뿐이야. 호주, 브라질 등 곳곳에 레바논 이민자들이 많고, 브라질에는 레바논 본국 인구보다 많은 레바논계 이민자들이 있어. 사실 레바논인의 삶은 페니키아 상인의 삶이고 이민자들의 삶이지. 그래서 내가 아웃라이어인 이유는 정치 체제에 반해서이지 이민자여선 아니라고 생각해.

레바논은 어떤 정치 체제를 가지고 있어?

B 레바논은 오스만 제국의 지배를 받다가 프랑스의 도움으로 독립했어. 하지만 프랑스는 가톨릭 마론파와 이슬람 수니파만 인정해서 과두정치를 만들어냈지. 이 두 종파가 권력을 독점하며 다른 종파를 배제했고 이로 인해 종파 간 갈등이 시작됐어. 가장 큰 문제는 지리적 위치에 있어. 이스라엘과 국경을 맞대고 있어서, 이스라엘-팔레스타인 분쟁의 여파가 컸지. 1970년대 초 남부 레바논은 팔레스타인 해방기구(PLO)가 장악했고 정부의 방관 속에 PLO는 이스라엘을 공격했어. 결국 1975년 레바논 내전이 시작되었을 때 이스라엘은 PLO를 제압한다는 명분으로 개입했지. 이에 반발해 시아파 유격대가 헤즈볼라를 설립하면서 내전은 15만 명의 사망자를 낳고 끝났어. 전쟁 후 가장 성장한 건 헤즈볼라였는데, 이란의 지원으로 군사적·정치적 영향력을 키우며 레바논을 장악했지.

현재 레바논은 민주주의 국가처럼 보이지만 사실상 딥스테이트(Deep State, 국가의 정치적 리더십과 독립적으로 운영되어 자체 의제와 목표를 추구하는 잠재적으로 비밀스럽고 승인되지 않은 권력 네트워크로 구성된 일종의 정부)가 존재해. 이란과 그 프락시 조직들이 실질적으로 권력을 쥐고 있는 레바논은 헤즈볼라 민병대와 마피아 두 세력이 권력을 나눠 갖고 있어. 민병대는 마

피아의 국가 약탈을 돕고 마피아는 민병대에 보안을 제공하며 서로 공생하고 있지. 이게 아름다운 레바논의 오늘날 현실이야.

자세히 이야기해 줘서 고마워. 한국의 젊은 층들은 정치 이야기를 잘 안 하는 편인 반면, 이스탄불에선 친구들이랑 항상 중동 정치에 대해 이야기했어. 이렇게 정치 이야기를 하고 자신의 의견을 표명하는 게 일반적이야?

B 레바논에선 지극히 일반적이야. 남자 친구들이 같이 나가서 맥주를 마신다고 하면 반드시 정치 이야기를 해. 나는 오히려 정치 이야기를 하지 않는 게 이상한데. 정치와 종교는 삶의 두 기둥이잖아.

둘 다 한국에 없는 거네.

B 둘 다 없다고? 하하.

자본주의와 사랑만 있어.

B 그럼 긍정적인 거 아냐?

꼭 그런 건 아니야. 한 프랑스인 친구가 그러더라고. "한국은 모든 게 커플 위주고, 어딜 가도 커플밖에 없어. 혼자서나 동성 친구랑은 어딜 못 가겠어. 매체에서도 온통 사랑을 이야기해. 그런데 왜 출산율은 이렇게 낮은 거야?" 그래서 내가 이야기했지. 자본주의 때문이야.

B 한국은 정말 놀라워.(웃음) 중동에서는 보통 정치와 종교가 삶에서 가장 중요한 주제인 반면, 한국은 사랑과 자본주의에 집중하는 게 나는 나름 괜찮아 보이는데. 정치로 스트레스를 덜 받는다는 뜻이니까. 뉴스만 봐도 그 나라가 어떤 주제에 관심이 있는지 알 수 있잖아. 레바논 뉴스는 대부분 정치 이야기야. 총리, 대통령, 헤즈볼라 얘기가 주를 이루지. 그런데 한국 뉴스는 케이팝이 1면을 차지하더라. 어떻게 보면 이런 게 행복 같아. 나라에 정치적으로 큰 문제가 없다는 의미일 테니까.

바셀의 이야기를 조금 더 듣고 싶어. 지금 어떤 일을 해?

B 네게 소개받은 국제기구인 '무장 분쟁 위치 및 이벤트 데이터(Armed Conflict Location and Event Data, ACLED)'에 2024년 1월에 합류한 이후로 계속 그곳에서 일하고 있어.

일에서의 다음 목표는 뭐야?

B 한 계단 한 계단을 밟아가며 성장하고 싶어. 정신적으로, 육체적으로, 그리고 감정적으로 성장해 나가고 싶어. 성공은 디딤돌을 밟아가는 과정이라고 봐. 한 번에 정상으로 올라갈 수는 없어. 오히려 빠른 성공은 자아를 비대하게 만들지만, 느린 성공은 그 사람의 정체성을 빚어낸다고 생각해. 그렇게 만들어진 정체성이 의미 없는 자아보다 훨씬 중요한 것 같아.

레바논이 국제 정치 분쟁에 있어서 얼마나 중요한 역할을 할 것 같아?

B 레바논은 이스라엘-팔레스타인(하마스) 분쟁 때문에 현재 중요한 분쟁 지역 중 하나야. 레바논은 지리적으로 이스라엘과 가깝고, 항상 이스라엘과 미사일을 주고받는 헤즈볼라라는 정당이자 군사 집단이 있지. 그래서 레바논 남부는 항상 분쟁 중이야. 이스라엘이 경제적 발전을 이룩하기 전에 레바논은 중동에서 유럽으로 향하는 입구이기도 했어. 유럽에서 중동으로 향하는 모든 상품은 레바논을 통했지. 지금은 이스라엘이 그 역할을 차지했지만.

경력의 측면에선 어떤 삶을 살고 싶어?

B 궁극적으로는 위기관리와 분석, 정치 분석을 하는 회사를 차리고 싶어. 나는 이 분야가 정말 재미있거든. 동시에 정치적인 욕망도 있어. 사실 레바논에서 정치나 종교적으로 대통령은 가톨릭 마론파만 될 수 있고, 총리는 수니파 무슬림, 그리고 국회의장은 시아파 무슬림만 될 수 있어. 남부에서 태어난

나는 서류상으론 시아파 무슬림인 만큼 언젠가는 국회의장이 되는 게 꿈이야. 정치인으로서 내가 많은 걸 할 수 있다고 생각해.

국회의장이 되면 레바논에서 뭘 바꾸고 싶어? 아니면 현재에 만족해?

B 현재 상황에 전혀 만족하지 않아. 많은 레바논 청년들도 마찬가지일 거야. 만약 국회의장이 된다면 정교분리를 최우선 과제로 삼을 것 같아. 레바논을 군대, 국기, 국가 아래 하나로 통합하고 싶어. 시아파든 수니파든, 가톨릭이든 정교회든 모두 함께할 수 있다는 걸 보여주고 싶어. 이 통합이 레바논을 발전시키고 세속주의로 이끌 거라 믿어. 세속주의는 이미 헌법에 명시되어 있지만 제대로 지켜지지 않고 있어. 세속주의가 자리 잡으면 경제적으로나 사회적으로 레바논에 큰 도움이 될 거야. 사람들이 하나의 민법 아래 모일 수 있겠지. 이것이 내 삶의 궁극적인 꿈이야.

우스갯소리로 우리는 한국의 문제들을 제1세계 문제들이라 칭했다. 한국에서는 끊임없이 시위가 일어났다. 노동, 여성, 환경, LGBTQ, 장애인 등과 관련된 시위들. 사실 그 어떤 사회 문제들도 무시되어선 안 되었다. 시위대의 목소리는 전달되지 못했고, 그들과 그들의 가족은 셀 수 없는 시간을 고통 속에서 보내며 목소리를 내고 있었다. 하지만 내전과 종교분쟁, 기아와 학살 앞에서 우리의 문제들은 제일 위급한 문제는 아닐지도 몰랐다. 각자의 고통은 비교되어선 안 되지만, 나는 후자의 고통에 좌절하는 친구들을 보며 차마 입을 열 수 없었다. 내가 할 수 있는 것이라곤 그저 그들과 연대하는 것뿐이었다. 정치 냉소에 감사한 역설적인 순간이었다.

바셀의 이야기를 따라가다 보니 어느덧 1시간이 흘렀다. 그의 단단한 발걸음을 계속해서 지켜보고 싶었다. 20년 뒤 레바논의 한 기자가 이 인터뷰를 발견하기를, 그래서 국회의장인 그가 오래전 꿈꿨던 레바논에 대해 읽을 수 있기를 바란다고 농을 건넸다. 바셀은 큼지막한 웃음을 건네더니 그 미래가 기대된다고 말했다. 나 또한 그 미래가 기대되었다.

드루
삶의 균형을 유지하는 법

커다란 키의 드루가 밝은 미소를 띠고 내가 운영하는 코리빙 하우스에 처음 왔을 때, 조그만 집이 갑자기 환해지는 것만 같았다. 테니스와 핑퐁을 좋아하는 드루는 자주 큼지막한 손을 내밀었고, 나는 그 호의에 기대어 풍성한 1년을 보냈다. 드루는 누구보다도 시간 관리에 철저한 사람이었다. 규칙적인 운동, 종종 만나는 멋진 사람들, 사랑하는 여자 친구와의 관계 속에서 드루의 일상은 견고했고, 나는 그 일상 언저리에 앉아 그의 반듯한 삶을 항상 응원했다. 가끔 우리는 드루의 여자 친구 몰래 초콜릿을 먹으며 늦은 밤까지 이야기를 나눴다. 드루는 내게 훌륭한 조언자였고, 동시에 일상을 지탱케 해주는 존재였다. 1년을 함께 지냈던 드루가 집을 떠났다. 새로이 튼 둥지에서 그를 만났다.

#주식 투자자 #노마드 #중국 영어 교사 #한국살이 #프리랜서의 시간 관리
중국에서 한동안 살았다고 들었어. 중국에서의 경험을 들려줄 수 있어?

D 미국에서 공대를 졸업하고 엔지니어링 관리자로 일했지만 그 일이 정말 싫었어. 일하면서 여행을 제법 다녔다고는 해도 바쁜 업무 때문에 삶을 제대로 사는 것 같지 않았거든. 주변을 둘러보니, 경력에만 집중하다가 정작 자신의 삶을 놓치는 모습이 다들 비슷했어. 특히 내 고향인 인디애나 중서부에선 직장 밖의 성장이나 탐험을 생각할 겨를조차 없었지. 그런데 운 좋게도 직장 동료가 일본에서 영어를 가르치는 일에 대한 이야기를 자주 했어. 외국에서

새로운 삶을 경험한다는 게 정말 매력적으로 들리지 뭐야. 당시 나는 미국 중서부를 벗어난 적이 한 번도 없었거든. 그러다 일이 잘 풀리지 않게 되었을 때 퇴사를 결심하고 중국의 한 시골 마을로 떠났어.

갑자기 중국의 시골이라니, 정말 큰 변화인데.
D 내가 영어 교사로 일한 곳은 중국 선전 동쪽의 작은 어촌이었어. 신호등이 있는 교차로가 하나뿐인 조그만 마을. 그렇지만 산과 아름다운 해안으로 둘러싸여 있었고 마을 사람들도 친절했어. 모두가 나를 환영해 줘서 마치 다른 행성에 온 기분이었지. 그곳에서 1년 동안 영어를 가르친 후 지금의 노마드 생활을 시작한 거야. 어느새 아시아에서 생활한 지 7년이 되었네.

중국에서 사업을 했다고도 들었는데.
D 중국에서 영어 수요가 엄청나게 많다 보니 좋은 사업 아이디어가 떠올랐어. 중국으로 온 지 2년 차에 선전으로 이사해 온라인 마케팅과 채용 업무를 했고, 3년 차에는 중국인 사업 파트너와 함께 회사를 설립했어. 영어 교사 500명을 고용해 사립과 공립 학교에서 영어를 가르치게 했지. 사업은 잘됐지만 곧 코로나19 팬데믹이 터져서 모든 걸 포기하고 도피하듯 미국으로 떠날 수밖에 없었어.

중국에 있는 동안 세웠던 삶의 목표 같은 게 있을까?
D 나는 중국에서 3년간 사업을 하며 중국어를 배웠고 연인과 집도 있었어. 팬데믹 전까지는 그곳에서 계속 성장할 수 있을 거라고 생각했지. 하지만 2019년 말 코로나바이러스가 유행하기 시작하고 2020년 1월에 중국 정부가 국경을 폐쇄하면서 모든 게 무너졌어. 미국으로 간 이후 4년 동안 중국에 돌아가지 못했고 결국 모든 사업과 인연을 정리해야 했지. 지금은 한국에 정착

했으니 다시 중국에 돌아갈 계획은 없어. 하지만 언젠가는 그 어촌으로 돌아가 아시아에서 시작한 삶을 현재의 연인에게 보여주고 싶어.

일궈온 모든 것을 외부적인 이유로 포기해야 했을 땐 정말 힘들었겠다. 그럼에도 드루가 '모든 게' 박살 났다고 해서 묻고 싶은데, 다시 중국에 가서 과거의 삶을 대면하면 어떤 느낌이 들까?

D 3년 동안 쌓은 것을 하루아침에 잃은 건 큰 변곡점이었지만 그 시간은 지금의 나를 만든 디딤돌이 되어줬다고 생각해. 그래서 중국에서 보낸 시간과 그곳에서 만난 사람들에게 감사하고 있어. 여전히 친구들과 연락을 주고받는 덕분에 아시아 문화에 대해서도 더 깊이 이해하게 되었고.

이제 한국 이야기로 넘어가 볼까. 왜 한국에 오기로 결정한 거야?

D 원래는 대만으로 갈 예정이었어. 타이베이를 목표로 했지. 중국을 떠난 후 온라인 비즈니스를 시작하면서 태국과 발리에서 지냈고 중국인 여자 친구와 헤어진 뒤 몇 달간은 미국에서도 살았어. 그 후 아시아의 대도시로 가고 싶어서 타이베이와 서울을 검토했어. 열대 기후를 좋아하고 중국어를 할 수 있다는 점 때문에 마음이 타이베이에 기울었을 때 서울에서 테니스 코치 제안을 받았어. 나는 테니스를 평생 쳤고 대학에선 선수로도 활동했었거든. 그렇게 서울의 한 사립학교에서 일하게 되었어. 처음에는 서울에서 지내다가 6개월 만에 수원으로 이사 왔어. 여기서 지금의 여자 친구도 만났어.

중국을 떠나 온라인 비즈니스를 시작했다고 했는데, 지금 하는 투자 일과 같은 일이야?

D 맞아. 중국에서 했던 사업이 잘됐고, 생활비가 저렴한 곳이라 꽤 큰 돈을 저축할 수 있었어. 그때까지 주식 투자는 취미였는데 팬데믹이 터지면서 전업으로 전환했지. 엔지니어링과 프로그래밍 전공을 바탕으로 알고리즘 투자 모델을 개발했고 지금은 몇 명의 투자자와 함께 펀드를 관리하고 있어. 주식

거래 대신 시장을 따라가는 선물 상품을 거래하고 있고. 지금 회사는 미국에 등록돼 있지만, 나는 전 세계 어디서든 일할 수 있는 노마드가 된 거야.

선물 시장을 거래한다는 건 무슨 말이야?

D 그러니까 계약을 사고파는 거야. 기초 자산은 석유나 옥수수, 미국 주식 시장 등일 수 있어. 미래에 특정 가격이 될 것으로 예상하고 거래하는 거지. 주식에서 선물로 옮긴 이유는 선물이 레버리지가 훨씬 커서 적은 돈으로 더 많은 돈을 거래할 수 있기 때문이야. 또 세금 혜택도 좋아.

레버리지가 크다는 건 손실의 위험도 크다는 뜻이잖아.

D 레버리지를 사용하면 위험도 커지기 때문에 내 비즈니스에선 리스크 관리가 가장 중요해. 확실히 요즘은 모바일 앱으로도 쉽게 투자할 수 있지만, 많은 사람들이 배경지식 없이 뛰어들었다가 주식으로 돈을 잃는 경우가 종종 있지. 나도 주변에서 주식으로 돈을 잃는 사람을 정말 많이 봤어.

그럼 드루는 리스크를 어떻게 관리해?

D 모든 거래에서 최대 손실 한도를 설정하고, 그 이상 손실 가능성이 있는 포지션은 취하지 않아. 손실이 나더라도 포트폴리오의 일부에 불과해서 전체 자산엔 큰 영향을 미치지 않지. 투자란 결국 수학이야. 시장의 역사를 보면 패턴이 보이고, 확률이 50퍼센트 이상이라면 그 결과에 배팅해서 수익을 얻는 거지.

현재의 투자를 더 크게 만들고 싶지는 않아?

D 안 그래도 주위에서 그런 조언을 많이 받았어. 대신 투자해서 더 많은 수익을 내라는 거였는데, 그러려면 자칫 더 큰 스트레스와 위험을 감수해야 한

다고 생각했어. 나는 지금의 수입에 만족하고 실제로 이 정도면 편안하게 살 수 있어. 물론 더 벌 수도 있겠지만 그만큼 스트레스와 위험도 커지니까. 이런 생각은 중국 시골 교사로 일할 때의 경험에서 비롯된 거야. 그곳 사람들은 돈을 거의 못 벌지만 모두 행복하게 살았어. 그 경험 이후로 금전보다는 매일을 기대하며 사는 삶에 더 집중하게 되었어.

나라마다 삶을 대하는 태도나 바람직한 라이프 스타일에 대한 정의가 다르잖아. 드루가 미국에서 성장하며 경험한 라이프 스타일과 지금의 라이프 스타일은 어떻게 달라? 아무래도 삶이라는 건 그 사회의 규범과 가치관에 큰 영향을 받기도 하고.

D 많은 나라에서 모든 것이 과잉된 것 같아. 돈을 버는 것, 음식을 먹는 것, 집이나 자동차를 사는 것, 모든 걸 가장 좋은 것으로 소유하고 누리려는 마음가짐. 요즘 전 세계가 경제적 어려움을 겪고 있음에도 여전히 많은 사람들이 그런 목표를 가지고 있어. 그런데 나는 2년 전 한국에 올 때 여행 가방 두 개만 가져왔고 그게 소유물의 전부였지만 무척 행복했어. 아시아를 많이 여행하면서 적은 물건으로 사는 게 편하다는 걸 깨달았고, 어디에서든 가질 수 있는 것들에 대해 생각하기보단 현재 가지고 있는 것들에 만족할 수 있게 되었어. 요즘은 관계에 기반을 둔 목표를 더 많이 세우려고 노력해. 집을 사고 싶다거나 하는 것보다는 내적 성장에 기반한 목표들.

미국의 라이프 스타일을 정의할 수 있을까? 물론 미국은 넓고 주마다, 인종마다, 민족마다 다른 생활 양식을 가지고 있겠지만. 드루네 가족의 라이프 스타일에 대해서 알려줄 수 있어?

D 나는 미국 중서부의 보수적인 시골에서 자랐어. 중서부는 큰 도시나 해안이 없고 주로 큰 집, 자동차, 이성 배우자와 자녀로 구성된 전통적인 가족이 많아. 예를 들어 내 이모는 자녀가 열 명이야. 그래서 고향에 가면 대가족을 자주 마주하게 돼. 중서부에는 비슷한 생각과 경험을 가진 사람들이 많다 보니 다양성이 존중되기 힘든 환경이지.

미국에서의 삶이 그립지 않아?

D 솔직히 말하자면 나는 더 이상 미국을 고향이라고 생각하지 않아. 미국에 갈 때도 고향에 방문하는 게 아니라 그곳 사람들을 보러 가는 거야. 물론 가끔 향수병에 걸려 가족과 친구를 그리워하기도 하지만 나는 지금, 이 순간이 행복해. 우리는 종종 반대편을 바라보며 더 나은 삶을 꿈꾸지. 나도 가끔 친구들과 가족의 삶이 멋져 보일 때도 있지만 여기에서 사랑하는 사람을 만났고 좋은 집도 찾았어. 한국에서 안정과 모험의 균형을 맞추며, 동시에 여행도 하고 창조적인 삶을 살아가고 있어. 그게 내가 항상 원했던 삶이야.

드루는 노마드로 일하며 규칙적인 일상을 살고 있잖아. 이런 규칙적인 삶을 위해 어떤 노력을 하고 있는지 궁금해.

D 프리랜서로 일하려면 자기 훈련이 필요해. 스스로 밀어붙이지 않으면 일이 끝나지 않고 돈도 벌지 못하지. 나는 테니스, 승마, 배드민턴, 탁구 등 사교적인 취미가 많은 덕에 쉽게 친구를 사귀었고, 다른 사람들을 소개받곤 했어. 하루 루틴을 말하자면 아침에는 간단한 일을 하고 낮에는 취미를 즐기거나 친구들과 시간을 보낸 후 밤에는 다시 업무를 시작해.

보통 하루에 몇 시간을 일하는 거야?

D 평균 8시간 정도 일하고 일주일로 따지면 40에서 50시간 정도 일하는 것 같아. 종종 주말에도 일하는데 대개 리서치나 백 테스트(과거 데이터를 기반으로 투자 전략이나 금융 모델이 얼마나 효과적인지 검증하는 과정)를 하거나 새로운 전략을 수립하며 시간을 보내. 주식 시장은 항상 변하기 때문에 지금 효과가 있는 투자 전략이 다음 주나 다음 달에는 효과가 없을 수도 있어. 그래서 항상 그에 대한 계획을 세워야 해.

아무래도 프리랜서는 원하는 만큼의 휴가를 낼 수 있지만 난 회사에서 일하는 사람들이랑 거의 같은 정도로 내 휴가를 제한하고 있어. 시간 관리는 투자 전략을 세우는 또 다른 요소야. 하루나 이틀만 높은 수익을 내는 전략을 세울 것인지, 아니면 매일매일 꾸준히 수익을 내서 휴가를 더 쉽게 갈 수 있는 전략을 세울 것인지 등을 고려하겠지만 평균적으로 나는 일반 직장인처럼 일하는 편이야. 여행할 때도 실거래를 하진 않더라도 계속 리서치하면서 일하는 편이고.

아무것도 하지 않으면 뭔가 큰일이 일어날지도 모른다는 두려움이 들진 않아?

D 그런 포모(FOMO, Fear Of Missing Out)는 투자자로서 가장 위험한 감정 중 하나라고 생각해. 투자자로서 당장의 돈에 급급하기보단 내 사업이 장기적으로 성공할 거라는 믿음을 갖는 게 중요해. 나는 앞으로 5년 후, 10년 후에도 여전히 성공하고 싶어. 단기가 아니라 장기적인 게임을 하려고 노력 중이야.

드루는 삶의 균형을 찾는 사람이었다. 진지하면서도 장난스러운 모습을 동시에 보이곤 했는데, 그 균형이 삶에도 적용되는 것처럼 보였다. 진지하게 업무에 임할 때는 옆에서 말을 걸어도 눈치를 못 챘다. 드루는 그렇게 자기 삶에 진심을 담으며 살았다. 동시에 낙관적으로 세상을 바라보며 항상 만면에 미소를 띠곤 했다. 그의 낙관 앞에 종종 많은 부정적인 일들이 의미를 잃었다. 드루는 자주 농을 던졌고 밝게 웃었다. 그 장난스러운 미소 덕분에 함께 지내는 1년이 행복했다. 앞으로도 드루가 흥미진진한 삶을 영유했으면 좋겠다.

Tefo

30대 초반
케이프타운, 남아프리카공화국

테포
계급과 차별을 넘어 춤추는 악동

테포는 자신이 자라오면서 겪은 이야기를 종종 농담으로 들려주었다. 그의 일상은 보편적이었지만 동시에 매혹적이어서 한동안 정신없이 그 이야기에 몰두했다. 우리가 가벼운 주제로 이야기를 시작해도 대화는 곧 진지한 사회 이야기로 치닫곤 했다. 결국 삶은 사회와 정치 그리고 역사와 뗄 수 없었다. 우리는 남아공의 인종차별, 영국의 계급주의, 그리고 독일의 관료주의에 관해 이야기를 나눴다. 그 모든 이야기의 기저에는 사실 식민의 역사가 도사리고 있었다. 오랜만에 그를 만나 일상 이야기를 들었다. 테포의 정체성을 해부할 시간이었다.

#식민의 역사 #대학 #남아공의 인종차별 #다층적 정체성
새로운 박사 학위 과정을 시작했다고?

T 응, 케이프타운대학교에서 사회 정의 파트너십을 위한 학생-교원 설계에 관한 박사 학위를 시작했어. 이 주제는 케이프타운대학교를 포함한 남아공의 대학 세 곳에서 학생과 교원 간의 문제를 해결하는 파트너십에 관한 거야. 나는 대학을 탈식민화하려면 그 탈식민화에 저항하는 교원들을 봐야 한다고 생각하고, 이를 통해 교원들의 관점을 변화시키고 학생과 교원의 관계를 공평하게 만들고 싶어. 이건 영어권 대학 시스템에 도전하는 어려운 일이야.

테포는 정책의 구조나 작동하는 시스템 같은 것이 실제로 남아프리카의 역사적 맥락에 어느 정도 기반하고 있다고 생각해?

T 세 대학 간의 차이는 아파르트헤이트(Apartheid, 1948년부터 1994년까지 남아프리카공화국에서 시행된 극단적인 인종차별 정책)의 영향을 받았어. 나는 영어를 사용하는 백인들만 다니던 대학을 연구하고 있는데, 그곳엔 식민지의 잔재가 여전히 남아 있어. 예를 들어 케이프타운대학교는 지도교수를 성이 아닌 이름으로 부르고 잘 갖춰진 계약서와 노동법 보호를 받지만 다른 두 대학교는 규율이 엄격하고 자원도 부족해. 심지어 교수들이 이름으로 불러달라고 해도 학생들은 거부하는데 그건 대학 운영 방식에서 이 사람들이 '신'이기 때문이야. 케이프타운대학교에는 승진 기회와 재정적 지원이 있지만, 나머지 두 대학은 그런 지원이 없고 학생으로 취급되어 아주 적은 수당을 받아. 남아공 대학들은 서구 모델을 따라 하려고 하지만 창의적이지 않고 옥스퍼드대학교의 모방에 머물고 말아.

말한 것처럼 과거뿐만 아니라 현재의 맥락이 제도에 반영되는 건 당연해. 오늘 인터뷰에 앞서 남아공에 관해 공부했는데, 아파르트헤이트 폐지 이후에도 여전히 빈부 격차와 차별이 계속되고 심지어는 더 악화하고 있다는 사실에 놀랐어.

T 빈부 격차와 차별은 여전히 존재해. 최근 선거를 보면 1994년 아파르트헤이트의 폐지 이후에도 많은 문제들이 해결되지 않았다는 걸 알 수 있어. 어떤 문제들은 더 심각해지고 새로운 문제들까지 더해져, 불평등 문제는 20년 전과 다를 바 없거나 더 악화됐을 수도 있어. 인종차별도 거의 변하지 않았어. 남아프리카가 겪었던 식민지 지배 때문에 인종과 계급은 깊게 얽혀 있지. 때때로 계급 문제는 특정 계층에만 영향을 미치지만, 그 계층의 대부분이 유색 인종일 경우 그 문제는 인종 문제로 바뀌어. 하지만 우리는 그 문제를 해결하지 못했어.

현재 상황에 대해 말해줘서 고마워. 현재 진행 중인 박사 학위는 석사 학위와 어떤 식으로 관련이 있어?

T 나는 프라이부르크대학교에서 잠깐 공부한 다음 케임브리지대학교에서 교육학 석사 과정을 마쳤어. 그래서 교육 정책을 살펴보며 그것이 현재 내 업무 그리고 연구와 어떻게 연결되는지 생각하게 돼. 석사 과정 전에는 학생 운동과 관련된 연구를 했고, 지금 박사 과정에서 사용하는 방법론은 석사와 학사 과정 동안 사용했던 것들과 비슷한 것 같아. 석사에서는 보츠와나 농촌 정책 문제를 설명하기 위해 시각적 스토리텔링과 시각적 방법론을 썼고 학사 연구에서는 토착민 연구와 자동 민족지학을 사용했어. 지금 박사 과정에서는 비슷한 방법론을 통해 교원과 학생들로부터 질적 데이터를 얻고 있어.

테포가 말한 연구들은 대개 보츠와나를 중심으로 했어? 아니면 남아프리카나 다른 서구 국가에도 적용할 수 있는 연구야?

T 석사 연구는 보츠와나와 그 농촌 지역, 칼라하리 사막에 초점을 맞췄어. 그 지역들의 교육 인프라, 커리큘럼 그리고 학교가 사람들의 정체성과 어떻게 상호작용을 하는지 분석하고 상황에 얼마나 적합한지도 살펴봤어. 칼라하리 사막은 나미비아와 남아공에도 걸쳐 있고, 세 국가의 역사가 서로 영향을 미쳐 보츠와나에서 일어난 일들이 남아프리카와 나미비아에도 적용될 수 있었어.

개인적인 문제로서의 지점도 중요한 게 남아공에선 여전히 인종차별이 일상적 그리고 구조적으로 일어나잖아. 그게 대학교라는 기관에서 권력 역학으로서 발전하는 거고.

T 인종차별은 내게 매일매일 영향을 미쳐. 요하네스버그에서 살 때는 계급 차별이 더 두드러졌다면 케이프타운에 돌아오니 인종차별이 더 선명해졌어. 케이프타운에선 매일 내가 흑인이라는 걸 새삼 깨달아. 가게에선 백인이 아

니면 위험한 사람으로 여겨지니까, 나는 매장에 들어가면 내가 안전한 흑인이라는 걸 보여주기 위해 아이폰이나 맥북을 꺼내야 해. 출근길에도 대학교 경비원에게 얼마나 여기서 일했는지 질문받을 받을 때가 있어. 만약 내가 백인이었다면 그런 질문을 받지 않았겠지. 반면 요하네스버그에선 중산층으로 살았기 때문에 이런 차별을 받지 않았고 내가 어떻게 보일지 의식할 필요도 없었어. 재미있는 게, 사실 나는 케이프타운에서 걸어 다니는 게 무척이나 편해. 내가 흑인이라는 이유만으로 사람들이 나를 무서워하거든. 덕분에 늦은 밤에도 강도에 대한 염려 없이 항상 편하게 거리를 나서. 케이프타운의 백인들에게 난 무시무시한 흑인이거든.

테포는 내게 여전히 열다섯 살 귀여운 소년인데.

T 그러니까 말이야. 보츠와나에서 내가 그렇게 걸어 다니면 사람들이 비웃을 텐데.

테포의 삶에 관해 조금 이야기해 보고 싶어. 아까 영국에서 돌아와 '집'으로 왔다고 했는데, 그럼 집을 어떻게 정의해? 네게 집은 남아공이야, 아니면 보츠와나야?

T 나는 보츠와나와 남아프리카공화국에서 자라서 어디 출신인지 꼬집어 설명하기 어려워. 가장 오래 살았던 곳인 요하네스버그를 집처럼 여기지만, 그렇다고 해서 내가 남아공인이라고 생각하진 않아. 나는 법적으로 남아공인이고 가끔 문화적으로도 스스로를 남아공인이라고 느끼지만 정서적인 유대감은 없지. 반면 부모님과 가족 대부분이 보츠와나 출신이라서 문화적으로는 보츠와나 사람에 가까워. 하지만 물리적으로 보츠와나에 소유한 게 없고 법적으로도 보츠와나 사람이 아니야. 그래서 여러모로 남아공이 내 고향 같아. 세금도 내고 은행 계좌도 있고 국가 인프라를 이용할 줄도 알거든. 종종 농담처럼 말하듯이, 나는 '아주 제한적인 남아공인'이야.

남아공의 다른 보츠와나 출신 사람들은 자신을 어떻게 생각할까? 남아공에선 500만 명이 넘는 사람들이 보츠와나어를 할 수 있다던데. 보츠와나 인구는 300만밖에 안 되잖아. 그들은 본인들은 남아공인으로 볼까, 아니면 보츠와나 사람으로 생각할까?

T 남아공과 보츠와나의 정체성 문제는 복잡해. 세계의 다른 어느 곳보다도 남아공에 보츠와나어 사용자가 많아. 그리고 남아공에서 보츠와나인이라는 건 문화적이고 민족적인 개념인데, 보츠와나에서는 국가 정체성으로 여겨져. 이 개념들은 둘 다 결함이 있어. 내가 남아공에서 보츠와나어를 쓰면 사람들이 '아름다운 언어'라고 하는데, 보츠와나에서 보츠와나어를 하면 내가 '사립학교 억양'으로 말한다고 하더라.

정말 흥미롭네. 보츠와나인을 정의하는 게 국적일 수도 있지만 동시에 인종이나 문화적 차이일 수도 있다고 말했는데, 그럼 테포는 보츠와나 문화를 어떻게 정의해?

T 보츠와나와 남아공은 확실히 구분된 역사와 제도 그리고 정체성을 가지고 있지만 문화나 언어는 비슷해. 아마도 여러 면에서 잉글랜드와 스코틀랜드랑 비슷할 거야. 보츠와나는 다양한 문화적 요소를 가지고 있고 내 가족도 여러 민족적 배경을 가지고 있어. 내 새어머니는 북부 보츠와나에서 왔고 그녀의 가족은 츠나(Twana)족과 칼랑가(Kalanga)족 출신이지. 아버지의 가족은 토착민(indigenous)과 츠나족 출신이고. 그리고 나는 최근에 내 친어머니가 남아공의 북쪽 사막 출신이라는 사실을 알게 되었어. 문화는 정적이지 않고 매우 유동적이며, 많은 아프리카 국가들이 이를 고정하려고 했지만 불가능했지. 예를 들어 내 여자 친구는 남아공 줄루족 출신인데, DNA 검사 결과 동아프리카와 서아프리카의 혼혈이었어.

테포는 보츠와나에서 얼마나 오래 살았어? 보츠와나에서의 경험이 어떻게 테포를 형성했는지 궁금해.

T 보츠와나에서 유년기를 보낸 후 고등학교도 다녔지만 어른이 되어 그곳에서 살았던 적은 없어. 그럼에도 고등학교 시절이 내 정체성 형성에 큰 영향을 미쳤다고 생각해. 열네 살에서 열아홉 살 사이, 보츠와나와 에스와티니(아프리카 남부, 남아프리카 공화국과 모잠비크 사이에 위치한 작은 왕국)에서 보낸 시간이 중요했어. 내 형제들은 그 시기를 남아공에서 보내며 나와는 다른 문화적 정체성을 형성했고. 예를 들어 그들이 말하는 레인보 네이션(Rainbow Nation, 남아프리카공화국이 아파르트헤이트 폐지 이후 다양한 인종과 문화가 조화를 이루는 나라가 되자는 개념)은 나에게 터무니없게 느껴졌어.

테포는 다양한 국가와 도시를 살아왔잖아. 그들의 문화적 차이점에 대해 간단히 이야기해 줄 수 있어?

T 보츠와나의 수도 가보로네는 무척이나 느리고 더워서, 한 번에 한 가지만 할 수 있는 그런 곳이야. 도시는 나이 든 사람들이 주도해서 청년들이 적응하기가 쉽지 않아. 사회의 규범을 따르지 않으면 배척당하고, 보츠와나만의 '정상성'이 있어서 그것을 따르지 않으면 문화적 정체성까지 잃게 돼. 어릴 땐 그게 자연스럽게 느껴졌는데 성인이 되니까 힘들더라.
영국 케임브리지는 날씨도, 계급주의도 너무 싫었어. 남아공이나 다른 식민지 국가들 수도와 비슷한 느낌이었지. 독일의 계급주의와 구조적 불평등은 숨 막혔어. 거기서 어떻게 살아야 할지, 그 사회에서 과연 잘 지낼 수 있을지 도무지 모르겠더라. 독일은 모든 게 효율적이었는데 그게 남아공에서 통용되는 효율성 개념과 달랐어.

유럽의 관료주의(bureaucracy)와 계급주의는 어떻게 극복했어?

T 사실 나는 독일의 관료주의는 좋았어. 절차를 알면 그에 맞춰 가면 되니

까. 반면 남아공은 항상 협상과 싸움이 필요해. 독일에 계급주의가 여전히 존재하는 점은 힘들었고, 영국은 그저 최악이었어. 웃기게 들릴지도 모르겠지만 영국은 남아공의 아주 끔찍한 버전 같았어. 맛없는 음식만 있는 남아공, 심술궂은 사람만 있는 남아공 같았어. 그럼에도 적어도 영국과 독일에선 인권과 노동권이 보장돼서 좋았어. 유럽에서는 존엄성을 지키면서 일할 수 있어 행복했어.

그런데 유럽에서 앞서 말한 기본적인 권리들이 지켜질 수 있는 이유는 결국 그들이 아프리카와 남미, 아시아의 다른 국가들을 착취하기 때문이잖아? 시스템을 유지하기 위해선 어쨌든 값싼 자원, 값싼 노동, 값싼 인권이 필요하니까. 유럽은 그걸 다른 제3세계 국가들에 외주로 주는 거고.

T   유럽 사회는 착취 위에서 유지되지만 그 착취는 간접적이야. 남아공에서는 착취가 직접적이라 눈에 보이지만 영국과 독일에서는 그 과정을 볼 수 없어. 우리는 그걸 모른 채 편하게 소비할 수 있지.

마지막 질문을 던지고 싶어. 테포는 앞으로 어떤 미래를 꿈꿔?

T   3개월 전에는 베를린으로 이주해 5년 동안 살면서 독일 여권을 취득하고 남아공으로 돌아오는 것이 목표였어. 하지만 이젠 계획이 바뀌었어. 일단은 박사 학위를 받고 싶어. 또 기회가 된다면 유럽 여권을 가지고 싶어. 유럽 여권이 주는 기회와 보안이 내가 바라는 삶의 모습을 이루는 데 필요하거든.

테포가 들려주는 이야기는 흥미진진했다. 특히 독일 관료주의의 효율성과 계급주의에 관한 이야기는 여러모로 공감이었다. 어쩌면 우리는 굳건한 시스템의 효율성에 매몰되어 그 이면의 착취에 대해선 침묵하고 있는지도 모른다. 효율은 착취 위에서 가능했고, 착취는 보이지 않는 곳에서 작동하는 계급주의에 기반을 두고 있다. 테포는 그 가운데에서 고군분투하고 있었다. 자신의 다층적 정체성을 넘나들며, 그저 남들이 꿈꾸는 소소한 행복을 쟁취하기 위해 나아가고 있었다. 테포의 킬킬대는 웃음과 투박한 안경이 눈에 선하다. 테포가 행복했으면 좋겠다.

아이리
아름다움을 표현하는 방법

아이리를 처음 만난 순간을 기억한다. 그녀는 긴자의 지하철 역사에서 반짝이는 웃음을 짓고 있었다. 문이 열리는 순간 펄쩍 뛰듯 다가오던 모습이 생생히 그려진다. 아이리는 얼굴 가득 피어오르는 미소를 간직한 사람이었다. 그 앳되고 순수한 미소를 못 본 지 4년쯤 지났을까. 진한 눈썹, 강렬한 메이크업과 함께 아이리가 돌아왔다. 그녀는 메이크업 아티스트로서 일본의 화장품 브랜드 슈에무라의 홍보대사를 자처하고 있었다. 오랜만에 도쿄에서 아이리를 만났다. 반짝이는 미소 뒤로 그녀가 진심을 내보였다.

#슈에무라 메이크업 아티스트 #나라는 브랜드로 소통하기 #아름다움의 정의

오늘은 어떻게 보냈어?

A 늦잠 잤어. 어젯밤 11시까지 일했더니 어찌나 피곤하던지. 바쁜 시즌이라 요즘 종종 늦게까지 일해. 이 인터뷰가 끝나면 메이크업 관련 사진을 찍어야 해. 알다시피 슈에무라(Shu Uemura)의 메이크업 아티스트로 일하면서 새로운 제품 사진을 인스타그램에 올리고, 메이크업이나 화장법도 업로드하며 꾸준히 나 자신을 홍보해야 하거든.

오늘은 쉬는 날이잖아. 그런데도 일을 해야 하는 거야?

A 응, 딱히 출근하러 가야 하는 건 아닌데, 그래도 메이크업 이미지 같은 새로운 콘텐츠를 올려야 해.

근무 시간이 따로 정해져 있진 않아? 일본의 근무 환경이 어떨지 궁금해. 예를 들면 유럽에선 업무 외 시간에 연결되지 않을 권리를 중요시하잖아. 한국도 그와 관련된 사회적 합의가 생기는 중이고.

A 내 일은 일본의 일반적인 직업들과는 좀 달라. 메이크업 아티스트로 일한다는 건 나만의 고객을 만들고 그들과 계속해서 소통해야 한다는 걸 의미하거든. 물론 나도 긴자의 아틀리에에 가서 일을 하지만, 나라는 브랜드를 세우고 고객들과 소통하는 건 쉬는 날에도 해야 하는 일이라고 생각해.

아이리가 하는 일에 관해 더 듣고 싶어. 약 10년 전에 아이리는 긴자에서 일하고 있었잖아. 그때도 같은 일을 하고 있었어?

A 그때는 긴자의 미츠코시 백화점에서 메이크업 어드바이저(Makeup Advisor)로 일했어. 화장품을 소개하고 사용하는 법을 가르치는 일이었지. 매장 매니저나 메이크업 아티스트로 승진할 수도 있었지만 나는 사람들과 직접 이야기하고 그들의 변화를 도와주는 걸 좋아했어. 그래서 두 번의 슈에무라 오디션을 통과해 공인 메이크업 아티스트(Certified Makeup Artist)가 된 거야. 일본에는 총 70여 명의 공인 메이크업 아티스트가 있어.

일본 전국의 70명 가운데 한 명이 아이리야?

A 응! 그래서 나는 한 달에 한두 번 다른 슈에무라 매장에 가서 화장 관련 이벤트를 진행해. 다음 주말에는 나고야에 가고, 다음 달에는 오사카에 가지.

보통 일반인을 대상으로 메이크업을 해? 혹은 배우나 가수 같은 유명인이 대상이야?

A 둘 다야. 하지만 고객층은 지점마다 달라. 한국은 결혼식 메이크업이 주된 분야라면, 우리에겐 슈에무라 브랜드에 관심이 있거나 제품을 자주 사용하는 사람들이 주 고객이야. 그래서 일반인들이 새로운 립스틱이나 아이섀도 같은 제품을 찾으러 오거나, 결혼식 메이크업도 제품 선택에 대한 조언을 구하는 경우가 많아.

매장에서 메이크업 아티스트로서 하는 일이 정확히 뭔지, 아이리의 일과가 궁금해.

A 나는 하루에 7시간 반을 매장에서 일해. 메이크업 강의를 하고, 고객들을 도와서 그들이 필요로 하는 제품을 찾는 걸 도와주고 우리 제품으로 메이크업하는 방법을 알려줘.

보통 어떤 사람들이 메이크업 강의를 들으러 와?

A 우리 매장에 오는 고객들은 두 종류로 나눌 수 있어. 첫 번째 그룹은 화장법을 아예 모르는 사람들이야. 정말 어린 고객도 있고 나이가 지긋한 고객도 있어. 그들은 자기 얼굴에 맞는 화장법을 배우러 와. 두 번째 그룹은 메이크업에 열정적이라 많은 방법을 이미 시도해 본 사람들인데, 더 새로운 걸 해보고 싶어서 우리에게 전문적인 메이크업을 배우러 오는 거야.

고객들에게 일반적인 화장법을 알려주는 거야?

A 고객이 오면 먼저 상담을 통해 무엇을 필요로 하는지 파악해. 예를 들어 립스틱을 사러 온 고객이 있으면 먼저 왜 슈에무라에 왔는지 물어봐. 그 답을 바탕으로 고객에게 맞는 제품을 추천해. 고객이 원하는 색을 비롯해 이벤트, 파티, 일상 등 사용 목적을 고려하는 게 중요하지.

정말 전문적인데.

A 모든 고객과 모든 메이크업 스타일은 달라. 그래서 우리는 고객의 삶에 관해 들어야 하고 고객이 왜 그 제품을 사용하길 원하는지 파악해야 해.

일본 고객들은 주로 어떤 스타일의 메이크업을 주로 하는 편이야? 아무래도 각각의 문화권이나 나라마다, 혹은 개인에 따라 추구하는 미적 기준이 있어서, 그 기준에 따라 메이크업 스타일도 달라질 수밖에 없잖아.

A 개인적으로 나는 자연스러운 메이크업을 좋아해. 물론 종종 강렬한 메이크업도 하지만 그건 평소와 다른 화장법이 마치 옷을 갈아입었을 때처럼 나의 마음가짐을 바꾸기 때문이야. 정장을 입으면 마음가짐이 달라지잖아. 메이크업도 비슷해. 메이크업은 내가 강하다고 느끼게 만들어주고 또 다른 나를 드러내게 해줘. 그럼에도 나는 단순하고 가벼운 메이크업을 가장 좋아해.

슈에무라의 메이크업 스타일도 자연스럽고 가벼운 형태를 추구해?

A 아니, 슈에무라는 강한 이미지를 추구해. 일본에는 많은 메이크업 회사들이 있는데 아무래도 그 가운데서 개성을 드러내야 하니까. 슈에무라는 에지(edge)와 시크(chic)한 이미지를 주로 추구하는데, 현대적인 도시 스타일이라고 하면 이해가 빠르려나?

아이리의 인스타그램에서 슈에무라 스타일의 메이크업 사진을 몇 장 본 것 같아. 이전에 아이리는 순수하고 활짝 웃는 사람이었는데, 못 보는 동안 인스타그램에 엄청나게 강렬한 메이크업을 한 사진들이 올라와서 놀랐어.

A 나는 전혀 변하지 않았어. 다만 슈에무라의 메이크업 아티스트로서 우리 브랜드의 이미지를 지켜야 할 의무가 있고, 한편으로는 내 역할이 슈에무라의 홍보대사 같은 느낌이라고 생각해. 그래서 항상 그 이미지를 전시하고 사

람들에게 널리 알릴 뿐이야. 물론 우리 매장에 자주 찾아오는 고객들은 내 성격을 잘 알아.

아이리를 인스타그램에서만 접하던 고객이 매장에 와서 만나면 깜짝 놀라겠는데.
A 정말 많이들 놀라. 그러면 그들이 본 내 사진은 인스타그램에서의 이미지라고 말해줘. 나는 다만 슈에무라의 이미지를 제대로 보여주고 싶을 뿐이야. 귀엽거나 캐주얼한 이미지가 아닌 시크한 여성의 이미지로서.

주로 어디에서 레퍼런스를 얻고, 새로운 트렌드에 관해선 어떻게 영감을 얻어?
A 너와 비슷할 거야. 작가들은 좋은 글을 읽으면서 글에 관해 배우잖아. 우리도 아름다운 것들, 꽃이나 예술을 통해 영감을 얻어. 예를 들어 왜 이 꽃은 아름다운가에 관해 질문을 던지는 거야. 이 꽃이 아름다운 이유는 내가 좋아하는 색이 있어서일까? 질감 때문일까? 혹은 향 때문에 아름답다고 느끼는 걸까? 그런 질문들을 통해 얻은 영감을 토대로 다음번 메이크업에 새로운 색을 도입한다든지, 새로운 질감이나 모티브를 차용하는 거지.

아이리에게 '아름다움'이란 뭐야?
A 하하, 정말 어려운 질문인데? 네게 아름다움은 뭔데?

음, 사회적 합의에 따른 '여성의 아름다움'에 관해서 이야기하자면 다양한 문화에는 각자의 미적 기준이 있다고 생각해. 예를 들면 유럽의 경우 다른 문화권보다 주체성을 중시하는 편이라 고유의 개성이 아름다움이 될 수 있지. 미국은 자신감을 중요시하는 것 같아. 아시아에서는 수동적이고 여성스러운 여성을 미적 기준의 상위에 두는 것 같아. 여전히 일본이나 한국을 보면 '귀엽고' '순종적인' 여성상이 대중적 미적 기준에 부합하니까. 개인적으로는 자기의 매력적인 지점을 찾아 가꾸어가는 사람들이 아름답다고 생각해. 자신의 가장 멋진 상태에 도달하는 것, 그게 '아름다움' 아닐까?

A 아름다움은 다양하게 정의될 수 있지만, 메이크업에서의 아름다움은 그 사람의 정체성을 끄집어내는 거야. 각자의 가치관 속에서 정체성을 드러내는 것이 진정한 아름다움을 표현하는 방법이라고 생각해.

메이크업 아티스트로서 어떤 목표가 있어?

A 나는 더 다양한 도전을 하고 싶어. 새로운 시각을 가지고 새로운 일을 해보고 싶어. 지금은 메이크업 교육을 하지만 이 브랜드에서 많은 걸 배운 다음 더 높은 직책인 아틀리에 아티스트(Atelier Artist)가 되고 싶어.

마지막으로, 앞으로의 삶의 계획이 있다면?

A 아직 결정은 안 했지만 아이를 낳을 생각을 하고 있어. 그런데 나는 보통 두 가지 일을 동시에 못 하는 편이라 내가 사랑하는 일과 아이가 있는 일상을 어떻게 조화롭게 가꾸어나갈 수 있을지 모르겠어. 만약 가까운 미래에 아이를 갖지 않는다면 앞서 말한 대로 일에 더 집중할 것 같아.

내가 기억하는 아이리는 순수한 미소를 가진 수줍은 많은 소녀였다. 처음 긴자에서 만났을 때도 그녀는 크게 웃고 있었고, 종종 서울에서 만날 때도 그 웃음을 잃지 않았다. 그런 그녀를 다시 만났을 때 탈색한 머리와 검은 정장 차림에 깜짝 놀랐다. 메이크업 아티스트란 해당 브랜드의 홍보대사라고 생각한다는 아이리의 말마따나, 그녀는 도도한 인상으로 신주쿠의 거리를 걷고 있었다. 하지만 교차로를 건너 나를 발견했을 때 차가웠던 인상은 커다란 웃음에 순식간에 녹아내렸다. 일본에서 몇 없는 슈에무라의 메이크업 아티스트로서 자기 삶을 열정적으로 가꾸어나가고 있었지만, 아이리는 여전히 아이리였다. 아이리는 내가 아는 이들 중 가장 멋지게 살아가는 사람이었다. 바쁜 도쿄의 거리에서 콧노래를 부르며 활보하는 아이리를 떠올렸다. 고객들에게 밝은 미소를 선보이며 자신의 모든 것을 내어줄 것 같았다. 오랜만에 함께 도쿄를 걸을 수 있어 기뻤다. 그녀의 작지만 단단한 미래를 응원한다.

Erika D

30대 초반
애들레이드, 호주
인스타그램 @erikaadelmoral

에리카 D
더 많은 자유를 위해

오랜만에 에리카와 통화했다. 마지막으로 본 이후 어느덧 5년 만이었다. 당시 에리카는 새로운 삶을 계획하고 있었다. 멕시코에서의 변호사 일을 그만두고 다른 나라로 떠나고 싶다고 했었다. 더는 삶이 만족스럽지 않고, 어떻게 살아야 할지 모르겠다고도 했다. 에리카의 고민은 어쩌면 그녀가 사는 환경에서 나왔을지도 몰랐다. 끊임없는 마약과의 전쟁, 멈추지 않는 갱단의 총격 사건과 불안정한 치안. 많은 이들이 멕시코를 떠나갔다. 그렇게 몇 년이 흘렀고 종종 뉴질랜드와 호주 풍경을 인스타그램에 올리는 에리카의 삶을 엿보았다. 참 행복해 보였다. 행복한 미소를 띤 그녀에게 일상에 관해 물었다.

#변호사 출신 #워킹 홀리데이 & 학생 비자 #삶의 자유 #멕시코와 뉴질랜드의 삶

호주에 갔다고 들었어. 어떻게 지냈어?

E 잘 지냈어. 멕시코에서와는 완전히 다른 삶을 경험하게 되어서 좋아. 해외 생활이 쉽지 않은 건 사실이지만 여기로 온 걸 하나도 후회하지 않아. 지금은 마치 1년을 10년처럼 살고 있는 것 같아. 전 세계에서 온 많은 사람들을 만났고, 내가 할 수 있을 거라고 이전에는 생각도 못 한 일들도 많이 해왔어. 물론 지금도 여전히 하고 있고.

지금은 호주 어디에 있는 거야?

E 호주의 애들레이드에서 살고 있어. 아름다운 항구 도시야.

왜 애들레이드에 갔어?

E 마침 이 질문을 오늘 직장에서도 들었거든. 오늘이 출근 이틀 차였어. 나는 원래 애들레이드에 올 계획이 없었어. 계속 뉴질랜드의 웰링턴에 있고 싶었지만 비자가 만료되어 어쩔 수 없이 떠나야 했지. 멕시코로는 돌아가기 싫었어. 그러다 뉴질랜드에서 알게 된 많은 사람들이 호주로 여행을 가거나 이주했던 걸 떠올린 거야. 뉴질랜드에선 워킹 홀리데이 비자로 있었지만 아쉽게도 호주와 멕시코는 워킹 홀리데이 협정을 맺지 않아서 나는 학생 비자로 와야 했어. 석사를 공부하고 싶어도 너무 비싸서 학사 과정을 등록했지. 학생으로서 나는 멜버른과 시드니, 퍼스 그리고 애들레이드로 이사할 수 있는 선택권이 있었는데 평소 작은 도시를 좋아해서 가장 작은 애들레이드를 골랐어.

오늘이 이틀 차였구나! 출근 두 번째 날은 어땠어?

E 어제보단 좋았어. 다만 많은 부분에서 뉴질랜드와 호주의 일을 비교하게 돼. 뉴질랜드에선 정부랑 일해서 모든 게 편했거든. 팀원들도, 업무 환경도 정말 좋았어. 물론 같은 걸 기대한 건 아니지만 여기선 모든 게 낯설어. 또 함께 일하는 팀원들 나이가 많아서 어떤 이야기를 나눠야 할지 모르겠어. 다행히 다른 부서의 또래 사람을 점심시간에 만나 친구가 되었어. 이틀 일한 것치고는 벌써 친구도 사귀었으니까, 잘하고 있는 거겠지.

일은 그리 흥미롭진 않아. 청구서를 발행하는 일을 하는데 조금 지루한 감이 있어. 인사 업무는 정말 신기해. 멕시코에서 내가 일하던 법률 회사에는 인사 부서가 딱히 없었기 때문에 모든 업무가 낯설고 생경해. 사실 나는 숫자를 싫어해서 법을 전공하고 변호사가 되었던 건데, 인사와 재정을 담당하면서 다시 숫자를 보려니 힘들긴 해. 그래도 최선을 다하려고.

직업에 귀천은 없다고 생각하지만 사회적으로 변호사라는 직업은 높은 급여와 사회적 지위가 보장되는 직업이잖아. 그런 직업을 가졌음에도 멕시코를 떠난 이유가 뭐야?

E 스물여덟 살 때 멕시코에서 변호사로 일하는 삶을 감당하지 못하겠다고 느꼈어. 내 시간은 없고, 저축도 못 하고, 집을 가지는 건 꿈도 못 꿨지. 30대에도 계속 이런 식으로 살고 싶진 않았어. 친구들은 멕시코에서 결혼하고 아이를 낳았지만 나는 해외에서 살고 싶었어. 미국에서 서비스업 일을 하는 친구들이 나보다 더 많이 벌고 자유롭게 살았거든.

그러다가 몇 년 전 언니가 뉴질랜드로 워킹 홀리데이를 갔던 걸 떠올리면서 그 비자에 대해 알아보기 시작했어. 멕시코인이 받기 어려운 비자였는데 운 좋게 한 번에 받았지. 비자를 받고 나서도 몇 날 며칠을 실감하지 못했어. 나는 멕시코를 떠나 세상을 보고 싶었어. 엄마와 언니에게 말하고 직장에도 퇴사 두 달 전에 이야기했고, 그렇게 2023년 2월에 뉴질랜드로 갔어. 새로운 삶이 시작된 거야.

자세히 이야기해 줘서 고마워.

E 한 가지 이유가 더 있어. 멕시코에서는 단 하루도 안전하다고 느낀 적이 없었던 것. 밤의 멕시코는 무법천지라, 내가 정말 좋아하는 러닝을 하는 게 불가능했어. 때론 낮에도 위험했지. 멕시코의 여성 살해는 아메리카 대륙에서도 악명이 높아. 그렇게 여성 살해가 빈번하게 일어나는 나라로 돌아가기 싫어.

뉴질랜드나 호주의 법조계에서 일할 생각은 없었어?

E 미국, 뉴질랜드, 호주에서 변호사가 되려면 공부를 다시 해야 해. 멕시코와는 법 시스템이 달라서 학사 과정을 다시 시작해야 하는데, 등록금을 감당할 수 없어서 변호사로 일하는 건 불가능했어. 그래서 다른 일을 하기로 결심했지. 처음 뉴질랜드에 왔을 때는 주방 보조 일을 했고 여가 시간에는 뉴질랜드를 여행하며 하이킹도 했어. 그 후 웰링턴으로 가서 병원 행정 업무를 시작했는데 나중에는 시급 40호주달러(한화 약 3만 5천 원)를 받으며 인사 담당자로도 일했어. 경험 없이 시작했지만 다행히 쉽게 적응할 수 있었어. 병원도 나를 좋게 보고 계약도 연장해 줬고, 숫자 다루는 일은 어려웠지만 할 만했어. 하지만 비자가 만료되면서 뉴질랜드를 떠난 거야.

처음엔 모든 게 막막했지만, 동시에 이 자리에 선 나 자신이 정말 자랑스러워. 뉴질랜드 정부와 함께 일할 땐 내가 멕시코에서 왔다고 하면 사람들이 다들 놀랐어. 보통 남미에서 온 사람들은 식당이나 건설 업계에서 일하니까, 정부나 사무실에서 일하는 라티노(Latino)들을 보기가 어려워. 이렇게 많은 것들을 이루고 내가 좋아하는 일들을 할 수 있는 건 커다란 행운이라고 생각해.

에리카의 여정에 관해 말해줘서 고마워. 뉴질랜드와 호주에서의 삶은 멕시코와 무엇이 달랐어?

E 뉴질랜드 직장 동료들이 멕시코는 살기 어떤지 물었을 때, 나는 멕시코와 뉴질랜드의 차이를 이야기해 줬어. 예를 들어 멕시코는 뉴질랜드와 달리 재활용을 안 하고, 도로에는 신호등이 없어서 건널 때 목숨을 걸어야 해. 또 뉴질랜드에서는 어느 시간대에도 안전하고 자유롭게 활동할 수 있지만 멕시코는 해가 지면 외출도 위험해. 뉴질랜드에선 몇 개월 일해서 차도 살 수 있지만 멕시코에선 변호사로 몇 년을 일해도 차를 살 수 없어. 뉴질랜드에선 깨끗한 수돗물을 마실 수 있고 멕시코는 오염된 물을 돈 주고 사 마셔야 해.

뉴질랜드에서 당연한 것들은 멕시코에선 당연하지 않아. 그건 뉴질랜드인들

이 가진 삶의 질이라는 특권이야. 멕시코에는 그런 삶의 질이 없어. 뉴질랜드의 주방 보조가 멕시코의 변호사보다 더 적은 시간 일하고, 더 많은 돈을 벌고, 더 안전한 일상을 영유하며, 자신의 미래에 낙관할 수 있다면, 나는 뉴질랜드의 주방 보조가 될래.

사람들이 더 나은 삶을 위해 속칭 제1세계로 떠나는 것을 이해해. 또한 에리카가 멕시코의 문제점들에 대해 이야기했지만 그럼에도 멕시코가 그리운 순간들, 멕시코를 사랑하는 지점들이 있을 것 같은데.

E 물론 난 멕시코를 사랑해. 가족, 음식, 문화, 사람들의 흥겨움이 그리워. 멕시코 사람들은 서로의 삶을 더 쉽게 공유하지. 뉴질랜드와 호주의 음식 문화는 멕시코에 비하면 참 단조로워. 하지만 이곳에서의 자유를 생각하면 멕시코로 돌아갈 생각이 사라져. 여기선 자유롭고, 그 자유는 돈으론 살 수 없는 거야.

기나긴 삶의 여정 속에서 결국 에리카가 찾은 건 삶의 자유였구나. 에리카는 열심히 공부해 변호사가 되었지만, 그 삶을 내던지고 오세아니아로 와 지금은 다른 것을 탐구하고 경험하고 있지. 앞으로는 어떻게 살고 싶어?

E 내 삶에 감사한 점은, 인생에 다양한 방향이 있음을 늦지 않게 깨닫게 해 줬다는 거야. 처음엔 이민에 관심도 없었고 멕시코에서 열심히 일하며 살아갈 생각만 했어. 스물두 살에 변호사가 되어 석사를 마쳤고 멕시코 사회가 원하는 대로 살았지. 최고가 되고 싶다기보다는 그저 좋은 직업을 갖고 결혼해 가정을 꾸리길 원했어. 서른이면 성공한 변호사가 될 거라고 생각했지만 시간이 지나도 변한 건 없었어. 그 길을 따르지 않기로 하자 더 많은 선택지가, 놓쳤던 기회와 찬란한 길들이 보이더라.

지금 나는 내 친구들과 다른 삶을 살고 있어. 많은 친구들이 벌써 결혼했지.

그들의 삶을 보며 나를 돌아보게 돼. 사회가 정한 삶을 따라 살지 않지만 후회는 없어. 실직자였던 사흘 전에도 나는 나를 믿었어. 부자가 될 필요는 없다고 생각해. 그저 안전하고 아름다운 곳에서 소소한 삶을 가꾸고 가정을 이루고, 가끔 멕시코 가족을 만날 수 있으면 충분해.

행복해 보여. 에리카를 행복하게 만드는 것들이 있을까?

E 호주에서 여전히 포기하지 않고 살아가는 내 모습을 보는 게 행복해. 지난 2년 동안 많은 일이 있었고 쉽지 않은 일상에 울기도 했어. 16시간이 넘는 멕시코와 호주의 시차는 나를 더 외롭게 했지만 이곳에서도 좋은 사람들을 만났어. 나는 그 도전을 통해 나의 발자취를 확인할 수 있었지. 지금의 나를 이룬 내 작은 부분들, 내 작은 발자국들을 인식하게 되었고 나 자신을 자랑스럽게 생각하는 법도 배웠어. 지금 난 행복해. 이 자유와 안전함 속에서 앞으로도 행복할 거야.

에리카는 자유란 돈을 주고 살 수 없다고 말했다. 국경 지대의 멕시코에서 국경 너머의 미국을 바라보며 그녀는 자기 자신에게 수없이 많은 질문을 던졌을 터였다. 나는 자유로운가, 안전한가, 미래를 꿈꿀 수 있는가. 우리가 당연하게 여기는 많은 것들이 그녀에겐 먼 세상의 특권이었기에, 그 '자유'를 찾아 가족과 경력을 뒤로한 채 조국을 떠났다. 나라면 자유를 위해 내가 일구어온 모든 것을 뒤로한 채 떠날 수 있을까. 스물여덟의 에리카가 보여줬던 용기, 서른의 에리카가 고군분투하며 이뤄내고 있는 삶은 너무나도 매혹적이었다. 나는 에리카의 자유를 믿는다. 나는 에리카를 믿는다.

율리아 G
자유로운 영혼의 여행자

율리아를 다시 만난 건 1년 만이었다. 같이 봤던 벚꽃이 낙화한 이후 네 번의 계절이 지났고, 그녀는 더욱 커다란 호기심을 가지고 살아가는 것처럼 보였다. 율리아를 처음 만난 건 한국에서였다. 내가 이스탄불로 3개월간 떠나기 이틀 전, 그녀는 막 한국에 들어와 코리빙 하우스인 우리 집에서 두 달을 살게 된 참이었다. 마침 이스탄불에서 한국에 온 그녀는 내게 많은 이야기를 들려주었고 나는 그 이야기를 배경 삼아 계획을 세웠다. 이틀 동안 율리아와 벚꽃을 보고 서울의 골목을 함께 거닐었다. 이후 그녀를 다시 만난 건 방콕에서였다.

#노마드 #이스탄불, 태국, 한국 여행 #전쟁과 삶 #방랑자 #젊음의 낙관

방콕은 어때?

J 정말 흥미로운 도시야. 나는 방콕의 남서쪽에 살면서 많은 걸 배우고 있어. 여긴 워낙 할 게 많아서 좋아. 아직 방문하지 못한 다양한 곳에도 가고 싶고, 방콕뿐만 아니라 치앙마이라든지 다른 도시들도 방문해 보고 싶어.

율리아의 일과가 궁금해.

J 현재 내가 사는 콘도미니엄(개인 소유인 아파트 형태의 주거 공간)에는 코

워킹 공간이 있는데 거기서 주로 일해. 일어나면 먼저 운동이나 요가를 한 다음 아침을 먹은 후 일을 하거나 영어 수업을 들어. 나는 지금 인플루언서들이랑 일하면서 제품을 만들거나 판매하는 걸 도와주고 있는데, 온라인으로 그들과 소통하면서 노마드로 일하기에 방콕은 참 좋은 도시야. 일이 끝나면 저녁을 먹고 하루를 마무리하지. 일주일에 며칠은 방콕의 다른 구나 공간들을 방문하려고 해. 카페나 미술관, 눈여겨본 다른 코워킹 공간을 방문하기도 하고.

왜 방콕에 오기로 결심했던 거야?

J 우크라이나 전쟁이 발발한 후 러시아에 머무는 게 어려워졌어. 다른 나라에 가려고 해도 결제나 송금 등에 제재가 걸려 있어서 체류가 쉽지 않았는데 태국은 그런 면에서 정말 좋았어. 비자를 받기 쉬웠고 돈 문제도 쉽게 해결할 수 있었거든. 물론 덥기는 하지만 그것만 빼면 참 살기 좋은 곳이야.

방콕에 오기 전에 다른 도시들에도 머물지 않았어?

J 처음 간 나라는 몬테네그로(발칸반도 서쪽에 있는 공화국)였어. 거기서 한 인플루언서를 도우며 6개월을 있었는데 회사에서 숙소, 교통, 환전까지 지원해 줘서 편하게 지냈지. 몬테네그로는 아름다운 곳이라서 여행을 하거나 친구를 만드는 것도 즐거웠어. 그 후 스리랑카로 갔는데 열대 섬에서 맛있는 음식을 먹으며 공부, 노래, 춤 등으로 시간을 보냈어. 그러다가 러시아 전쟁 때문에 이스탄불로 떠났던 거야.

이스탄불에는 얼마나 있었어?

J 이스탄불에는 한 달 정도 있었고, 잠깐 러시아에 갔다가 다시 이스탄불에 돌아와 8개월을 있었어. 갈라타 타워 바로 옆에서 살았는데 테라스의 풍

경이 멋진 집이었지. 수많은 길고양이들과 아름다운 보스포루스 해협은 아직도 잊을 수 없어. 반면에 음식은 한국과 태국 음식에 비하면 그리 맛있지 않았어. 이후에 한국 수원에서 두 달을 지낸 후 태국에 왔어.

어느 곳으로 가고 얼마나 머물고는 어떻게 정하는 거야?

J 솔직히 말하면 스리랑카에서는 더 활기찬 도시로 가고 싶었어. 그래서 구글 맵에서 이스탄불을 찾았는데 마침 비행기표도 그렇게 비싸지 않은 데다 비자 문제도 쉬웠고 환전이나 결제도 간단했어. 스리랑카도 아름다웠지만 작은 마을에서 자연만 바라보며 사는 게 곧 지루해졌고 큰 쇼핑몰과 예쁜 카페가 그리워져서 이스탄불로 간 거야. 또 한국은 항상 가고 싶었던 나라였고, 태국 또한 저렴한 물가와 노마드 친화적인 인프라가 눈에 띄었어.

이스탄불에선 어떻게 지냈어?

J 여러 친구를 만들고 이스탄불의 다양한 지역을 방문했어. 카디쾨이는 젊고 진보적인 분위기였고 위스퀴타르는 더 일상적이고 보수적이었어. 베식타스는 펍과 카페가 많아 친구들과 자주 갔고 파티흐는 관광지임에도 보수적인 분위기였지. 내가 가장 좋아했던 곳은 탁심의 갈라타 타워 근처와 카디쾨이로, 특히 카라쾨이의 갈라타 포트가 좋았어. 크루즈들이 정박해 있는 모습이 꿈속 장면처럼 아름답게 느껴지곤 했거든. 이스탄불에서 영어도 공부하고 친구도 많이 사귀었어.

그리고 한국으로 온 거야?

J 응, 마음 같아선 한국에 더 오래 머물고 싶었는데 비자 때문에 두 달이 최대였어.

율리아가 한국에 도착했을 때 출입국사무소에서 연락이 왔던 게 기억나. 나보고 율리아의 신원을 보증할 수 있냐고 묻더라고.

J 전쟁 중이라 비자 문제 때문에 그랬을 거야. 처음 한국에 도착했을 땐 정말 무서웠어. 나는 네 연락처밖에 없었고 뭐가 어떻게 되는지도 잘 몰랐으니까. 그래도 아무 일 없이 입국할 수 있어서 다행이었지.

신기한 일도 있었는데, 내 휴대폰 배경 화면의 장소를 너랑 우연히 방문했을 때야. 그런 장소가 정말로 존재하는지도 몰랐고 그저 예쁜 거리 풍경을 받아서 배경 화면으로 저장해 둔 건데, 우리가 밥 먹은 식당에서 5분 거리에 있는 곳일 줄은 상상도 못 했어.

그건 정말 특별한 경험이었지. 한국은 어땠어?

J 더 오래 머물고 싶을 정도였어. 한국의 펍이나 클럽 문화가 흥미로웠거든. 이전에는 클럽 같은 곳을 가본 적이 없어서 특별한 경험이었지. 한식은 맛있었고, 멋진 사람들도 많이 만났어. 태어나 처음으로 본 벚꽃도 무척 아름다웠고.

다음 행선지는 어디야?

J 그건 내 직업과 수입에 달려 있을 것 같아. 일단 러시아에 가서 병원 진료를 받을 게 꽤 있어. 그러고 나면 스페인의 산티아고 순례길도 가보고 싶은데 그건 비자 문제 때문에 어려울 테고. 한국의 겨울은 너무 추워서, 대신 산과 자연이 풍성한 케냐에 가보고 싶어.

율리아는 나만큼이나 방랑벽이 있네.(웃음) 율리아의 삶은 일반적인 러시아 사람들과 꽤 다를 것 같아. 가족이나 친구들은 율리아가 살아가는 모습에 관해서 어떻게 생각해?

J 나는 4년째 부모님을 보지 못했어. 그런데 그건 내게 큰 문제는 아니야. 부모님과 그리 가까운 사이가 아니니까. 러시아에 친구들이 있긴 한데, 잘 모

르겠어. 우크라이나와의 전쟁 이후 국가적 차원의 전쟁 프로파간다가 러시아 국민들에게 영향을 미치기 시작했거든. 그런 상황에서 많은 이들이 자신의 미래에 관해서 관심을 끄기 시작했어. 더는 미래 계획을 하지 않는 거야. 사람들은 그냥 현재의 삶을 살아가거나, 아니면 아무것도 하지 않게 되었어. 징집이 되어 전쟁에 참전하게 되면 어차피 죽을 테니까.

아무것도 하지 않는다고?

J 내 또래 친구들은 이제 스물다섯이야. 다수가 학교를 졸업하고 이미 가정을 이뤘지. 그 상황에서 변하지 않는 상황과 망가져 가는 경제는 국민들의 정신 건강을 피폐하게 만들고 있어. 그래서 아무것도 안 하기로 결심한 거지. 러시아 친구들과 연락할 때면 나 또한 우울에 사로잡히곤 해. 그래서 나는 결코 러시아에 돌아가서 살 생각이 없어. 그런 현실을 마주하기 싫으니까.

율리아는 방랑자였다. 러시아를 떠난 이후 줄곧 길 위에서 살았다. 전쟁이 많은 청년을 죽이고 미래를 갉아먹는 동안 남은 사람들이 할 일이라곤 그저 아무 일도 하지 않는 게 전부였다. 너무도 불확실한 미래 앞에서 계획이 의미가 있을까. 율리아는 가족과 친구 없이, 자신을 응원해 주는 가까운 이들 없이 혈혈단신으로 전진했다. 믿을 것이라곤 자신뿐이었다.

항상 율리아가 하는 일이 궁금했어. 정확하게 어떤 일을 하고, 그전엔 어떤 공부를 했어?

J 건축과 관광을 전공했어. 어릴 때부터 웨이터, 쇼핑몰 사무직원, 옷 가게 컨설턴트 등 여러 직업을 경험했지. 대학생 때는 온라인 네일 숍을 열었는데 잘돼서 오프라인 숍도 열었지만, 화학 제품으로 인해 건강이 안 좋아져 사업을 접었어. 이때 한국 화장품을 인스타그램으로 팔기 시작했는데 한류가 유행하면서 사업이 잘 풀렸고 이후에는 인플루언서들을 돕는 마케팅 에이전시에 입사했어. 지금도 그 일을 계속하고 있고.

러시아의 유명 인플루언서들의 계정을 관리해 주는 일이야?

J 인플루언서들을 위한 제품을 만들고 판매하는 일을 해. 그들의 충성 고객을 대상으로 제품을 만들고 마케팅을 지원하지. 몬테네그로, 스리랑카, 이스탄불에서도 같은 일을 했어. 인플루언서의 팔로워에게만 한정판 제품을 판매하기도 하고, 때로는 그들만의 강의를 영상으로 만들어 판매하기도 해.

온라인 강의를 만들어주는 거야?

J 전체적인 제작을 같이한다고 보면 돼. 피트니스나 다이어트 관련 인플루언서와 일할 때는 그들이 영상을 찍어 올리면 내가 편집하고 홍보도 했어. 예를 들면 '좋은 시를 쓰는 법', '나 자신을 찾는 법', '나만의 여행을 하는 법' 등의 인터넷 강의를 강의 플랫폼에 올리고 마케팅을 해주는 식이야.

앞으로도 율리아는 이쪽에서 분야에서 계속 일하고 싶어?

J 그렇긴 한데, 같은 분야에서 다른 일들도 해보고 싶어. 인플루언서를 위한 애플리케이션을 만든다든지 더 비싼 제품을 만들어 판매할 수도 있겠지. 사실 이 일을 시작할 때만 해도 내가 한국이나 태국에 가게 될 줄은 꿈에도 몰랐어. 앞으로도 노력해서 더 많은 돈을 벌고 더 많은 걸 배우고 싶고, 나중에는 나만의 팀을 만들어서 독립하고 싶어. 그리고 몇 년간 여행하면서 연애를 제대로 하지 못했는데 다시 시작하고도 싶어.

낙관은 언제나 흥미롭다. 더군다나 젊음의 낙관은 매력적이기까지 하다. 율리아는 스스로 개척해 나가는 삶을 살고 있었다. 조그마한 체구로 앞서 걸어가는 율리아를 처음 만났을 때, 그녀가 헤쳐 나왔을 길들을 홀로 가늠했다. 남들과 다른 삶을 사는 건 언제나 힘들다. 수많은 평가와 사회적 편견을 이겨내고 오롯이 걸어가는 길이다. 율리아는 그 길에서 낙관을 벗 삼아 전진하고 있었다. 그 길에 동행할 수 없더라도, 종종 길동무가 되고 싶었다.

Edina

#30대 초반
#프라하, 체코
#인스타그램 @whoisedina

에디나
백지에 그리는 사랑

에디나를 오랜만에 만났다. 또다시 머리 색깔이 변해 있었다. 만날 때마다 매번 그렇듯 그녀는 나를 와락 껴안았다. 2년 만의 재회였다. 자신이 제일 좋아하는 공원에 가자고 손을 이끌었고, 우리는 그렇게 인터뷰를 위해 길을 나섰다. 프라하의 칼린에서 다리를 건너 홀레쇼비체로 향했다. 막 레트나 공원을 걸을 참이었다. 한참을 지난 연애들과 자존감에 관해 이야기하던 에디나에게 행복에 관해 물었다.

#행복의 정의 #사랑의 방식 #프라하에서의 일상 #루마니아인 #헝가리인

인터뷰에 응해줘서 고마워. 마침 행복에 관해 이야기하고 있었잖아. 에디나에게 행복은 뭐야?

E 아침에 상쾌한 공기를 깊이 들이쉬거나, 해 질 녘의 일몰을 보며 차를 마시는 이런 순간들이 행복 아닐까. 엄마에게 전화를 하는 것, 나를 껴안는 따뜻한 손길을 느끼는 것, 아름다운 건축물을 보는 것, 멋진 농담에 웃음을 터트리는 것, 마음 가는 대로 그림을 그리는 것, 클럽에서 춤을 추는 것, 마음에 드는 음악을 들으면서 춤을 추는 것. 이 모두가 행복이라고 생각해.

에디나는 자주 행복감을 느껴?

E 어릴 때는 무의식적으로 매 순간 행복한 감정에 젖곤 했어. 그때는 그 감정이 행복인지 몰랐지만 말이야. 우리는 자라면서 사회가 보여주는 행복의 양상에 관해 배우고, 동시에 행복을 스스로 정의 내리는 법을 잊어버리게 돼. 최근 몇 년 동안 그렇게 인위적으로 학습한 행복을 잊는 대신 나 스스로 행복의 근원을 찾으려고 노력하고 있어.

최근에 행복했던 순간은 언제였어?

E 루마니아에 가서 동생이랑 같이 여행 계획을 세울 때였는데, 문득 옆에 앉아 있는 동생을 보니까 껴안아 주고 싶은 거야. 사랑하는 사람을 오랜만에 만나면 느끼는 행복한 감정이 있잖아. 동생을 보고 무척 행복했던 기억이 나.

에디나의 행복한 순간들엔 항상 사람들이 있네. 우정이 행복에서 중요한 요소 중 하나야?

E 그렇다고 생각해. 그런데 우정보다는 관계로 조금 더 확장해서 말하는 게 적합할 거야. 부모님과의 관계, 동생과의 관계, 친구와의 관계, 사랑하는 사람과의 관계, 그리고 직장 동료와의 관계. 이런 관계들이 내 삶에서 가장 중요한 요소야. 나는 어디에서든 관계를 구축하는 사람이고 그 관계 속에서야 행복할 수 있거든. 물론 관계도 행복을 이루는 많은 요소 중 하나이지만.

다른 요소로는 뭐가 있을까?

E 예술 작품을 만들어내는 것, 그리고 음악을 통해 사람들과 연결되는 것. 음악은 내게 가장 중요한 행복의 원천이야. 아침에 일어나면 거실로 나와서 음악을 틀고, 스피커에서 흘러나오는 음악에 맞춰 춤을 추며 행복을 느껴. 내가 하는 일 또한 내 행복의 원천이야. 팀원들에게 영감을 주고, 그들이 효율적이고 업무 친화적으로 변해가는 과정을 보면서 기쁨을 느껴. 여행도 그렇고.

그 모든 행복의 원천들이 동등하게 에디나를 행복하게 해? 혹은 그중에도 삶에서 더 중요한 영역들이 있을까?

E 모두가 동등하다고 할 수는 없겠지. 시기마다 다른 요소들이 나를 행복하게 해줬는데, 예를 들면 일에 집중해서 경력을 쌓으려고 노력했던 몇 개월 동안은 일에서 대부분의 성취감과 행복감을 얻었고, 다른 몇 개월은 가족이나 친구들과 시간을 보내는 데에 더 집중했어. 또 다른 기간에는 일을 최소한으로 유지하면서 여행하고 춤을 췄지. 행복은 마치 파도처럼 항상 변화한다고 생각해. 늘 기복이 있기 마련이야. 가끔은 거대한 파도에 직면하고, 어떤 때는 파도가 없어 잠잠하기도 하고. 그럴 때마다 내가 어디에 초점을 맞춰야 할지 고민하고는 해.

그러니까 행복을 빚기 위해 그것들을 조화롭게 관리하는 거네?

E 응, 모든 요소가 삶에 편재해 있어. 가끔은 그 범람하는 행복이, 그리고 그 행복을 만들어내는 감정들이 나를 혼란스럽게도 하지만, 그게 내 인생이니 나는 그 모든 감정을 안은 채 살아갈 뿐이야.

사랑에 관해서도 이야기하고 싶어. 사랑 또한 관계의 연속일 수 있지만 동시에 삶에서 중요한 역할을 하잖아. 에디나는 사랑을 어떻게 정의하고, 그 정의는 바뀌어왔을까?

E 많은 사람들이 사랑을 아름답게 정의해 왔는데 그중 한 문장을 소개할게. '사랑은 네가 누군가에게 너를 파괴할 힘을 주되, 그가 널 파괴하지 않을 거라고 믿는 것이다.' 사랑은 누군가가 나를 파괴할 수 있다는 걸 알면서도 내 모든 걸 내어주는 거라고 생각해. 로맨틱한 사랑은 내 인생에서 많이 변해 왔어. 10대의 사랑은 순수하고 강렬했지만 스무 살의 사랑은 좀 더 깊었고 집착으로 변하기도 했어.

에디나는 2년 전만 해도 20대였잖아.

E 응.(웃음) 2년 전엔 집착이 일상이었는데, 서른이 되고 나서는 사랑에 대한 시각이 달라졌어. '자신을 사랑하라'는 말처럼 형식적인 것이 아니라, 진짜로 나를 위해 선택하는 게 진정한 사랑임을 깨달았어. 그걸 위해선 먼저 나 자신을 이해해야 했고 내게 무엇이 좋은지 파악해야 했어. 그래서 최근 2년 동안은 나를 알아가려 노력하면서 나를 중심으로 하는 사랑으로 변한 것 같아.

자신을 먼저 이해하는 게 사랑의 첫걸음이었구나. 그럼, 그 최근의 사랑에 관해 이야기해 줄 수 있어?

E 사실 최근의 사랑은 갑자기 생긴 게 아니야. 오랫동안 지속되었던 사랑을 다시 바라보게 된 거야. 몇 개월 떨어져 있어도 마음속 깊은 사랑과 믿음이 존재함을 알게 되었고 그 믿음이 더욱 단단해졌어. 이제는 이 사랑 속에서 나 자신으로 온전히 존재할 수 있게 되었어. 더 쉽게 사랑하고 솔직하게 감정을 꺼낼 수 있게 되었지. 그렇게 함께 앉아 감정을 나누면 오해 없이 쉽게 결론을 내릴 수 있어.

사랑의 방식이 바뀐 건 나이가 들어서야, 아니면 이전의 경험들이 그 변화를 만든 거야?

E 나의 경험들이 변화를 이끌었다고 생각해. 사람들은 각자 다른 속도로 연애를 하잖아. 스물넷에 많은 실연을 당할 수도 있고, 마흔이 될 때까지 겨우 한두 번의 이별을 경험할 수도 있으니까. 그래서 나이보다 얼마나 많은 경험을 했고 그 경험 가운데 얼마나 자기 자신을 온전하게 이해했느냐가 중요하다고 봐. 솔직하게 말하건대, 나는 수많은 시간을 자기 부정 속에서 살아왔어.

자기 부정? 에디나가?

E 응, 끊임없이 사랑을 부정하고 도망쳐왔어. 되돌아보면 자신의 감정을 제

대로 이해하지 못했던 것 같아. 내가 왜 이런 식으로 생각하는지, 이 감정이 왜 이런 영향을 만들어내는지를 파악하는 게 참 힘들었어. 감정들은 마치 지도 속 도시들처럼 각자의 경계와 영역이 있는데 그것들을 그려내는 게 쉽지 않았어. 그리고 그건 경험을 통해서만 가능한 일이었지.

사랑에 대한 에디나의 정의가 앞으로도 변할까?
E 당연하지. 물론 나라는 사람과 사랑에 관한 본질적인 이해, 그러니까 관심을 주는 것과 나누는 것은 변하지 않겠지만, 혹시 모르지. 40대가 된 어느 날 갑자기 사랑이 다시 집착이 될지도.

대개 사랑을 찾아 나섰어? 혹은 사랑이 찾아왔어?
E 사랑이 내게로 왔어. 나는 사랑을 어떻게 찾아 나서는지 아직 잘 모르겠어. 그리고 마지막 실연 이후 조금 더 자신에게 집중하는 시간을 갖기도 했고. 나 혼자 시간을 보내고 즐기는 게 정말 행복하더라고. 그래서 굳이 타인을 만날 필요를 느끼지 못했어.

사랑에 관해선 수없이 많은 정의가 있을 수밖에 없다. 이 세계를 살아가는 인류가 80억 명이라면 분명 80억 개의 정의가 있을 터였다. 그 많은 정의 속에서 에디나의 정의는 단순하고 명료했다. '관심을 주고 나누는 것', 그리고 더 나아가 그 대상에게 '자신을 파괴할 힘을 주는 것'. 에디나는 성장해 온 자신의 사랑을 말했지만 사실 그녀의 사랑은 여전히 파괴적인 데가 있었다. 자신을 이해하고 사랑하기로 결심한 에디나였지만 사랑에서만큼은 진심일 수밖에 없나 싶었다. 행복과 사랑이라는 커다란 주제들에 쉽게 대답해 준 에디나가 고마웠다. 이제 조금 더 쉬운 질문을 던질 차례였다.

프라하에는 어떻게 오게 된 거야?
E 의도치 않게 왔어. 루마니아에서 국제경영학(International Business

Administration) 석사 학위를 마쳤을 때, 친한 친구가 루마니아를 떠나고 싶어 하더라고. 그 친구가 프라하에서 취업한 걸 보고 나도 그 친구를 따라 지원했는데 덜컥 합격한 거야. 그래서 프라하에 왔어.

그 전엔 체코나 프라하에 관해 잘 알고 있었어?

E 전혀 아는 바가 없었어. 그때가 2016년이었는데 그 회사에서 몇 개월 정도 일하다가 다른 회사로 이직했지. 그 이후 현재의 회사에서 7년 정도 일하고 있어. 처음에는 컨설턴트로 일을 시작했는데 이제는 매니저야. 그렇게 프라하에서 일하면서 동시에 도시의 여러 지역을 탐험하고 사람들을 사귀고 있어. 꽤 오랫동안 프라하에 있었지만 여전히 이 도시를 잘 모르는 것 같아. 도시 또한 시간이 지남에 따라 그 얼굴을 바꾸며 변화해 왔고, 나도 좋아하는 곳들 위주로 방문하는 관성이 생겼으니까.

왠지 모르게 프라하에 사는 20, 30대 친구들은 변하지 않는 도시의 모습에 좌절을 느끼는 것 같아서. 역사적인 관광지로서의 모습을 부각하려다 보니 필연적으로 새로운 변화는 경시되고. 인구 천 만의 도시에 2천 만의 관광객이 오가는 곳이라 그런가 싶기도 하지만.

E 전적으로 동의해. 프라하에서 음악을 하는 친구들이 기획한 재미있는 이벤트도 지속되기 어려운 게 현실이야. 사람들은 계속 바뀌고, 프라하 사람들은 그런 오가는 사람들과 단기적인 관계만 맺어선지 쉽게 마음을 열지 않아. 외국인을 만나도 떠날 걸 알기에 그저 이벤트를 즐길 뿐 진심으로 응원하거나 적극적으로 참여하진 않는 것 같아.

내게 프라하는 국제적인 도시라기엔 단기 여행자들이 많은 (국제)관광 도시였어. 프라하에서 만나는 다수의 외국인은 관광객이 아닐까 싶어. 그 사람들을 대면하는 체코 사람들도 다수가 관광업에 종사하지만, 새로운 문화에는 크게 관심이 없지 않을까.

E 나도 그렇게 생각해. 프라하는 경유 환승지 같은 느낌이야. 그 누구도 프라하를 종착지, 특히 인생의 목적지로 여기진 않는 듯해. 우리만 이렇게 생각하는 게 아니야. 많은 사람들이 프라하에서 10년, 15년을 살아도 체코어를 배우지 않아. 나도 내가 여기서 왜 이렇게 오래 살고 있는지 잘 모르겠어. 운명이라면 운명이려나.

애증이라고 생각해?

E 비슷해. 이 도시에서 직접 일구어온 것들을 사랑해. 여러 번 이사하며 나만의 공간을 만들고 일상을 쌓아가는 게 좋았어. 아침에 커피를 마시고, 장을 보고, 항상 가는 미용실에서 머리를 자르는 프라하에서의 일상이 행복해. 여기서 만난 사람들은 고향의 친척들 같은 관계가 아닌 내가 스스로 만든 친구들이야. 그런 하루하루의 선택을 사랑하지만 프라하가 여전히 '집'이 될 수 없다는 건 아무래도 아쉬워. 고향으로 돌아갈 생각도 있긴 한데, 프라하에서의 소중한 기억들 때문에 어떻게 해야 할지 고민 중이야.

예전에 에디나가 했던 말이 떠올랐다. 자신은 계속해서 행복을 표현해야 하는 사람이고, 그 행복은 관계 속에서야 온전하다는 말. 에디나의 행복이 일상에서도 일에서도 관계로 이어지는 것이 참 신기했다. 그녀는 즐거운 노래가 나오면 춤을 추고, 그 끝없는 행복감을 그림으로 그렸다. 에디나의 집에는 어디에나 캔버스가 놓여 있는데 그림으로 감정을 표현하고 싶을 때 그 자리에서 그리기 위함이었다. 인터뷰를 마무리하며 에디나가 덧붙였다. "그림을 그린다는 건 인생을 사는 것과 비슷해. 우리는 쉽게 겁을 먹고 첫 발자국을 떼지 못하지. 하지만 중요한 건 캔버스 위에 붓을 올려놓는 행위야. 첫 시작이 어려울지는 몰라도, 그다음은 네 마음이 가는 대로 살아가면 되는 거야."

Nat

- #20대 후반
- #부에노스아이레스, 아르헨티나
- #인스타그램 @natiebalza

냇
계속해서 살아가는 것

아르헨티나의 파리, 부에노스아이레스에서 냇의 발걸음은 가벼웠다. 지면을 박차고 올라가는 뒤꿈치를 의식하지 않아서였을까, 혹은 지나간 발자국을 잊었기 때문일까. 그녀는 항상 가볍게 앞으로 치달았다. 2018년, 베네수엘라를 떠난 지 고작 1년도 안 된 냇은 낙관으로 둘러싸여 있었다. 발랄한 미소, 밝은 심성, 모두를 감싸안을 듯한 따뜻한 마음이면 모든 게 잘되리라 믿었다. 통통 튀는 걸음으로 그렇게 부에노스아이레스에서 6년 동안 살았다. 가족을 마라카이보에 남겨 놓은 채 할 수 있는 건, 그저 계속해서 살아가는 일이었다.

#가족과의 관계 #첫 독립 #떠남과 정착 #나와 타인을 사랑하는 법

최근에 어머니가 방문했다고 들었어.

N 부모님이 내가 있는 부에노스아이레스에 오셨는데 처음엔 그냥 좀 낯설었어. 일주일쯤 지나니 같이 지내는 게 힘들더라. 내 방이 부모님 물건으로 가득 차버렸거든. 그래서 따로 방을 구해드리고 그곳에서 머물러달라고 요청했지. 그래도 즐거운 경험이었어. 스물두 살 생일에 베네수엘라를 떠난 이후 처음으로 부모님을 만난 거였으니까.

다른 방을 구해드려서 부모님이 서운해하진 않으셨어?

N 나는 혼자 지낼 공간이 필요했어. 고향을 떠나 6년 동안 혼자서 내 삶을 만들어왔으니, 아무리 사랑하는 부모님이라도 갑자기 내 일상에 들어오는 건 참기 힘들었지. 사실, 그 순간의 내가 대견했어. 스물둘 소녀였던 내가 지금은 부모님이 머물 공간을 찾아주는 어른이 된 거니까. 결과적으로 부모님이나 나나 서로에 대해 배운 것 같아. 나는 내가 여전히 부모님에겐 아이일 수밖에 없다는 걸 배웠고, 부모님들은 조그맣던 애가 이제는 다 컸구나 싶으셨겠지.

부모님과의 사이는 어때?

N 아빠랑은 여전히 어려워. 부에노스아이레스에 와서 심리 상담을 받으며 아빠와의 관계에서 내 많은 문제의 근원을 찾았었어. 이번에도 난 열다섯 살 때로 돌아간 것처럼 아빠와 감정적으로 싸웠어. 그러다 혼자서 맥이 풀려 웃기도 했지. 부모님은 결국 베네수엘라로 돌아갈 텐데, 내가 왜 이러는지 모르겠더라. 부모님이 떠나고 나서야 내가 두 분을 진심으로 사랑한다는 걸 느꼈어. 여전히 갈등은 있지만, 나는 아빠를 정말 사랑해.

어쩌다 보니 가족 이야기로 인터뷰를 시작했네. 가족에 관해 더 들려줄 수 있어?

N 가족은 내 삶에서 정말 중요한 존재고 부모님은 전부라고 해도 돼. 줄곧 부모님과 더 나은 관계를 맺고 싶었어. 난 아빠의 삶을 볼 때마다 마음이 아파. 항상 온 힘을 다해 살아가고 있거든. 아빠에게 늘 이렇게 말하고 싶었어. "아빠, 내가 여기 있어요. 내가 변했으니, 이제 아빠가 필요할 때마다 옆에 있을게요."

엄마에 관한 이야기도 들려줘.

N 엄마는 아름다운 사람이야. 엄마와 3개월 동안 함께 지낼 때 정말 행복했

어. 그때 나는 요가 강사로 일하고 있었고, 엄마는 나를 위해 음식을 만들어 주셨지. 우리는 둘만의 시간을 보내며 자주 웃었는데 그건 정말 특별했어. 배가 아프고 얼굴이 일그러질 정도로 웃으면서 깊은 편안함을 느꼈어. 엄마는 나를 완벽하게 이해하는 사람이라 가능했던 것 같아. 엄마와 함께라면 나는 나 자신이 될 수 있고, 가면을 쓸 필요 없이 편안하게 지낼 수 있어.

6년이라고 말했던 것 같은데, 베네수엘라를 떠난 이후 부모님을 처음 뵌 거야?

N 2018년, 널 처음 만났던 그해의 밸런타인데이 다음 날 베네수엘라를 떠났어. 그로부터 6년이 지나서야 부모님을 뵐 수 있었고.

나도 6개월 동안 부에노스아이레스에 지내며 많은 사람을 만났지만, 냇과의 기억은 참 특별했지. 비 오는 날 내가 살던 건물 옥상에서 이불보를 지붕 삼아 앉아 와인을 마신다든지, 부엌 구석에 앉아 같이 사진을 찍는다든지 말이야. 그래서 더 제대로 이별을 하고 싶었는데, 마지막으로 만났던 그날 사실 나는 엄마와 크게 다퉜어. 언제 돌아올지 모를 부에노스아이레스에서 친구들과 마지막 인사를 나누고 싶은데 엄마는 시간이 늦는다고 나를 그렇게 막아서더라고. 얼마나 나이를 먹든 결국 우리는 부모님한테 아이인가 봐.

N 네 부모님이 부에노스아이레스에 오셨을 때가 기억나. 두 분을 모시고 산 텔모에 간다고 했었지. 완벽히 다른 문화 속에서 새로운 경험을 하는 건 참 낯선 일이잖아. 나는 한국 문화에 관해 잘 모르지만, 부모님은 부모님대로 너를 걱정하셨던 게 아니었을까.

가족 이야기를 할 때면 냇의 두 눈은 반짝였다. 원체 미소가 잦은 냇이었지만 그 어느 때보다 웃음이 천진하고 선명해 보였다. 예전에 함께 시간을 보낼 때마다 그녀가 꺼냈던 부모님의 이야기가 떠올랐다. 냇에게 가족은 뗄 수 없는 상흔, 아니 애정이라는 이름의 상처일지도 몰랐다. 6년 만에 부모님을 만나고 그들을 다시 베네수엘라로 떠나보낸 냇은 행복해 보였다. 나는 언제 그녀처럼 부모님을 제대로 마주할 수 있을지 문득 궁금했다.

마음 같아선 냇의 가족 이야기를 몇 시간이고 듣고 싶지만 다른 맥락의 이야기들도 듣고 싶어. 이별과 재회에 관해 이야기했으니, 그 배경이 되는 베네수엘라와 아르헨티나에 관해 이야기해 볼까?

N 베네수엘라에 밝은 미래는 없어. 그래서 많은 사람들이 이민을 떠나. 칠레, 아르헨티나, 콜롬비아로 가거나 일부는 스페인으로 가기도 해. 나는 연극을 공부하던 중이라 아르헨티나에 오고 싶었어. 베네수엘라에서 법학을 전공하면서도 연극을 공부했었거든. 어릴 때부터 아르헨티나의 국립 예술 대학에서 공부하고 싶었기에 그 꿈을 따라오게 된 거야. 열여섯 살에 이런 글을 일기에 썼더라. '너는 부에노스아이레스에 가야 해. 거기서 배우가 되어 꿈을 이루고, 사랑을 찾고, 너 자신도 찾아야 해.' 그리고 여기, 지금의 내가 있지.

부에노스아이레스에 간다고 했을 때 부모님이 반대하지는 않았어?

N 부모님은 나와 정말 달라. 우리 가족에서 나만 검은 양처럼 다른 기질과 취향을 가졌어. 나는 연극을 좋아하고, 이상한 음악을 듣고, 요가에 관심이 있는데, 남동생들이나 부모님은 이런 걸 잘 이해하지 못했어. 10대 후반이었던 당시, 그래도 나는 부모님과 잘 지냈고 베네수엘라에서 살아가는 것에도 만족했지만 여전히 내가 원하는 삶을 살기 위해 떠나고 싶었어. 그렇게 스물두 살에 베네수엘라를 떠나는 편도 항공권을 샀어. 2월 1일에 비행기표를 샀고, 비행은 밸런타인데이 다음 날로 예정되었어.

편도 항공권을 샀다고?

N 응, 편도 표. 그 전해의 12월이 기억에 선명해. 아직 비행기표는 없었지만 베네수엘라를 떠날 계획을 하고 있었어. 비행기표 살 돈도 없으면서 나는 이미 떠날 결정을 확고하게 한 상태였지. 어느 날 가족 파티 중에 할머니, 이모, 사촌들과 웃고 떠드는데 문득 이 순간을 다시는 못 누릴지도 모른다는 예감

이 들었어. 그래서 할머니, 이모, 동생들을 하나하나 강하게 껴안았어. 그 순간들이 다시 오지 않는다는 게 정말 아름다웠어.

그렇게 부에노스아이레스에 왔을 땐 어땠어? 베네수엘라와 달라서 낯설지 않았어?

N 처음 이곳에 왔을 땐 완전히 혼자였어. 도움을 요청하는 걸 어려워하는 성격이라 친구를 사귀기 어렵겠다고 생각했지. 삶을 함께할 친구들이 아쉬웠는데, 다행히도 그런 친구들을 만났어. 앞으로도 내 웃음과 울음을 함께할 사람들이야. 첫 부에노스아이레스는 막막했지만 친구들을 만나면서 함께 살아가는 법을 배웠어. 그들과 함께하며 홀로 서는 법을 익히고 책임감을 가지며 행복해지려고 노력했어. 그 과정에서 외로움도 배웠지.

그렇게 독립했구나.

N 응, 새로운 삶의 환경에서 숨을 쉬는 법, 매 순간을 즐기고 살아가는 법, 세상을 다양한 색으로 보는 법과 세상의 체취를 맡고 내 두 발을 느끼며 굳건히 서는 방법을 배웠어. 그렇게 나는 삶의 모든 순간을 한 편의 영화에 나오는 장면들처럼 마주하고, 마음을 다해 살아갔어.

예전에 냇을 만나러 누에베 데 훌리오 대로에 있던 사무실을 종종 방문했던 기억이 나. 2018년이었던 당시에는 정확히 어떤 일을 했었고, 지금은 어떤 일을 하고 있어?

N 부에노스아이레스에 처음 왔을 땐 법률 회사에서 리셉셔니스트(회사나 호텔 등의 접수 담당자)로 일했어. 그때의 여정은 나 자신을 찾아가는 과정이었지. 처음엔 이 정글에서 어떻게 살아남아야 할지 걱정스러웠지만, 지금은 그때보다 더 행복해. 첫 직업은 고객들에게 법률 상품을 판매하는 일이었고, 그 후엔 여러 법률 회사에서 일했어. 특별한 경험이었지. 베네수엘라에서 온 스물두 살의 작은 여자에게 큰 책임을 맡겨주고 인간적으로 대해줬거든. 그

후 한 회사에서 이직 제의를 받으면서 영업관리자로 일하게 되었어. 법을 전공했지만 직업인으로서 사람들 앞에 서는 건 처음이었어. 사람들의 이야기를 경청하고, 뭔가를 팔아야 했지. 그 일을 하면서 많은 걸 배우고 안정감도 찾았어. 그때 나는 큰 IT 회사 영업팀의 유일한 여성 관리자로서 스물다섯의 나이로 열 명이 넘는 남자들 사이에서 일했는데, 다시 생각해도 그때의 내가 정말 대견스러워. 그로부터 3년 후에는 요가를 가르치기 위해 회사를 떠났어.

인스타그램에서 봤을 때는 취미로 하는 줄 알았는데, 요가를 전문적으로 가르쳤던 거야?

N 응, 한동안 요가를 가르쳤어. 사람들이 동작을 익히고 그들의 몸이 변해가는 과정을 보는 건 황홀한 경험이었지. 처음엔 어려웠던 동작을 해내며 기뻐하는 사람들을 보면서 무척 행복했고 그 순간들이 참 아름다웠어. 나는 요가를 사랑하고 가르치는 것도 좋아해. 지금은 다국적 기업의 인사 담당자로 일하고 있지만 언젠가 다시 요가와 만날 수 있으면 좋겠어.

부에노스아이레스에서 지낼 때 종종 극장에 갔다. 냇의 친구들을 만나고, 그녀가 좋아하는 페로타 칭고(Perota Chingo)의 노래를 듣기도 했다. 연극을 꿈꿨던 2018년의 냇은 종종 일과 연극을 병행했고, 사랑하는 일을 찾기 위해 고군분투하고 있었다. 항상 타인의 이야기를 듣는 걸 말하는 것보다 즐긴다는 냇은 수많은 서사를 간직한 사람이었다. 떼려야 뗄 수 없는 가족의 서사, 떠남과 정착의 서사, 그리고 새로운 방향으로 계속해서 나아가는 서사까지. 그 삶의 궤적을 함께 돌아보며 우리는 몇 번이고 울고 웃었다. 문득 그녀와 만났던 부에노스아이레스의 마지막 밤이 떠올랐다. 해는 저물었지만 도시 반대편은 분홍색 어스름의 물결에 둘러싸여 있었다. 어둠에 물들기 전 시시각각 변해가는 그 분홍, 보라, 청색의 물결을 바라보며 앞으로 그녀가 마주할 삶의 아름다움들을 상상했다. 인터뷰를 마무리하며 냇이 말했다. "인생은 이미 고달프잖아. 그런데 우리는 왜 그 고달픈 인생을 남들과 다투며 더 힘들게 보내는 걸까. 나 자신을 위해 하는 행동을 타인에게도 똑같이 할 것. 그게 나를, 그리고 타인을 사랑하며 살아가는 방법이야."

Bella

| #20대 중반
| #톰스크, 러시아
| #인스타그램 @bellanci.aga

벨라
새로운 나의 몸짓

벨라의 춤은 역동적이었다. 그녀가 춤추는 모습을 처음 본 건 집에서 연 조그만 파티에서였지만, 이후 그 춤을 접하는 건 매일의 일상이었다. 먼 한국 땅에서 춤을 직업으로 삼는다는 것, 그것도 잘 알려지지 않은 보깅(Voguing)을 업으로 삼기란 그리 쉬운 일이 아니었을 거다. 그럼에도 벨라는 꾸준히 춤과 자신을 타인들에게 내보였다. "춤을 추면 내가 아닌 다른 정체성을 가지는 것만 같아"라고 말하던 그녀. 그 춤의 여정을 따라가 보았다.

#춤과 인생 #보깅 #한국의 춤 선생님 #여러 자아 #삶의 목표

어떻게 한국에 왔어?

B 러시아에서의 삶이 지루했어. 나는 일 때문에 러시아의 거의 모든 도시를 돌아다녔지. 카자흐스탄에서도 잠깐 살았는데, 그런데도 지루했어. 마침 유튜브로 한국어를 공부한 적 있어서 한국을 선택했던 것 같아.

한국에 오기 전에는 러시아에서 어떤 일을 했어?

B 춤을 가르쳤어. 나는 러시아 중부의 톰스크에서 자랐고 그곳에서 춤을

전공했어. 대학을 졸업하고는 모스크바, 상트페테르부르크 등 여러 도시를 돌아다녔지. 전 남자 친구를 만날 때는 카자흐스탄에서 춤을 가르쳤어. 배우나 가수들과 작업하고 TV 방송 공연도 했어. 모델 에이전시와 게이 클럽에서도 일했고 밤엔 DJ와 공연도 했지. 그로부터 2년 후 다시 러시아에서 지내다가 한국에 가기로 결심했던 거야.

처음에는 한국어를 배우러 온 걸로 알고 있는데.

B 솔직히 말하면 한국에서 일하고 싶었는데 어떤 비자가 필요한지 잘 몰라서 한국어를 배우는 비자로 왔어. 한국에 와서 클럽에 가고, 맥주를 마시고, 친구들이랑 시간을 보냈지. 그렇게 지내면서도 어떻게 일을 시작해야 할지 몰랐는데 춤을 추는 친구들을 만나면서 일이 잘 풀렸어. 보깅에는 '하우스(보깅 커뮤니티의 공동체)'와 '마더(하우스의 리더이자 보호자)'라는 개념이 있는데, 우리 팀의 '마더' 밑에서 예술인 비자로 일하게 되었어.

지금은 어떤 일을 해?

B 가장 주된 일은 춤을 가르치는 것. 노래에 맞춰 안무를 짜고 그걸로 보깅 춤 수업을 열어. 직접 사진을 찍어 인스타그램에 올리고, 그걸로 학생들과 수업을 진행하는 거야. 그 밖에 내 에이전시에 일이 있으면 캐스팅에 응해 춤을 추기도 해.

현재 벨라의 춤에서 가장 큰 맥락인 보깅에 관해 더 자세히 이야기해 줄 수 있어?

B 러시아에서 발레와 러시아 춤을 배우다가 시간이 남으면 보깅 수업을 들었어. 6개월 정도 보깅을 배워서 처음으로 볼(대회)에 나갔는데 바로 우승한 거야. 그때 보깅이 내 춤이구나 싶었어. 그래서 보깅에 관해 더 자세히 공부하기 시작했어. 보깅은 뉴욕의 LGBTQ 커뮤니티에서 시작된 하나의 춤 장르야.

내게 보깅을 가르치던 댄스 학원 선생님이 자신의 춤 장르를 바꾸게 되면서 보깅을 가르쳐볼 생각이 없냐고 물었고, 그때부터 보깅을 가르쳤어.

다른 인터뷰에서 "춤의 장르는 각기 다른 언어와 같다"라는 말을 들었던 기억이 나. 벨라는 보깅이나 다른 춤을 출 때 다른 감정을 느껴?

B 말했던 것처럼 보깅은 하나의 문화야. 보깅을 출 때 나는 어떤 캐릭터로도 변할 수 있어. 모든 보깅 볼에는 하나의 테마가 있는데, 예를 들어 테마가 서커스면 나는 광대가 돼. 이렇듯 볼마다 다른 헤어스타일과 메이크업, 의상을 준비해 새로운 역할을 연기하지. 나는 일상에선 사실 비사회적인 사람이야. 하지만 춤을 출 때의 나는 아름답고, 성적이고, 자신만만해.

새로운 자아를 연기하는 거야?

B 그보단 평소와 다른 나 자신을 끄집어내는 거야. 일상의 나와 춤을 추는 나는 달라. 나는 춤을 출 때마다 다른 사람이 될 수 있어. 여러 개의 자아를 가질 수 있는 거지.

그 여러 자아가 다 너 자신이야?

B 노래가 들리고 춤을 추기 시작하면 나는 내가 어떤 헤어스타일을 했고 어떤 옷을 입었든지 하나도 신경 쓰지 않아. 심지어 옷을 전혀 입지 않았다 해도 상관없어. 음악이 있고 춤을 출 공간이 있고 조명이 있다면, 그 어떤 것도 신경 쓰지 않아.
반면에 일상에서 나는 모든 걸 신경 쓰는 사람이야. 만약 사람들이 나를 인스타그램의 이미지로만 소비한다면 나는 누구보다 자신감 넘치고 자신의 성적 매력을 드러내는 사람이겠지만, 사실 그건 내가 만든 하나의 이미지일 뿐이야.

춤을 한 문장으로 정의할 수 있을까?

B 춤은 내게 인생이야. 매일의 일상이고 즐거움이며, 집에 와서 문을 닫고 자연스럽게 움직이는 몸의 동작이야. 춤은 내게 삶이야.

벨라는 삶의 3분의 1을 춤추면서 보냈잖아. 그중 가장 기억에 남는 순간들이 있다면?

B 나는 다른 사람들과 춤추는 걸 별로 좋아하지 않아. 한국의 춤 문화는 모든 댄서가 군무처럼 똑같은 동작을 하는 건데, 나는 내 스타일대로 천천히 혹은 빠르게 움직이고 싶을 때가 많거든. 그럼에도 디피알 라이브(DPR Live)와의 공연은 정말 기억에 남아. 콘서트에서 댄서로 춤췄는데, 전날 설레서 잠을 제대로 못 잤지만 공연 후에도 에너지가 넘쳤어. 그 외에도 여러 광고 작업을 했던 순간이 떠올라. 음악, 안무, 조명 등을 생각하며 작업하는 게 정말 재밌었어.

춤을 가르치는 것, 공연하는 것, 춤을 추며 광고를 찍는 것 중 하나만 선택할 수 있어?

B 하나만 고를 수 없어.(웃음) 나는 춤을 가르치는 걸 좋아해. 수업하면서 다른 사람의 성장을 돕는 게 좋고, 학생들이 춤을 추면서 웃고 행복해하는 걸 보는 게 즐거워. 동시에 커다란 신(scene)에서 유명한 아티스트들과 춤추고, 한 공연을 위해 준비하고, 많은 사람들이 나의 춤을 통해 영감을 받는 모습을 보는 것도 좋아. 춤 영상을 찍는 것도 결국 나의 춤으로 다른 사람들에게 영감을 주기 위해서잖아. 그게 내가 춤을 추는 목적이라고 생각하기에, 난 세 가지 중 하나만 선택할 수 없어.

한국의 보깅 신은 어때? LGBTQ 혹은 이국적인 맥락이야?

B 보깅은 원래 남성들을 위한 춤이지만 여성 댄서도 많이 참여해. 처음엔 동성애자나 드래그퀸(여성적인 모습으로 분장하고 퍼포먼스를 하는 남성) 중심이었다면, 이후 참여하는 여성 댄서가 많아졌지. 보깅은 한국에선 최근

6년 사이에 유명해졌고 러시아에서는 20년 전부터 인기였어. 미국에선 더 오래된 역사를 가졌지. 한국의 보깅 신은 작은 커뮤니티로, 볼 안에서는 경쟁하지만 밖에선 모두 친구고 응원하는 관계야.

벨라는 삶의 많은 시간을 춤추며 지냈잖아. 앞으로는 어떤 춤을 추고 싶어?

B 여섯 살 때부터 춤을 시작했으니까 20년 동안 춤을 췄어. 이제 보깅을 넘어 다른 춤을 배우고 싶어. 다양한 프로젝트에 참여하고, 아티스트들과 일하면서 성장하고 싶어. 어떻게 보면 보깅은 프리스타일에 가까워. 가장 기본적인 무브먼트를 배워서 거기에 내 색을 입히는 것. 그런데 지금은 다른 색을 입히기보단 완벽하게 한 춤을 추고 싶어. 내가 더 성장할 수 있다고 생각하거든.

춤을 추지 않을 때는 주로 뭘 해?

B 나는 평생 노래를 불러왔어. 한국에 와서 다시 피아노도 배웠고. 그러니 음악은 내 삶에서 뗄 수 없는 일부야. 그 외에는 동네를 걷는다든지, 내게 영감을 줄 만한 것들을 찾거나 아름다운 장소들을 탐방하곤 해. 인테리어가 멋진 카페에 가서 시간을 보내는 것도, 가만히 앉아 풍성한 식물을 감상하는 것도 좋아해. 하지만 거의 대부분의 시간에 춤을 연습하거나 노래를 들어.

그럼에도 가끔은 스트레스를 받거나 힘들지 않아? 최근 벨라의 인스타그램에서 우울한 글귀를 몇 번 본 게 걱정되어서 그래.

B 내 마지막 우울은 작년 여름이었어. 아침에 일어나도 침대에서 나가기 싫었고 밥도 맛이 없었지. 춤도, 대화도 하기 싫어서 계속 자거나 담배를 피웠어. 2~3주 동안 아무것도 느끼지 못했는데 어느 날 우울함이 사라졌어. 자주는 아니고 1년에 한두 번 겪는 일이야. 우울할 때는 몸이 움직이지 않아서 힘들어. 먹고 싶지만 먹을 힘이 없고, 학생들을 가르쳐야 하는데 내 캐릭터

를 바꿀 에너지가 없어. 그럼에도 수업에 가면 학생들만 생각하려고 노력해. 학생들 덕분에 우울을 극복하는 것 같아. 춤을 추면 우울이 조금은 가시기도 하고. 춤을 추면 마치 누군가 곁에 있어주는 듯한 기분이 들거든.

춤은 정말 대단해. 준비 없이도 즉흥적으로 자신의 감정을 표현할 수 있잖아.

B 응, 준비할 필요 없어. 그저 현재의 감정에 맞는 노래를 찾고, 그 노래를 들으며 멜로디에 맞춰 감정을 표현하면 되니까. 나는 안무를 만들면서 내 감정과 기억을 녹여내.

춤이 아닌 다른 삶의 목표가 있을까?

B 물론 있지. 나는 성수에서 살고 싶어. 그리고 발렌시아가 옷을 입고 고양이를 안은 채 내 댄스 스튜디오로 출근하는 거야. 일이 끝나면 사랑하는 사람이 커피를 사 들고 와서 "오, 나의 사랑하는 벨라. 오늘 정말 아름다워" 하고 말해주고, 나는 그럼 "오, 내 남편. 고마워요"라고 화답해. 우리는 고양이를 데리고 집으로 가서 악틱 몽키즈(Arctic Monkeys) 노래를 들을 거야.

그 꿈을 응원할게, 벨라. 그 집에 나도 초대할 거지?

B 당연하지.

러시아와 카자흐스탄 그리고 한국을 거쳐 춤을 추고 있는 벨라의 꿈을 듣고 있자니 정말 재미있었다. 한편으로는 그 단순하고 직설적인 꿈이 우스웠고, 다른 한편으로는 그녀의 솔직함이 부러웠다. 나 또한 벨라가 어서 성수로 이사를 가고, 발렌시아가 가방과 사랑스러운 고양이를 안고 자신의 댄스 스튜디오로 출근했으면 한다. 온종일 춤을 추고 나면 자상한 남편이 그녀를 마중 나오겠지. 그 소소하고 행복한 삶의 풍경에 나도 1년에 한두 번은 난입할 수 있으면 좋겠다. 그때는 이 인터뷰를 오랜 과거의 추억인 양 회상하며 웃을 수 있기를 홀로 기원하며 악틱 몽키즈를 틀었다.

PART 4

삶을
이해하기

랍
인생은 하나의 초콜릿 박스

시대의 로맨티시스트를 만났다. 사랑을 따라 삶을 사는 사람, 달콤쌉싸름한 초콜릿 같은 인생을 사랑으로 살아가는 사람. 인생의 중요한 순간들에서 랍은 사랑을 선택했다. 그렇기에 더 지난한 삶을 살았을지라도, 그 경험 속에서 삶을 제대로 살아가는 방법을 익혀가고 있었다. 미군 장교와 연세대학교 학생, 영어 선생과 바(bar) 사장, 우버 드라이버와 이라크 미국 대사의 경호원. 지난 10년간 다양한 삶의 풍경을 마주해 온 랍의 서사를 들었다. 그가 집어들 다음 초콜릿이 궁금했다.

#다양한 직업 경력 #이라크 미국 대사 경호원 #역경을 물리치는 낙관 #포레스트 검프

랍을 10년도 전에 한국에서 처음 만났었지. 그때는 왜 한국에 온 거야?

R 미군으로 복무했었어. 2010년에 한국으로 파견되었지. 사실 당시에 난 한국에 오고 싶지 않았어. 막 이라크 파병 복무를 마친 시점이었는데, 이라크군 교도소 근무가 너무 외로웠거든. 혼자 경비를 서며 삶이나 미래에 대해 생각하는 시간이 많았어. 15개월 복무 후 집에 돌아와서 당분간 친구들과 시간을 보내고 싶었는데, 중대장이 부르더니 "랍, 너는 한국으로 파견을 가게 되었어"라고 통보했어.

한국에 파견될 수도 있다는 생각을 해본 적 없었어?

R 한 번도 없었어. 안 가려고 특전사 지원도 해봤지만 계속 탈락했지. 결국 방법이 없어서 한국에 왔어. 처음엔 친구도 가족도 없어서 외로웠는데, 문득 미국에 있는 한국계 친구 데이비드가 떠올랐어. 어릴 때 데이비드를 따라 한인 교회에 종종 가곤 했는데 예배가 끝나면 김치찌개 먹고 발리볼을 하는 게 그렇게 좋았지. 종교적인 방문은 아니었던 거야.(웃음) 데이비드한테 전화로 말했어. "브라더, 너도 한국에 와서 나랑 같이 이 나라에 대해 배워보자. 네 일가친척도 만나고."

그랬더니 데이비드가 온 거야?

R 응. 조금 고민하더니 몇 달 뒤에 전화해서 "랍, 나 한국에서 영어를 가르치며 살아보고 싶어"라고 하더라고. 그렇게 데이비드가 한국에 온 순간, 한국에 대한 내 관점이 완전히 바뀌었어. 더는 외롭지 않았지. 나를 밖으로 이끌어줄 단 한 사람이 필요했던 거야. 그러고 나서 너도 만났어. 카투사와 훈련할 때였는데 우리가 비슷한 열정을 가진 사람이라고 느꼈어. 사진을 사랑하고 다양한 사람들을 만나 그들의 삶에 대한 이야기를 듣는 걸 좋아했으니까. 이후로도 계속 그런 만남이 이어졌어.

처음에 랍을 봤을 때가 기억나. 고작 30분인가 이야기 나누고 헤어졌는데, 대천 머드축제에서 또 우연히 만나고선 운명인가 싶었지.(웃음)

R 하하, 그건 세렌디피디(Serendipity, 우연한 발견, 뜻밖의 행운) 같은 순간이었지. 그 뒤로는 한국을 떠나기 싫어서 군 생활 마지막 3년을 전부 한국에서 보냈어. 그때 한국인 여자 친구와 진지한 관계를 맺고 있었기도 해서, 한국에 있으려고 연세대 언더우드 국제 프로그램에 지원해 인터렉션 디자인(Interaction Design) 학위를 땄어.

학교에선 어떤 걸 공부했어?

R 예술, 사진, 대본 작성, 디자인 등을 공부했어. 사랑만이 이유는 아니었어. 다양한 관점에서 무언가를 배우고 싶었거든. 미국 학교에서 공부하면 미국적인 시각으로만 세상을 보게 되니까. 다른 서사와 역사를 통해 관심사를 배우는 건 정말 가치 있는 일이었어. 좋은 친구들과 멋진 교수님들도 만났는데, 특히 박기호 교수님이 기억에 남아. 항상 생각의 틀을 깨라고 하셨지. 한번은 직접 사진을 찍고, 글 쓰고, 제본까지 해서 책을 만들게 하셨는데 교수님이 아니었다면 그런 경험은 못 해 봤을 거야.

그전에도 학사를 공부했다고 한 것 같은데, 첫 학위였어?

R 두 번째 입학이었어. 열여덟 살 때 미국에서 대학을 다녔지만 공부에 관심이 없어서 수업을 제대로 듣지 않았지. 그러다 미군 복무 덕분에 한국에서 두 번째 기회를 얻은 거야. 군대가 학비를 지원해 줘서 미래에 도움이 될 공부를 할 수 있었어. 어쩌면 내가 한국에서 학사 학위를 딴 첫 전역 군인일지도 몰라. 대학에 가기 위해 승인 과정을 밟는데, 서류 작업이 너무 복잡해서 하마터면 한국에서 노숙자가 될 뻔했다니까. 미군에 마지막 이메일을 보냈을 때 내 통장에는 잔고가 거의 남아 있지 않았거든. 우여곡절 끝에 무사히 한국에서 4년 동안 공부할 수 있었지.

학교를 졸업하고 뭘 했어? 마지막으로 만났을 때 바를 연다고 했던 기억이 나는데.

R 학사 공부 후 그 비자로 2년간 영어를 가르쳤고, 그때 번 돈으로 오산 공군기지 앞에 '허니 배저 바'라는 식당 겸 바를 열었어. 정작 나는 술을 별로 좋아하지 않으면서 바를 열었다는 사실이 좀 우스워. 그래도 음식과 술을 파는 공간에서 매일 새로운 사람들과 소통하는 게 무척 행복했어. 하지만 그 행복도 6개월 만에 코로나19로 끝났고, 록다운으로 모든 걸 잃었지.

나는 그때 한국에 없었나 봐. 그렇지 않고서야 어떻게 이 모든 이야기를 처음 들을 수 있지? 늦었지만, 유감이야.

R 괜찮아. 통장에 600만 원도 채 안 남았을 때, 300만 원으로 AMD 주식을 사고 남은 돈으로 미국행 항공권을 샀어. 미국에서 머물 곳이 필요했는데 친구들이 다들 기꺼이 도와준 덕분에 길거리에 나앉지 않을 수 있었지. 마침 운 좋게도 AMD 주식이 급등한 덕분에 폴크스바겐 제타를 샀고, 그 차로 우버 드라이버 일을 시작했어.

엄청난 전개인데. 학교를 졸업하고, 영어를 가르치고, 바를 열고, 코로나바이러스로 바가 문을 닫고, 미국으로 돌아가고, 주식으로 큰 이익을 거둬서 차를 산 이후 드라이버가 되었다는 거 아냐. 이 모든 일이 3년 만에 일어났고.

R 응, 모든 게 순식간에 벌어졌어. 그 후 우버 드라이버로 미국 전역을 돌면서 다양한 승객을 만나 그들의 이야기를 들었어. 가끔 찰나의 만남에도 깊게 연결되는 사람들이 있었는데, 그게 우버 드라이버의 묘미였지.

페이스북에 올린 동영상들을 봤어. 운전자석에 앉아서 뒷좌석 사람들과 이런저런 이야기를 하던데, 그게 승객들이었구나.

R 우버 일을 하면서 좋은 추억을 많이 만들었어. 전미를 여행하며 플래닛 피트니스 회원권으로 운동과 샤워를 해결하고, 카우치서핑으로 잠을 잤지. 그러다 캔자스시티에서 몇 달간 머물며 우버로 많은 돈을 벌었어. 캔자스시티의 경우 시내랑 공항과의 거리가 좀 되거든. 사람들은 잘 모르는데, 사실 여행자들이야말로 가장 팁에 관대하고 동시에 가장 재미있는 이야기들을 잔뜩 가지고 있는 사람들이야.

캔자스시티 어디에 머물렀어?

R 카우치서핑으로 지낼 곳을 찾다가 앤드루라는 사람과 몇 달을 함께 지냈어. 그때 나는 우버 일도 좋지만 '평생 운전만 하며 살 수는 없다'는 생각에 다른 일을 해야겠다고 결심했었어. 그래서 사설 경호업체에서 일하려고 준비 중이었는데, 그 회사에서 일하기 위해선 시험에 합격해야 하거든. 운명이란 게 있는지 앤드루가 소개해 준 러시아 친구가 마침 내가 시험을 볼 때 필요한 모든 권총과 산탄총, 그리고 피스톨과 샷건을 가지고 있었어. 우연히 머문 카우치서핑 숙소 주인의 친구가 내 인생을 바꾼 거야.

그때 내게 이런 믿음이 생겼어. '우리가 삶의 어떤 길 위에 있건, 그건 이미 준비된 길이다.' 나는 한국에서 실패했잖아. 그리고 우버 일을 통해 우연히 누군가의 집에 머무르게 되었고, 지금의 인생을 살기 위해 나는 그 순간 그곳에 있어야 했던 거야.

시험은 당연히 합격했겠네.

R 쉽진 않았어. 군대를 나온 지 10년이 지났고, 그런 몸 상태로는 시험에 붙는 게 어려웠지. 예전처럼 뛰지 못하고 팔굽혀펴기도 제대로 못 했거든. 그럼에도 결국 합격해서 그들과 함께 일하게 됐어. 지금은 이라크에서 미국 대사 경호를 맡고 있어.

랍과 10년 만에 다시 만났지만 그의 미소는 이전과 똑같았고, 밝은 눈은 예전처럼 반짝였다. 처음에는 그저 호감이 가는 사람이라고만 생각했다. 그 호감 가득한 미소가 모든 역경과 고난을 물리치는 낙관임을, 그 낙관이 너무나도 커서 커다란 미소마저 뚫고 나왔음을 왜 눈치채지 못했을까. 내가 기억하는 랍은 그저 짧은 머리의 미군이었는데, 그는 짧다면 짧고 길다면 긴 시간 동안 삶의 성공과 실패를 몇 번은 경험하고 있었다. 자신이 지나온 역경들을 아무렇지도 않게 꺼냈다. 그 불굴의 낙관 앞에 나는 숙연해질 수밖에 없었다. 랍에겐 행복을 쟁취할 권리가 있었다.

요즘은 어떻게 지내?

R   잘 지내고 있어. 다만, 친구들의 삶을 보며 종종 많은 생각을 하게 돼. 최근에 친한 친구 중 하나가 남극에서 일을 시작했는데 급여가 적어도 전혀 상관하지 않더라. 친구에게 중요한 건 남극에서 6개월 동안 일하는 경험 자체였어. 매일 아침 설원을 바라보고, 동물들과 산책하며, 일몰을 보는 삶을 선택한 거지. 친구의 이야기를 들을 때마다 나도 그곳에 있어야 할 것 같다는 생각이 들어.

지금의 삶이 만족스럽지 않은 거야?

R   불만족스럽진 않아. 다만 내가 원하는 환경을 만들어가는 과정에 있는 것 같아. 자신이 원하는 일상 환경은 직접 만들어야 하는 거잖아? 정신 나간 일상을 살고 싶으면 그렇게 살면 되고, 사랑하고 싶으면 사랑을 주면 돼. 나는 바로 어제 자전거를 샀어. 네가 50명을 인터뷰하는 것처럼, 자전거에 보조 의자와 스피커를 달아 사람들을 태우고 다니며 그들의 꿈과 이야기를 듣고 그걸로 책을 쓸 거야. 이렇게 조금씩 내 환경을 원하는 방향으로 바꿔가고 있어.

일상에 관해, 그리고 꿈꾸는 것들에 관해 이야기해 줘서 고마워. 랍은 현재의 장소와 순간에서 뭘 하고 싶어?

R   나는 유목민이야. 집은 나에게 어떤 장소가 아닌 내가 만나는 사람들, 내 인생에 난입한 이들, 내가 방문해도 되는 사람들로 이루어진 개념이야. 그래서 미래에 그들과 만나 기억을 공유하고 새로운 추억도 쌓고 싶어. 그들의 사진을 찍고 이야기를 글로 남기고 싶어. 물론 경제적 자유가 필요한 일이기 때문에 열심히 일하며 미래를 준비하고 있어. 이라크에서의 경호 일은 내가 가졌던 직업 중 가장 많은 보수를 주지만 가장 만족스러운 직업은 아니지. 그래도 내가 앞으로 나아갈 수 있는 길을 만들어줘.

랍의 꿈은 뭐야?

R   내가 알고 있는 전 세계의 친구들과 다시 정신없는 여행을 떠나고, 그들과의 이야기를 책으로 쓰고 싶어. 〈포레스트 검프〉라는 영화 봤어? 내 꿈을 가장 완벽하게 설명해 주는 영화야. 그런 삶을 살면서, 다음 챕터의 내 인생은 또 다를 거라고 믿는 거지. 나는 같은 일을 계속 반복하면서 살 순 없어.

그러니까, 랍의 인생은 뭐가 나올지 모르는 초콜릿 박스 같은 거네.

R   응, 나는 유목민의 심장을 가지고 있고 계속해서 새로운 삶을 살고 싶어.

마지막으로 항상 묻고 싶었던 질문을 할게. 내가 보기에 랍은 삶의 중요한 시점들에서 사랑을 선택했던 것 같아. 군대를 나와 한국에 남기로 했던 것도, 영어학원에서 일했던 것도. 그렇게 인생의 큰 결정들을 책임져온 사랑이, 랍의 인생에 어떤 의미가 있어?

R   문장 하나를 건네는 걸로 답을 대신할게. '세상에는 사랑 이야기와 인생 이야기가 있다. 때로 너는 사람들을 만나 그것이 네 사랑 이야기라고 생각하지만, 사실 그건 너의 인생 이야기이다.'

랍은 교차로에 서 있었다. 수많은 성공과 실패 속에서 끊임없이 자신에게 질문하며 꿈을 향해 나아갈 길을 찾고 있었다. 자전거를 타고 바그다드의 부지를 돌고 있을 모습이 상상되어 웃음이 나왔다. 분명 큼지막한 미소를 품고 자전거를 몰 터였다. 그리고 궁금증 가득한 시선으로 뒤에 탄 이들의 서사를 탐구하겠지. 나도 언젠가 다시 랍을 만나 그의 자전거 뒷좌석에 타고 싶다. 내가 좋아하는 노래를 틀고 나의 꿈을 들려주고 싶다. '사랑 이야기인 줄 알았는데 인생 이야기였네.' 마치 랍의 인생을 축약한 문장 같았다. 사랑을 위해 떠났던 수많은 길 위에서 랍은 좌절했지만 곧 좌절을 딛고 일어나 앞으로 나아갔다. 그에겐 지나간 사랑을 넘어서는 인생이 있었다. 아직 열지 않은 수많은 초콜릿이 들어 있는 흥미진진한 인생이.

Adela

#30대 초반
#디보키, 체코

아델라
스스로 쟁취하는 행복

프라하에서 아델라를 처음 만났을 때 그녀는 장난스러운 웃음을 지으며 내게 성큼 다가왔다. 머나먼 유럽의 고도에서 우린 일주일에 한 번 만나 밥을 먹었다. 사소하지만 따뜻한 일상을 나누며 조금씩 아델라에 관해 알아갔다. 프라하의 카를로바대학교에서 논문을 쓰며 나와 종종 사진을 찍던 그녀는, 어느새 주한 체코 명예 영사관의 직원이자 한 아이의 엄마가 되었다. 그 성장이 멋졌고, 성장 너머의 노력이 문득 보이는 듯했다. 오랜만에 체코로 돌아가 아이를 돌보고 있는 아델라를 인터뷰했다. 또다시 장난스러운 미소를 띠며 인터뷰에 임했다.

#주한 체코 명예 영사관 직원 #한국학 공부 #부산, 제2의 고향 #육아 #행복

왜 지금 체코의 디보키에 있는 거야?

A 육아 휴직 중이라 고향에 돌아와 있어.

휴직 전에는 무슨 일을 했어?

A 부산에 있는 체코 명예 영사관에서 일했어. 주로 한국에 방문하는 체코 대표단의 일정을 짜고 필요한 것들을 지원하는 역할을 해. 부산에 있는 체코 사람들이 도움을 필요로 할 때도 나서서 돕고 있어.

체코 영사관에서 일한 지는 얼마나 되었어?

A 2년 정도. 아르바이트로 1년, 정규직으로 1년을 일했어.

정규직이 되었구나. 축하해! 2년 동안 기억에 남은 순간이 있어?

A 작년 3월에 체코 대표단이 한국에 왔던 때의 일이야. 대표단이 원래 일정보다 일주일이나 일찍 방한한 데다 코로나19 팬데믹 이후 가장 큰 규모였어. 체코 국회의 대변인도 왔으니까 말이야. 서울에서 부산으로 내려오는 대표단을 위해 영사관에서 행사를 하나 기획했어. 그리고 행사 날, 나는 부산 KNN 방송 아나운서랑 같이 사회자 역할을 해야 했지. 사실 당일 아침까지도 체코말로 행사 진행을 하는 줄 알았는데, 알고 보니 그 아나운서랑 같이 한국말로 진행해야 한다는 거야. 체코어로 통역하는 사람은 따로 있다고 했어. 그때 정치인들과 관계자들이 내 한국어를 듣고 다들 놀라고 신기해했던 일이 기억에 남았어.

행사 중에 뭐가 제일 힘들었어?

A 한국적인 의전이 익숙하지 않아 힘들었어. 참석 내빈을 소개해야 하는데 순서 하나하나가 정말 중요하더라고. 체코는 그런 순서를 중요시하지 않아. 이름만 제대로 말하면 되거든. 게다가 누가 누구 옆에 앉을 것인지도 세세하게 따져야 해서 악몽 같았지.

행사 이전으로 돌아가서, 한국에는 왜 온 거야? 한국에 대해 어떻게, 얼마나 알고 왔는지도 궁금해.

A 나는 프라하의 카를로바대학교에서 한국학을 공부했어. 한국학과에선 언어뿐만 아니라 한국이라는 나라에 관해서도 배워. 입학식 날 학과장님이 "여기서 한국어만 공부하고 싶으면 이 학과에 안 와도 된다"라고 말했던 게 기억

나. 우리는 한국의 전체적인 사회, 경제, 정치에 관해 배우고 북한에 관해서도 배웠어.

한국학과는 어떻게 진학한 거야? 아델라의 고향 디보키는 인구가 2천 명도 안 되는 체코 동부의 소도시로 알고 있는데, 어떻게 그 머나먼 곳에서 한국에 대해 알게 되었어?

A 동네 사람들도 날 이상하게 봤어. 한국에 대해 잘 몰랐고, 대부분은 북한을 더 잘 알았지. 나도 처음에는 일본에 관심이 있었지만 역사를 배우면서 한국에 많은 관심이 생겼어. 그래서 카를로바대학교 한국학과에 지원했는데 첫 번째엔 떨어졌고 두 번째에야 합격했어. 그 덕분에 더 열심히 공부한 것 같아.

체코에도 재수가 있구나.(웃음)

A 응. 그리고 일본에도 관심이 있었다고 했잖아. 그래서 학사 학위를 받기 위해 논문을 쓸 때 한국과 일본을 연결하는 주제를 찾아봤어. 학사 학위 논문은 재일본조선인총연합회(조총련)에 관해 썼고, 더 나아가 석사 논문은 제2차 세계 대전 이후 일본에서 한국으로 귀환한 강제 노동 이주자들에 관해 썼어.

왜 그런 주제들로 논문을 쓴 거야?

A 뭐랄까, 그들의 이야기가 정말 안타까웠고 마음에 와닿았어. 그래서 이 이야기들을 조금이라도 더 많은 사람에게 알리고 싶었어.

당시 아델라는 일본어, 한자어와 오래된 사투리로 가득 찬 사료들을 연구했었지. 아델라의 논문은 체코어로 쓰인 유일무이한 자료겠다.

A 응! 그래서 지도교수님도 논문 심사가 끝나고 내 논문을 받아볼 수 있냐고 물어보셨어. 자기 수업 때 자료로 사용하고 싶다고. 아무튼 석사 논문 쓰

느라 고생을 많이 하긴 했어. 일본어 사료도 참고하느라 일본어 사전을 보면서 계속 번역해야 했지. 물론 그만큼 재미도 있었지만.

다음으로 어떤 과정을 거쳐 부산의 영사관에서 일하게 된 거야?

A 부산의 한 대학교에서 박사 과정 중에 성범죄 피해를 당했어. 그래서 체코로 돌아갈지 고민했지만 조금 더 버티고 싶더라고. 일자리를 구하던 중에 대사관에서 연락이 왔어. 부산에 영사관이 생길 예정인데 관심 있느냐고. 그렇게 면접을 보고 채용되었지.

이제는 좀 괜찮아?

A 많이 극복했어. 당시 네가 여러모로 도와준 덕분에 여성 단체와 변호사들의 도움을 받을 수 있었고, 가해자는 최근에 법적 처벌을 받았어.

그나마 다행이야. 다음으로 아델라의 삶에 대해 질문하자면, 체코의 조그만 도시에서 한 20년을 살았고, 수도 프라하에서 7년을 지냈고, 그리고 한국에서 이제 4년을 좀 넘게 살고 있잖아. 드넓게 펼쳐진 들판과 자연이 떠오르는 디보키와, 국제적이지만 동시에 관광지적인 프라하, 그리고 한국에서 두 번째로 큰 해양 도시 부산에서의 삶은 너무도 다를 것 같은데.

A 디보키는 아름답고 풍요로운 도시지만 일상이 똑같아서 많은 친구들이 새로운 경험을 찾고 싶어 했어. 프라하는 다양한 문화를 쉽게 접할 수 있어 매력적임에도 작은 도시라 많은 사람들이 왔다가 쉽게 떠나곤 했지. 그래서 나는 더 넓은 세상이 궁금했고, 내가 공부하고 있는 한국에 가고 싶었어. 교환학생으로 서울에서 한 학기를 보내며 여행도 많이 다녔어. 서울도 좋지만, 바다가 있는 부산에서 살게 되어 무척 행복해. 알다시피 체코는 바다가 없으니까. 부산은 서울보다 크진 않지만 사람들이 친절하고 바다 덕분에 더 좋아졌어.

부산의 어떤 모습이 제일 좋았어?

A 물놀이하고, 수영하고, 바다를 보는 것. 그래서 처음 부산에서 살게 되었을 때는 일부러 바다가 조금이라도 보이는 광안리 부근 오피스텔을 선택했던 거야. 저녁에 바닷가를 걷고, 해가 질 때의 모습을 보는 것만으로도 좋아. 그런데 알다시피 나이가 들면 자라온 곳이 편하잖아. 아이를 낳고 1년 동안 육아 휴직을 할 수 있어서 지금은 고향인 디보키에 왔어.

다시 체코로 돌아와서 예전처럼 말도 타고 그래? 말을 참 좋아했잖아.

A 물론이야. 한국에서는 말을 탈 기회가 많지 않아 아쉬웠어. 승마장이 잘 없기도 하고. 반면에 체코는 승마하기 좋은 곳이야. 나는 말을 소유한 적은 없지만 이웃 승마장에서 자주 일을 돕곤 했어. 그러다 어느 날 승마장에서 은퇴한 경주마를 타보라는 제안을 해왔지. 원래 일반인들은 그런 말을 잘 타지 못해. 게다가 그 말은 사람들을 자주 떨어뜨리곤 했는데, 신기하게도 나는 한 번도 떨어뜨리지 않았어. 그래서 그 말을 오랫동안 탔어.

디보키에 오니까 어때? 현재의 관심사는 육아일 것 같은데.

A 아이를 키우는 건 힘들지만 보람도 커. 아이가 웃는 모습을 보는 게 행복이야. 다만 조금 더 일찍 체코에 와서 출산하지 못한 게 후회돼.

어떤 점에서 후회하는 거야?

A 한국의 시스템이 나쁜 건 아니지만 체코와는 많이 달라. 예를 들면 체코에서는 출산 후 아이를 먼저 보여주고 건강 체크를 한 뒤 엄마와 아이가 시간을 보내게 해줘. 그런데 한국에서는 아이가 신생아실에만 있어서 나는 3일 동안 내 아이를 못 봤어. 또 체코는 모유 수유를 중요하게 여기는데 한국은 분유를 줘. 그것도 나쁘진 않지만 그래도 육아 방식의 차이가 너무 컸어.

디보키에 온 지 두 달이 지났잖아. 그동안은 어떻게 지냈어?

A 가족들에게 아이가 많은 관심을 받을 수 있어서 좋았어. 물론 90퍼센트는 내가 아이를 맡지만, 부모님이나 조부모님의 도움 덕분에 힘든 와중에도 내 방식대로 육아할 수 있어서 행복했어. 제일 좋은 건 집에 마당이 있어서 아이가 강아지나 다른 동물들과 놀 수 있다는 거야. 아이가 동물을 좋아해서 말이나 토끼를 보여주면 무척 즐거워해. 또 남동생과 아빠가 아이를 돌봐주고, 마을 사람들도 서로 아는 사이여서 아이를 무척 예뻐해 줘.

육아 휴직이 끝나는 1년 뒤에는 어떤 계획이 있어?

A 1년 동안은 지금처럼 디보키에서 육아하며 지낼 예정이고, 그 이후엔 한국에 가서 복직을 해야지.

아델라는 지금 행복해?

A 응, 행복해. 삶에서 가장 행복한 순간 중 하나야.

행복은 스스로 쟁취하는 것이다. 아델라의 여정을 바라볼 때면 행복을 위해 꾸준히 자신을 담금질하는 듯했다. 역경 앞에서도 굳건했고, 자기 행복을 위해 앞장섰다. 아델라가 체코를 떠나 처음 부산에 왔을 때가 떠오른다. 아델라를 보기 위해 남쪽으로 향했던 나는 그녀가 처한 좌절스러운 상황에 큰 도움을 줄 수 없었다. 여성 단체, 변호사 단체 몇 곳을 수소문해 연결해 주는 것, 그녀의 고민을 들어주는 것이 고작이었다. 하지만 아델라는 멋지게 일어났다. 더 나은 행복을 추구하기 위해 자신을 딛고 일어선 것이다. 앞으로도 계속 그녀가 행복했으면 좋겠다. 행복한 순간들이 계속해서 지속되기를 바라고 또 바란다.

Patrissia

20대 중반
탈린, 에스토니아
인스타그램 @phelicityt

퍼트리샤
나만의 보폭으로 나아가기

퍼트리샤는 나의 코리빙 하우스에서 1년을 살았다. 첫인상은 말괄량이 클럽 죽순이, 마지막 인상은 사랑 없이는 못 사는 스물넷의 소녀. 1년 동안 그녀가 보여준 다수의 연애는 파란만장했고 그 연애 속에서 눈물과 웃음을 동시에 쥐어짜는 능력은 실로 대단했다. 그 기복을 내내 옆에서 지켜보며 함께 울고 웃었다. 그랬던 퍼트리샤가 서울로 이사를 가더니 한동안 연락이 뜸했다. 그 뜸함 사이에 몇 번인가 새벽에 전화가 걸려 왔지만 나는 바쁜 일상에 그 전화를 받지 못했다. 감정의 부채가 쌓여 있었다. 1년 만에 퍼트리샤를 만났다. 그동안 못 나눈 이야기와 함께, 그녀의 지난했던 연애사를 함께 돌아볼 시간이었다.

#첫 연애의 트라우마 #두 사람 #우울에서 다시 나아가기

퍼트리샤에게 사랑은 뭐야?

P   그걸 내가 어떻게 알아. 지금 완전히 잘못된 대상한테 질문하는 거야.

다양한 방법, 다양한 목적, 다양한 목표의 사랑이 있잖아. 항상 퍼트리샤가 연애하는 걸 보았었고, 그래서 퍼트리샤에겐 사랑이 인생에서 가장 큰 주제일 거라고 생각했어.

P   무의식적으론 그럴 거야. 알다시피 나는 한국에 혼자 있잖아. 그래서 어떤 상황에라도 내 옆에 있어줄 누군가가 필요한 것 같아. 내 첫 연애는 아주

길었거든. 그 연애는 정말 모든 면에서 완벽했고, 동시에 모든 면에서 최악이었어. 무려 6년을 사귀었는데 연애의 가장 좋은 모습과 가장 나쁜 모습, 가장 슬프고 행복한 모습, 가장 깊은 감정과 얕은 감정까지 다 맛봤어. 너무 어린 나이에 시작한 연애였어.

첫 연애를 시작한 게 몇 살이었는데?

P 열다섯 살, 그러니까 스물한 살까지 그 사람을 만났어. 나이가 나이였던지라 하루하루가 내겐 성장이었어. 그를 만나기 전에는 나만의 정체성이나 성격 같은 것도 딱히 없었으니까. 그래서 첫 남자 친구한테 진심으로 고마워. 물론 그는 내게 많은 상처를 줬어. 바람을 피운 적도 있었지. 하지만 지나고 보니 그때의 그가 없었더라면 지금의 나도 없었을 거야.

사랑을 통해 세상을 배웠구나.

P 그렇게 말할 수도 있겠지. 지금 내가 한국에 있는 것도, 사실 그와 헤어졌던 게 조금의 역할을 했거든. 오랜 연애를 마치고 나자 내 인생을 바꾸고 싶었어. 친구, 아는 사람, 사랑하는 사람, 모든 것을 갈아치우고 싶었어. 내게 그는 세상이었는데, 그 세상을 바꿔야 했으니까. 이별은 내겐 또 다른 성장이었어. 그렇게 우리는 각자의 길로 떠난 거야.

그 이후로 다시 진지한 관계를 맺는 걸 고려해 봤어? 그동안 내가 본 퍼트리샤는 쉬이 만나 연애하고 쉬이 헤어지는 것 같았어.

P 내 10대를 바친 그 연애의 트라우마에서 아직 벗어나지 못했나 봐. 나도 진지한 관계를 시작하고 싶어. 지금 두 사람과 만나는데, 물론 둘 다 진지한 관계가 아니긴 하지만, 아직까진 그들이 내게 감정적으로 헌신할 수 있는 사람들인지 잘 모르겠어. 이젠 그런 확신이 생기지 않으면 상대방을 좋아할 수

가 없어. 항상 거리를 벌리려고 하지. 첫 연애의 경험을 보건대 내가 상대방에게 모든 걸 내어줄 걸 아닐까.

첫 연애의 영향을 여전히 받는구나. 둘은 어떤 사람들이야?

P 각자 다른 서사를 가지고 있어. 한 사람은 이미 직업적으로 경력을 쌓아가고 있는 안정적인 사람이야. 알다시피 나는 정말 불안정한 사람이고, 그래서 내겐 관계의 안정성이 참 중요해. 두 번째 사람에 관해 생각하면 풋풋한 사과가 떠올라. 모든 것에 자유로워서 나한테까지 자유를 선물하는 사람이지. 그런데 웃기게도 한 사람은 주말에만 시간이 되고, 다른 사람은 주중에만 만날 수 있어. 그래서 둘 다 보고 있는데, 도무지 누구를 선택해야 할지 모르겠어.

서로의 연애관에 대해 나눴던 이야기 기억나? 나는 연애 대상에 네 가지 기준을 둬. 취향이나 가치관을 바탕으로 한 언어적 소통, 외모나 자기 몸에 대한 애정을 바탕으로 한 육체적 소통, 화학적 결합이나 분위기를 바탕으로 한 비언어적 소통, 그리고 자존감. 넷 중에 하나라도 만족하지 않으면 연애를 시작하는 게 망설여지더라고. 나는 연애를 보통 길게 하는 편이고 서로 후회하지 않기를 바라니까. 그런 기준들을 놓고 봤을 때, 그 두 사람은 어떤 기준에 부합해?

P 첫 번째 사람은 의사소통이 정말 잘되는 사람이야. 나이는 열 살 정도 많지만 모든 면에서 잘 통하고, 언어 장벽은 있지만 대화할 때 벽이 느껴지지 않아. 그 사람과 있으면 마치 내가 아무 걱정 없는 조그만 소녀가 된 듯해. 일전에 월세가 든 지갑을 잃어버린 적 있었는데, 괜찮다며 나를 안아주더니 5분 뒤에 내 월세에 해당하는 금액을 현금으로 가져와 줬어. 그런 사람이야.

그와 진지해질 수는 없는 거야?

P 그를 볼 수 있는 건 주말뿐이야. 장거리 연애와 다름없다고. 그와의 연애

는 내 많은 것들을 포기하게 만들어. 그는 대구에서 살지만 나는 대구로 갈 생각이 없고, 여전히 서울에서 공부를 이어 나가고 싶은걸. 처음 만났을 때만 해도 그가 서울에서 일했어. 그런데 관계가 진전되려고 할 때 갑자기 대구로 가게 된 거야. 그에게 진지한 마음을 조금이나마 품었던 그날에서 정확히 일주일 뒤에. 그때 두 번째 사람이 내 인생에 나타났어.

풋풋한 사과 같은 자유를 간직한 사람.

P 응, 육체적 소통에서 정말 완벽한 사람. 그 이상은 언급하지 않을게.

퍼트리샤의 마음은 어느 쪽에 기울어져 있는데?

P 모르겠어. 둘 다 내게 커다란 사랑을 주는데, 그런데 그게 사랑 같기도 하고 아닌 것도 같아.

고개를 저으며 생각에 빠져드는 퍼트리샤를 한동안 응시했다. 6년의 긴 연애를 마친 소녀는 겁먹은 채 웅크리고 있었다. 1년간 지켜보면서 그녀의 가벼운 연애사에 대해 제법 이해한다고 자부했었다. 그런데 그 뒤에 울고 있는 퍼트리샤가 있을 줄은 몰랐다. 그녀는 종종 내게 요새 어울린다는 남자 친구를 소개해 줬다. 그렇게 알게 된 사람만 대여섯 명이었다. 그 진지하지 않은 관계들이 사실은 상처 가득한 기억 때문이라는 걸 몰랐다. 자신의 감정을 걸어 잠근 채, 그러나 동시에 사랑을 갈구하고 있던 것이다. 이해가 갈 듯 이해가 가지 않는 퍼트리샤의 연애사는 여전히 복잡했다. 부디 그녀가 곧게 서서, 자신에게도 타인에게도 상처 주지 않는 사랑을 하길 바랐다.

내가 아는 퍼트리샤는 참 다재다능한 사람이야. 대학에선 어떤 공부를 했어?

P 네덜란드의 틸뷔르흐대학교에서 법학을 공부했어. 어릴 땐 부모님의 기대가 커서 뭐든 했어. 음악 수업을 들었고 예술 학교도 졸업했지. 테니스도, 춤도 배웠어. 정말 많은 걸 배웠는데 왜 지금은 아무도 아니게 되었는지 몰라.

무슨 소리야, 퍼트리샤가 아무도 아니라니. 삶에는 다양한 시기가 있고, 지금은 다만 잠시 쉬어가는 때가 아닐까? 나만 해도, 삶의 한 지점들을 떠올렸을 때 지금의 나와 연결하기가 쉽지 않거든. 스무 살의 나, 스물다섯의 나, 서른의 나는 각자 다른 삶을 살고 있었어. 퍼트리샤는 어떤 삶을 살았어?

P 말했다시피 어릴 땐 부모님의 기대에 부응하기 위해 열심히 살았어. 엄마가 설계한 인생길이 있었거든. 엄마는 유럽 전역에 아는 사람들이 있어서, 심지어 내가 네덜란드의 대학교에 입학했을 때 이미 거기에 나를 위한 일거리가 준비되어 있을 정도였지. 그런데 어느 순간 우울해지더라. 아무것도 할 수가 없겠는 거야. 엄마가 계획한 인생은 도저히 살 수가 없었어. 그래서 법학대학을 자퇴했어. 엄마는 내게 엄청나게 실망했고, 여전히 그 실망을 감추지 않아.

지금은 괜찮아?

P 응, 에스토니아를 떠난 이후로 많이 나아졌어. 그땐 정말로 죽고 싶은 심정이었지만. 어느 날 창문 옆에 서 있는데 이대로 뛰어내리고 싶더라고. 1분 정도를 그렇게 서 있다가 퍼뜩 놀랐어. 나에게 오빠가 한 명 있었는데 어릴 때 병에 걸려 죽었거든. 엄마가 또 한 명의 자녀를 잃게 할 수는 없었어. 그때 창문 밖을 한참 바라보며 생각했지. 인생을 바꿔야겠다. 어디서든 처음부터 다시 시작해 보자는 마음에 에스토니아를 떠나 한국에 왔어.

그리고 내가 운영하는 코리빙 하우스를 발견했구나.

P 응, 그렇게 수원에 온 거야. 물론 그러고 나서도 감정 기복은 쉽게 나아지지 않았어. 올라갔다 내려오기를 반복하며 1년, 아니 1년 반이 지났어. 1년 반은 긴 시간 같지만 한 인생에서 삶의 방향을 찾기엔 정말 짧은 시간이야. 아직은 좌충우돌 중이지만 그래도 조금씩 앞으로 나아가고 있는 것 같아. 그

동안 참 감사한 일이 많았어. 좋은 사람들을 많이 만났지. 사랑도 많이 받았고, 많이 주기도 했어. 그렇게 조금씩 변해가면 될 거라고 믿어.

응, 너만의 보폭으로 조금씩 나아가면 돼.

P 다만, 한국에 와서 한 가지 잘못된 걸 배운 것 같아. 여기에 와서 타인과 나를 비교하는 버릇이 생겼거든. 에스토니아에는 어린 나이인데도 결혼한 친구들이 꽤 있어. 심지어 나보다 어린 스물한 살, 스물두 살의 친구 몇 명도 결혼했어. 이미 아이가 둘 있는 친구도 있고. 그래서 그들을 볼 때면 나는 지금 내 삶에서 어느 위치에 있는지를 자문하게 돼. 나는 잘하고 있는 걸까.

퍼트리샤는 그 비교 속에서도 균형을 맞추며 잘 나아갈 수 있지 않을까?

P 노력해 봐야지. 나는 여태까지 하던 대로 사랑하고, 춤추고, 배우고, 내 삶을 살아갈 거야. 나의 길을 찾고, 나를 사랑해 주는 사람들에게 더 큰 사랑을 주면서. 올해는 정말 진지하게 달라질 생각을 하고 있어. 한국어도 제대로 배울 거고 다시 앞으로 나아가는 사람이 될 거야.

우리는 모두 인생의 한 지점에서 좌절한다. 그것이 사랑이 되었든, 부응할 수 없는 기대가 되었든, 상황은 우리를 좌절시키고 우울로 몰아간다. 그럼에도 우리는 살아가야 할 이유가 있다. 그것은 세상에 대한 미련도, 부모나 가족에 대한 사랑도 아니다. 그것은 자기 자신에 대한 믿음, 계속해서 앞으로 나아갈 수 있다는 믿음인 것이다. 나는 좌절하고 뒷걸음쳤던 퍼트리샤가 선택한 것을 도피라고 칭하지 않겠다. 그녀는 새로운 땅에서 도전했고 천천히 자신을 추슬렀다. 내내 숨죽여 울었을 작은 등을 토닥여주고 싶었다. 이제 2년의 침묵을 깨고 다시 날아오르려 한다. 앞에 남은 길은 반짝이는 길. 그 길을 걷는 발걸음을 응원하며 계속해서 지켜보고 싶었다.

Hajar

20대 중반
마라케시, 모로코

하자르
삶에 끊임없이 질문하기

하자르는 큼지막한 미소가 어울리는 사람이다. 길을 잘못 찾아 한 카페에 들어갔을 때만 해도 우연히 만난 그녀와 이렇게 긴 이야기를 나눌 줄은 몰랐다. 멀고 먼 모로코의 사막 도시, 마라케시에서 하자르는 끊임없이 의문을 던지는 자신의 삶을 드러냈다. 우리는 왜 살아가는가, 무엇을 하고 싶은가, 어떤 삶을 살아야 하는가 따위의 질문을 꾸준히 자신에게 던지고 있었다. 그 질문들을 다시 한번 하자르에게 물었다. 커다란 웃음을 보이며 그녀가 대답했다.

#소프트 엔지니어 #게임 스튜디오 운영자 #자기 탐구 #우선순위 #삶의 질문들

하자르는 무슨 일을 해?

H 세일즈포스라는 클라우드 컴퓨팅 서비스 제공 업체에서 소프트 엔지니어로 일하면서 게임 스튜디오도 운영하고 있어. 스튜디오에서는 〈림보〉나 〈리틀 나이트메어〉 같은 모험 게임에서 영감을 받은 게임을 만들고 있고, 퍼즐을 풀고 위기에서 탈출하며 스테이지를 클리어하는 방식의 게임이야.

세일즈포스에선 정확히 무슨 일을 하는 거야?

H 다국적 기업들을 위한 판매 솔루션을 제공하는 일을 해. 예를 들어 에티오피아 항공이나 에미레이트 항공, BBC 등과 일하면서 뉴스레터 자동화나 콘텐츠 개인화 작업을 하고 있어. 유저가 이메일을 통해 기업과 더 쉽게 연결되도록 돕고 기업 웹사이트를 유저 친화적으로 개선하는 일이야.

학사 졸업 후 마라케시에서 바로 취업한 거야?

H 내가 졸업한 시기는 코로나바이러스 유행 직후라서 구직 시장 상황이 그리 좋지 않았어. 그래서 졸업 직전 몇 개월간 수많은 지원서를 내고 수많은 인터뷰에 임한 끝에 그중 가장 연봉이 높은 직업을 선택한 거야. 세일즈포스에서의 일은 재택근무가 가능해서 마라케시에 오기로 결심했어.

연봉도 중요하지만 일의 효용성도 중요하지 않아? 좋아하는 일을 하면서 더 많은 걸 주체적으로 배울 수도 있고.

H 이미 내 업무 능력은 다수 직업의 요구를 충족하고도 남았는걸. 일을 시작한다고 해서 딱히 새로운 걸 배울 것 같진 않았고 그저 내 이력서에 세일즈포스를 넣고 싶었던 것 같아. 나는 회사가 원하는 것보다 더 큰 업무 역량을 가지고 있었고, 실질 임금이 낮은 모로코에서 지금의 연봉보다 더 많은 돈을 벌려면 더 많은 시간을 일하는 방법밖에는 없는데 나는 그럴 생각이 전혀 없었어.

하자르는 이슬람적인 가치관을 삶의 중심에 둔 걸로 알고 있는데, 다른 나라 문화들이 낯설진 않았어?

H 미국에서 지내는 동안 큰 문화 충격은 없었어. 모로코 문화에 익숙하다 보니 차이는 있었지만 크게 당황하진 않았지. 오히려 모로코 사람들이 미국

에 가면 술이나 마약 같은 사회적 비행을 자주 하더라고. 물론 그런 행동들이 사람의 가치를 깎아내리는 건 아니지만 나는 그걸 피함으로써 내 가치관을 지키려 했어. 웃긴 건, 대학에서 만난 모로코 친구들이 미국 친구들보다 마리화나를 더 자주 피웠다는 거야.

하자르의 인생에 있어 가장 중요한 가치는 뭐야?

H 음, 일단 나 자신을 제대로 아는 게 가장 중요하다고 생각해. 우리가 왜 존재하는지에 관해 계속해서 탐구하는 자세 말이야. 물론 가족, 돈, 직업, 사랑 모두 다 중요한 주제이긴 해. 많은 사람들이 좋은 직업을 갖기 위해 노력하고 있어. 그런데 나는 그런 노력 이전에 왜 우리가 좋은 직업과 높은 사회적 지위를 갖고 싶은지를 먼저 자문해 봐야 한다고 생각해. 어쨌든 우리는 모두 언젠가 죽고, 직업은 그저 삶의 한순간에서 내 생계를 책임지는 수단일 뿐이잖아.

하자르는 자기 자신에게 항상 질문을 던지는 편이야?

H 당연하지. '나는 왜 존재하는가?'는 내 인생에서 가장 중요한 질문이고 매번 나 자신에게 던지는 질문이기도 해.

자신을 아는 것도 중요하지만 현대의 많은 사람들이 바쁜 일상이나 우선순위에 휩쓸려 자기를 돌아볼 시간이 없잖아. 냉혹한 현실에서 우리는 자신을 되돌아보기보단 먼저 사랑이나 돈, 가족 따위를 목표로 삼는 것 아닐까?

H 물론 일상의 안정도 중요하지만 그럼에도 자기 삶의 목적을 아는 게 가장 중요하다고 생각해. 가정을 일구어내고 가꾸는 것도 중요하고, 타인을 돕고 성취감을 채울 좋은 직업을 갖는 것도 중요해. 그런데 만약 너 자신이 누군지 모르고 타자화되어 그 일들을 한다면, 그게 무슨 의미가 있을까?

그럼, 하자르는 자신이 어떤 사람인지 알아?

H 여전히 알아가는 중이야. 답을 쉽게 찾지 못할 수도 있지만 나는 그걸 다른 사람들보다 더 적극적으로 찾아가고 있어. 많은 사람들이 삶의 의미를 잊거나 포기하고 돈, 가족, 직업을 맹목적으로 추구하지. 삶에는 어려운 문제가 많아서 자기 자신에 대해 생각할 시간이 부족해. 하지만 나는 그 질문을 삶의 어떤 상황에서도 끊임없이 던져야 한다고 생각해. '나는 왜 존재할까?'

만약 네가 안정된 일상을 살고 있지 않다면, 슬럼프에 빠졌거나 우울한 시간을 보내고 있다면, 그때도 '나는 왜 존재할까?' 같은 질문을 자신에게 할 수 있을까? 당장 먹고살기도 바쁜데 배부른 질문일 수도 있잖아.

H 그 말에도 동의해. 특히 경제적 자유는 이 질문을 던지는 데 필수적인 조건 같아. 내가 경제적으로 불안정하고 다음 끼니에 관해 걱정해야 한다면 이런 질문을 던질 여유도 없었겠지. 그저 내 상황에 맞는 질문을 던지는 거야. 나는 현재 경제적으로 안정되어 있고, 그 안정은 이 질문을 내 삶의 가장 우선순위에 올려놨어.

다른 사람들이 좇는 가치에 관해서도 이야기해 보자. 하자르에게 가족은 뭘 의미해?

H 가족은 사회를 만드는 개개의 구성이라고 생각해. 그리고 그 가족이 사회의 가장 아름답고 추한 모습을 빚어내. 가족은 우리가 감정적으로 의존할 수 있는 대상이자, 동시에 쉽게 우리 자신을 희생할 수 있는 대상이야. 가족이란 우리가 가장 멋진 삶을 살길 바라는 대상이고 인생의 의미를 알기를 바라는 대상이며, 행복하길 바라는 대상이고 값진 삶을 살기를 바라는 대상이야. 결국 가족이란 자기 자신에게 원하는 것들을 그들도 이루어내기를 바라는 대상이기도 해.

그럼, 하자르에게 돈은 뭘 의미해?

H 돈은 내가 편안해지기 위한 수단이고, 내가 일을 하지 않아도 원하는 것을 쟁취할 수단이라고 생각해.

직업은?

H 인간으로서 우리는 뭔가를 창조해 내고 싶어 한다고 생각해. 그래서 나는 타인을 위해 내가 무엇을 만들고 싶은지 알아가기 위해 노력하고 있어. 일이란 내가 살아가는 동안 성취해야 할 것이고, 동시에 내가 죽으면 내 이름과 함께 남는 거야.

행복은 뭐야?

H 행복은 내 목표를 이루는 과정에서 느끼는 감정이자, 내가 아끼는 사람들과 함께 있을 때 느끼는 감정이라고 생각해. 하지만 나는 행복만 가득한 삶은 원하지 않아. 삶에는 도전과 위험이 필요하고, 그런 역경을 통해 내 정체성을 만들고 싶어. 만약 신이 나에게 쉬운 삶을 주면 나는 그 삶을 거절할 거야. 어려움 없이 배우는 삶을 어떻게 사랑할 수 있겠어? 쉬운 삶은 개인에게 축복이 아닌 재앙이라고 생각해.

신 이야기가 나와서 그런데, 하자르에게 종교는 뭐야?

H 그건 잘못된 질문 같아. 영성이란 '나는 어디에서 왔는가?'에 대한 질문이야. 다양한 종교와 전통이 존재 이유에 대해 다른 해석을 내놓지만 대부분 시간이 지나면서 그 의미가 퇴색되었어. 종교인들은 자기 입맛에 맞게 해석해 신자들에게 전달하고, 사람들은 신비주의자들의 이야기를 듣거나 부모의 말을 따라 잘못된 영성을 키워가. 많은 무슬림과 기독교 신자들이 경전을 읽지 않으면서도 믿음을 부르짖고 전파하는데, 나는 그런 맹목적인 믿음에 기

반한 종교는 잘못됐다고 생각해.

마지막으로, 하자르에게 사랑은 뭐야?

H 사랑하는 사람의 최선을 기원하는 것. 사실 많은 사람들이 말은 그렇게 하지만 행동으로 보이진 않아. 많은 이들이 관계에 있어 상대방을 소유하려고 하지만 그건 내게 사랑이 아냐. 건강하지 못한 집착일 뿐이지. 나에게 사랑이란 사랑하는 사람이 자신만의 길을 가기를 최선을 다해 응원하는 거야.

모든 질문에 마치 준비된 듯 순식간에 대답하는 모습에 솔직히 감탄했어. 이런 질문들을 항상 자신에게 하는 거야?

H 당연하지. 항상 내게 모든 것들을 질문해. 가족, 직업, 돈, 사랑, 나의 존재 이유까지. 이런 질문들은 시간을 내서 해야 하고 그 속에서 나는 자신을 조금씩 더 알아가. 적극적으로 질문하고, 그 답을 통해 더 큰 삶의 목표를 찾으려고 해. 매번 질문할 때마다 그 답에 가까워지는 것 같아.

하자르는 3년 뒤의 자신을 어떻게 그려?

H 내 삶에 만족한 채 계속해서 질문을 던지고 있을 것 같아.

나는 끊임없이 질문했고 하자르는 거침없이 답했다. 그녀에게 삶이란 계속해서 질문해야 하는 대상이었다. 과거의 하자르는 사실 쉬이 답하지 못하는 사람이었다고 한다. 사회는 '어린 여성'에게 침묵을 강요했고, 그래서 그것을 감수했다. 하지만 성인이 된 하자르에게 가장 중요한 것은 자신의 삶 자체였다. 하자르는 자신의 삶을 살아내고 있었고 그것이 가장 중요한 일이었다. 더 이상 타인의 평가에 얽매이지 않는 하자르는 계속해서 삶에 질문을 던졌다. 그리고 그 대답을 모두와 나눴다. 하자르의 대답을 음미하며 내 삶의 이유에 관해 고민했다. 나는 무엇을 위해 사는가? 50명의 인터뷰가 모두 끝나면 자신에게 질문해 볼 참이다. 문득 몇 년 뒤에 다시 만날 하자르가 이 질문들에 오늘과 같은 대답을 건넬지도 궁금했다.

Andrew

#30대 초반
#런던, 영국
#인스타그램 @andy_yvos

앤드루
흘러가는 삶

앤드루의 런던 악센트를 기억한다. 런던의 해크니에서 오랜만에 만났을 때도 그는 익숙한 발음으로 내게 인사를 건넸다. 우리는 동네의 흔한 주점(tavern)에 가서 맥주를 비우며 추억을 읊었다. 추억이라고 해봤자 아르헨티나와 인도에서의 1년이 전부였지만 그것만으로도 대화를 나누기엔 충분했었다. 코로나19 팬데믹의 기나긴 터널을 지나 앤드루를 다시 만났다. 기후 불평등에 관한 일을 하면서 사람과 기후에 초점을 맞추고 있었다. 그의 이야기가 궁금했다.

#런던의 월세 #기후 변화와 사회 불평등 연구 #일과 취미의 균형

그동안 어떻게 지냈어?

A 팬데믹 동안 런던으로 이사 오고서 많이 바빴어. 팬데믹 직전엔 리즈(영국 북부 웨스트요크셔주의 한 도시)에 있었는데 그리 만족스럽진 않았고. 독일에서도 좋은 연구 박사 학위 제안이 있었지만 여러 이유로 돌아갈 수 없었어. 팬데믹 때문에 여행 금지와 같은 제약이 있었거든. 돈과 시간만 낭비한 셈이었지. 그때 런던에 있는 친구들이 베를린에 못 가게 되면 같이 살자고 연락해 줘서, 좋은 조건의 집에서 친구들과 함께 지내며 행복한 2년을 보냈어.

그 집에서 오래 살았어?

A 당시에 살던 집은 팬데믹 후반에 월세를 45퍼센트나 인상해서 쫓겨날 수밖에 없었어. 친구들은 집을 샀고, 나는 돈이 부족해서 어떻게 해야 할지 고민하고 있었지. 마침 여자 친구도 같은 이유로 집에서 쫓겨나 함께 런던 남부로 이사했어. 원래는 그때 런던을 떠날 생각이었어. 런던은 비싸지고 경제 상황도 좋지 않았으니까. 하지만 여자 친구와 함께 살면서 월세를 절반만 내면 되었고, 그사이 새로운 직업도 구하게 되어 런던에서 계속 살 수 있었어.

그전에는 어떤 일을 했고, 현재 직업은 뭐야?

A 베를린에서 석사를 졸업하고 런던 정부에서 재생 에너지 관련 일을 했어. 주로 열에너지의 탈탄소화에 관한 일을 2년간 했지. 이후 시니어 프로그램 매니저로 기후 위기와 사회경제적 접근을 연구하게 되었어. 기후 변화가 사회 불평등에 미치는 영향을 다루는 일인데, 나는 기술적 해결책보다는 사람 중심의 연구를 해왔어서 이 일이 더 잘 맞아.

베를린을 떠나고 처음으로 시작한 일에 관해 더 자세히 이야기해 줄 수 있어?

A 베를린의 훔볼트대학교에서 국제연구 석사를 마친 후, 생활비 부족과 연인과의 이별로 고향인 리즈로 돌아갔어. 리즈는 물가가 저렴하고 아는 사람도 많아서 생존에 도움이 될 것 같았지. 친구와 함께 살면서 석사 논문만 이곳에서 마무리하고 가려고 했는데 곧 코로나19 팬데믹이 시작되면서 1년 3개월이나 리즈에 머물렀어. 이후 친구와 함께 런던으로 이사한 다음 리즈대학교에서 첫 번째 일을 원격 업무로 시작했어.

런던 정부와 일했던 건 두 번째 일이었어?

A 응, 리즈대학교에서 6개월 일한 후, 런던 정부의 탈탄소화 프로그램에 참

여했어. 공공건물들이 에너지를 효율적으로 사용하고 재생 가능 에너지를 적용하게 하는 일이었지. 예를 들면 가스보일러에서 화석연료 사용량을 줄이는 것과 같은 일이야. 기술적인 배경이 없어서 어려웠지만 1년 후 관리직으로 이동할 때까지 많은 걸 배울 수 있었어.

사회학과 기술은 참 다른 영역이라 몹시 어려웠을 거 같아. 그래도 배운 게 많다니 다행이다!

A 영국에서 탈탄소화 관련 기술을 배우고 현재의 직업으로 이직했어. 지금은 기후 정책이 우리 삶에 미치는 영향을 분석하고 있어. 기후 정책은 단순히 이산화탄소 배출량만 고려하는 게 아니라, 형평성을 구축하고 미래를 준비하는 방향으로 진행돼. 기후 변화는 이미 일어난 일이므로 우리는 피해 완화에 집중해야 해.

기후 위기에서의 평등이 목표인 거야?

A 형평성을 구축하려는 거지, 평등까지는 아니야. 기후 변화에 끼친 영향이 적은 사람들이 거대한 비용을 지불할 필요는 없다고 생각해. 그들은 빈곤한 자치구에서 살고 있고, 따라서 기후 위기에 영향을 덜 끼쳐. 주택, 학교, 지속 가능한 식품, 교통, 생물 다양성, 순환 경제 등에서 약자들의 입장을 대변하며 기후 행동을 이루려는 거야.

흥미롭네. 조금은 다른 이야기인데 한국에서도 관련된 주제가 꽤 논의되고 있어. 예를 들면 전기세와 관련된 담론의 경우, 전체 전기의 절반 이상이 산업용으로 사용되는데 가정용보다도 저렴한 것이 문제시되는 거야.

A 비슷한 맥락이야. 결국 기후 위기는 모두에게 불평등하게 전개되고 있어. 요금 체계도 그렇지만 그 위기를 직접적으로 마주하는 사람들도 다수가 가난하거나 취약 계층이야. 우리는 더 나은 시스템을 만들고 그걸 작동시킬 방

법을 찾아야 해. 현재의 일을 통해 사람 중심적인 방식으로 기후에 관해 생각할 수 있어서 나는 이 일이 정말 좋아.

그런 목표를 바탕으로 정확히 어떤 일들을 하는 거야?

A 예를 들어 가난한 이들의 집에 이중창이나 재생에너지 열펌프를 설치하거나 학교 전기세 급등으로 인한 예산 삭감을 막는 일을 해. 이런 부정적인 영향을 해결하려고 노력 중이지. 우리의 목표는 탄소 배출량을 줄이는 거야. 그러나 영국 정부는 충분히 투자하지 않고, 지방 정부는 어려움을 겪고 있어. 주택 위기도 문제를 더 복잡하게 만들고 있지만 계속 혁신적인 해결책을 마련하면서 유럽과 영국에서 긍정적인 관심을 받고 있으니 점차 변화가 일어날 거라고 믿어.

영국 선거 이후 상황이 좀 바뀔까? 14년 만에 노동당이 집권했잖아.

A 영국 보수당은 경제와 사회를 크게 파괴하고 복지를 축소했어. 노동당이 그 실책을 되돌릴 수 있을 거야. 내가 평생 지지해 온 노동당이 승리해서 기뻤어. 물론, 노동당을 온전히 믿기는 어려워. 많은 사회주의적 가치를 버리고 가자 지구에서 이스라엘을 두둔하며 지지를 잃었거든. 그래도 노동당은 보수당보다는 약자를 더 챙기고 기후 위기에 적극적일 거라고 생각해.

대학교에서도 기후와 관련한 논문을 썼어? 원래 기후와 환경에 관심이 많았는지 궁금해.

A 부에노스아이레스에서 석사 학위를 시작할 땐 사회적 불평등에 관심이 많았어. 남미 원주민들의 권리에 대해 고민했던 기억도 나. 다국적 자본들이 남미의 숲을 없애고 원주민들을 밀어내잖아. 인도에서는 환경적 영향을 고려한 이주 문제에도 관심이 많았는데, 이런 주제들이 현재의 내 직업과 연결돼 있어. 중국에서 학사 학위 과정을 할 땐 비영리 단체에서 번역가로 일하며 수

질 연구를 했어. 데이터 투명성을 통해 중국 지방 정부의 거버넌스 개선 방법과 다국적 기업의 환경 영향을 연구했지. 중국에서 기후 성과를 달성하려는 시도는 혁신적이었어. 특히 '스펀지 도시' 개념이 인상적이었는데, 도시를 숲과 나무로 뒤덮어 자연적인 수분 보유를 통해 가뭄과 홍수에 대비하는 개념으로 우한은 그 실천에서 선도적인 역할을 했어.

앤드루가 다른 나라의 기후 불평등을 직접 접하면서 그 주제를 영국으로 끌고 온 게 신기해. 항상 기후에 관심이 있었어?

A 기후보다는 '사람'에 관심이 있었어. 그게 지금까지 내가 해온 일의 원동력이었지. 중국어를 전공한 이유는 중국이라는 거대한 나라에서 살아가는 사람들이 궁금했기 때문이야. 어릴 때부터 아버지와 함께 동식물을 찾아다니며 자연에 관심을 가졌지만 언제나 사람에 더 집중했어. 이제는 자연과 인간의 관계를 통해 그 두 지점을 연결하려고 해. 사실 중국이나 아르헨티나, 인도도 큰 계획 없이 간 건데 결국 사람을 도울 자리에 가고 싶었던 것 같아. 정치학과 사회학을 공부한 여정이 기후 변화와 사회 불평등으로 이어졌어.

좋아하는 일의 흐름을 따라 사는 것도 참 멋지다.

A 나는 인생을 '눈덩이 효과'처럼 살았어. 작은 결정이 큰 결과로 돌아오는 식으로. 사실 중요한 결정 중 일부는 정말 어리석게 내렸지. 예를 들어 대학 첫 스페인어 수업 대신 잘못 들어간 중국어 수업에서 재미를 느껴 중국어를 배우기로 결심했고 그 후 중국에도 갔어. 학사를 마친 후 음악 마케팅과 파티 운영을 하다가 베를린에 갔고 그곳에서 사랑에 빠져 국제연구 석사를 했어. 그 결정들이 지금의 나를 만들었지. 영국 시골에서 자라며 항상 궁금했던 것들을 찾기 위한 긴 여정 끝에 이 자리에 도착해 있어서 기뻐.

앤드루가 가장 좋아하는 분야인 음악에 관해서도 묻고 싶어. 앤드루에게 음악은 뭐야?

A 음악은 항상 내 삶의 일부였어. 일 외에도 꾸준히 음악 작업을 하고, 사람들을 모으는 걸 좋아해서 커뮤니티 중심의 파티를 여러 번 열었지. 리즈에선 클럽을 빌려 밤새 파티를 열었고 그 수익을 자선단체에 기부했어. 자선 파티는 매달 열렸는데 다양한 재능을 가진 사람들의 참여로 비용 없이 행사를 진행한 덕분에 많은 발전이 있었어. 노섬벌랜드에 있는 15세기 성을 빌려 여러 차례 축제를 열기도 했어.

좋아하는 것과 일은 어떻게 균형을 맞춰? 많은 사람들에겐 쉽지 않은 일이잖아.

A 좋아하는 일을 해야 한다고 생각해. 그래야 일에 대한 부담이 커져도 다른 취미를 즐길 에너지를 계속 찾을 수 있어. 축제를 열 때는 모두가 자기 시간과 노력을 나눴는데 그 결과가 특별해서 힘들다고 느끼지 않았어. 특히 성에서 열었던 축제들은 최고였어. 요리사 친구는 요리하고 DJ 친구들은 디제잉을 하면서 서로 좋은 에너지를 나눴지. 그 경험 덕분일까. 나는 사람들에게서 활력을 얻는다고 느껴. 가장 힘든 시기에도 나를 지지해 준 건 친구들이었어. 낙관적인 태도와 좋은 관계를 유지하면 어떤 일이든 균형을 잘 맞출 수 있다고 생각해.

가끔 앤드루를 볼 때면 어딘가 삶을 초탈한 듯했다. 항상 밝은 미소를 띠는 그는 여전히 흘러가는 대로 살 터였다. 많은 사람을 만나며 좋아하는 일을 하는 모습이 부러웠고, 그 흐름의 길목 길목에서 앤드루를 만날 수 있어 기뻤다. 여름의 시작 무렵에 진행된 인터뷰에서 그는 말라가의 한 해변 아파트를 빌려 친구들과 여름을 나고 있었다. 반짝이는 스페인의 여름 햇살처럼 앤드루의 여름이 반짝이길 기원했다. 그의 인생도, 앞으로 계속 윤슬처럼 찬란하기를.

Erika R

#30대 초반
#노마드
#인스타그램 @sorrideree

에리카 R
삶으로 전진하는 노마드

에리카를 만나는 건 항상 길 위에서였다. 서울의 높은 언덕과 치앙마이의 혼곤한 더위 속에서, 집을 떠나 찾은 낯선 풍경에서 우리는 서로를 마주했다. 아니, 사실은 낯섦 속에서야 친밀한 손길을 내밀 수 있었는지도 모른다. 넓은 세상을 여행하며 다양한 군상을 만났지만, 단연코 그녀는 그 누구보다도 유목민적인 삶을 사는 사람이었다. 에리카의 발걸음은 유럽과 아시아를 넘나들었고 먼 아메리카의 대륙에도 닿아 있었다. 막 치앙마이를 떠난 에리카에게 삶의 이야기를 청했다. 이야기가 펼쳐질수록 나 또한 그 발자취에 동화되는 듯싶었다.

#노마드로 살기 #여행자이자 개척자 #집필과 출판 #정체성 고민

여행은 어땠어?

E 정말 긴 여정이었어. 지구 반대편으로 떠나는 여행이라 항공 선택지도 많지 않았지. 브라질과 태국은 10시간 시차가 있는데, 그 거리와 여정 사이에 해결해야 할 일도 있어서 일정이 더 길어졌어. 치앙마이에서 방콕을 거쳐 상파울루로, 다시 지금 머물고 있는 플로리안 폴리스로 왔어. 브라질 남쪽에 있는 이 도시는 북쪽과는 분위기가 다르고 치안도 좋아. 연말에 아시아로 돌아가기 전까지 머물기에 안성맞춤인 곳이야.

지도를 확인해 보니까 예쁜 해변이 많이 보였어.

E 응, 많은 브라질 사람들이 플로리안 폴리스로 여름휴가를 와. 모두가 사랑하는 도시야. 여러 번 들었던 곳이라 한 번은 꼭 와보고 싶었어.

브라질은 처음이야?

E 아메리카 대륙 자체가 처음이야. 10년 전에 워킹 홀리데이로 호주에 살았을 때부터 브라질에 관심이 많았어. 호주에서 공부하는 브라질 친구들을 다수 만났는데 그 만남을 통해 브라질 문화에 관심이 생겼거든. 그 이후로 프랑스에서 포르투갈어를 배우고 브라질 춤도 배우면서 언젠가 꼭 브라질에 오고 싶었어.

프랑스에서 학사를 한 거야?

E 프랑스에서 심리운동치료를 전공했어. 외국에서도 공부하고 싶었지만 전공 특성상 가능한 나라가 드물어서 이어갈 수 없었지. 졸업 후에는 1년 동안 유치원에서 발달지체 아동을 돕는 일을 했어. 그런 다음 워킹 홀리데이 비자로 호주에 가서 살면서 여행하고, 뉴질랜드와 인도까지 다녀왔지. 그러다 덜컥 연애를 시작하면서 프랑스로 돌아오게 되었어.

연애 때문에 귀국했다고?

E 당시의 남자 친구가 프랑스로 돌아갔거든. 물론 나는 여전히 외국에서 다른 문화를 경험하고 다양한 사람을 만나고 싶었어. 그게 몇 년간 내 삶의 원동력이었지. 하지만 그의 우유부단함 때문에 계획을 계속 미루고 짧은 여행만 다녀왔어. 그러다 파리의 요양원에서 노인들을 위한 워크숍과 균형 및 안정 세션을 진행하는 일을 했는데, 파리라는 도시가 도무지 내게 맞지 않아서 리옹으로 떠났어. 자폐증 환자의 가정에 방문해 재활과 치료를 돕는 일을 했

지만 1년 반쯤 지나니 회의감이 들더라. 현실은 내가 상상했던 것과 너무 달랐고, 뭘 해야 할지 모르겠다는 생각이 들었어.

슬럼프에 빠졌구나.

E 스트레스가 커서 나 자신에게 집중하기로 하고 1년 반 동안 내 능력을 시험해 보기로 했어. 호스티스, 보험 회사 직원, 리셉션 안내원 등 여러 일을 해 봤지. 그러다 모든 일을 관두고 외국으로 떠나려는데 팬데믹이 터진 거야. 직업도 없고 리옹의 방도 뺀 상태라 어쩔 수 없이 모든 계획을 취소하고 부모님 댁으로 갔고, 거기서 오랫동안 고민해 온 사업을 시작했어.

새로운 사업을 시작했다고?

E 응, 예전부터 항상 생각해 왔던 건데 이때가 아니면 못 하겠다 싶었어. 한 호주 친구가 자가 출판을 시작한 걸 보고 영감을 받았지. 그렇게 시작해서 지금은 4년째 이 일을 하고 있고.

지금 하는 일에 관해 더 자세히 듣고 싶은데, 그 전에 여정을 마저 정리하면 좋을 것 같아. 그리고 태국에 간 거야?

E 응, 태국에서도 계속해서 같은 일을 했어. 프랑스를 떠난 게 2021년 8월이야. 처음엔 카나리아 제도에 가서 4개월 정도 있었고, 다음으로 태국에서 두 달 정도 있었어. 그리고 나선 인도네시아의 발리와 롬복에 3개월 정도 머물다가 말레이시아로 향했지.

끝임없는 여행이었네?

E 정처 없이 떠도는 삶이었지.(웃음) 첫해에는 한국, 베트남, 일본, 대만, 싱가포르를 거쳐 다시 불가리아, 스위스, 영국에 머물렀어. 계속 이동하다 보니

새로운 사람들을 만나고 낯선 도시에서 색다른 경험을 할 기회가 늘 생겼고, 그래서 자꾸 떠났어. 도시마다 좋고 나쁨이 갈리긴 했지만 여행하며 새로움을 발견하고 그 속에서 나를 다시 정의하는 순간들이 즐거웠어.

각각의 도시에서 짧게 체류하는 걸 선호한 거야?

E 예전엔 그런 편이었는데, 지금은 한 도시에서 최소 3개월은 살려고 해. 계속해서 떠나는 건 삶의 균형을 찾는 데 방해가 되거든. 자꾸만 새로운 곳으로 떠나게 되면 반복적 일상을 만든다거나, 친구를 깊게 사귀기가 쉽지 않으니까. 그래서 지금은 최대한 한 도시에서 몇 달은 머물려고 하는 거야.

나도 1년의 절반을 외국에서 보내지만 그럼에도 한국에 돌아와야만 하는 이유가 있어. 가족이라든지, 앞으로 살아갈 삶의 터전을 가꾸는 일이라든지. 그렇게 자주 내 삶의 기반인 한국을 되돌아보게 되거든. 에리카는 어때?

E 나도 늘 고민하면서 내가 올바른 길로 가고 있는지를 자문해. 하지만 프랑스로 돌아갈 때마다 그곳이 나와 맞지 않다고 느껴. 오래 머물고 싶지 않고, 프랑스인으로서의 정체성도 어색해. 그래서 안정적이지만 지루한 프랑스에서의 삶을 벗어나 나만의 정체성을 스스로 만들어가려고 해. 프랑스 친구들은 종종 나와 다른 세상에 있는 것처럼 보여. 오히려 길 위에서 만나는 사람들이 나와 더 비슷한 점이 많아서 자연스럽게 그들과 친구가 돼.

한 도시에서 3개월을 머문다고 가정했을 때, 그 짧다면 짧고 길다면 긴 기간 동안 에리카는 어떻게 새로운 친구를 만들고, 어떻게 각 나라의 사회와 문화에 대해 배우나?

E 코리빙 하우스나 노마드 커뮤니티에 들어가 새로운 인연을 만나곤 했어. 코워킹 공간을 찾아 그곳에서 열리는 행사에 참여하거나 직접 행사를 연 적도 있지. 코리빙과 코워킹 네트워크를 통해 사람들과 연결되고, 오프라인 모

임을 찾아다니며 기회를 만들어갔어. 예를 들어 스웨덴 사진 전시회나 거리 예술 축제, 레이저 예술 축제에 가거나 언어 교환 모임에 참여하는 식으로 말이야. 그렇게 새로운 환경에 나를 던져가며 계속 사람들과 어울릴 수 있었어.

그렇게 계속해서 떠나면 어느 순간은 정말 외롭지 않아?

E 맞아, 노마드로서 가장 힘든 건 외로움이야. 여행을 계속하다 보면 문득 모든 걸 멈추고 싶은 순간이 오거든. 새로운 곳에 가면 모든 걸 백지에서 다시 시작해야 하고 매번 새로운 친구를 사귀는 과정이 반복되잖아. 사회성에도 한계가 있다고 느낄 때가 있고, 길 위에서 맺은 인연을 계속 이어가거나 깊은 관계로 발전시키기 어려워서 힘들기도 해.

아까 하던 이야기로 돌아와서, 지금 하는 일에 관해 듣고 싶어.

E 여러 책들을 써. 어린이를 위한 감사 일기랄지, 관계나 사랑에 관한 책들. 자기계발이나 논픽션 쪽 책이라고 생각하면 될 거야. 직접 글을 쓰고 책 표지를 디자인해. 원고가 준비되면 아마존이 나머지 판촉이나 인쇄, 배송은 알아서 해주니까 나는 마케팅에만 집중하면 돼. 이렇게 혼자서 책을 쓰고 출판하는 작업을 4년 동안 해왔어.

지금 하는 일을 좋아해?

E 물론, 내가 하는 일을 사랑해. 일이 일처럼 느껴지지 않아. 그저 일상이 되어버렸지. 하지만 최근에 내 정체성에 관해 다시 생각할 기회가 생겨서, 기존에 하던 일들을 조금은 낯설게 보려고 노력하고 있어. 여태까지는 일상처럼 잘 해왔지만, 이 일이 나의 삶을 대변할 수 있을지 고민도 하고 있고.

정확하게 어떤 고민이야?

E 여행 중 만난 사람들이 종종 내 삶을 보고 영감을 얻는다고 말하는데, 그럴 때마다 생각해. 내가 어떤 점에서 그들에게 영감을 주는 걸까? 혹시 단순히 '노마드'라는 삶의 방식이 신기한 걸까? 하지만 노마드는 내 정체성의 일부일 뿐 전체를 대변할 수는 없잖아. 그래서 사람들이 내 일이나 노마드라는 틀을 넘어, '나'라는 인간 자체를 통해 영감을 받았으면 좋겠다는 생각을 해.

본질적인 고민은 괴롭지만, 삶의 방향성을 제시하는 데 큰 도움이 되어주곤 하지. 그런 고민 끝에 어떤 결론을 내렸어?

E 결론을 내리지 못했어. 계획이란 건 쉽게 바뀔 수 있다는 걸 알거든. 더 많은 경험이 날 기다리고 있고, 예기치 않은 일들이 펼쳐질 거야. 적어도 내가 확실히 아는 건 현재에 충실해야 한다는 것. 브라질에서 포르투갈어를 연습하고 브라질 친구들처럼 사는 방법을 배울 거야. 물론 브라질 밖에서도 많은 사람을 만났지만 여기서 살아가는 이들의 삶은 또 다를 테니까. 춤도 열심히 배우고 싶어.

에리카의 춤을 본 적 있다. 어느 느지막한 여름밤 파티에서 음악에 맞춰 몸을 움직이고 있었다. 그 움직임을 물끄러미 응시하다가 얼굴에 피어난 미소에 시선이 가닿았다. 두 눈을 감고 활짝 웃으며 춤을 추는 그녀는 진정 자유로워 보였다. 에리카는 자유로운 여행자인 동시에 삶을 계획할 줄 아는 개척자였다. 자신의 본질을 계속해서 탐구하고, 정말로 사랑하는 일에 관해 반복적으로 질문을 던지는 학생이었다. 동시에 나에게 삶의 본질을 살짝 보여준 선생이기도 했다. 머나먼 길 위에서 배회하면서도 자신의 꿈을 계속해서 놓지 않는 에리카, 그 꿈을 실현하기 위해 자기 자신에게 끊임없이 질문을 던지는 에리카를 통해 나는 수없이 배웠다. 인터뷰를 마무리하며 감사를 전했다. 그녀가 앞으로도 길 위에서 자유롭게 춤추기를 기원했다.

Troy

\#30대 초반
\#캘리포니아, 미국
\#인스타그램 @troy_flahertyyy

트로이
스스로 행복할 것

트로이는 종종 어색한 미소를 짓곤 했다. "나는 한국에 은퇴하러 왔어"라고 말하는 그가 가끔은 그저 태평스러워 보였다. 그 미소는 미래에 관한 거창한 질문을 던질 때 나오곤 했다. 트로이에게 미래란 현재의 시간선 너머에 있는 일상의 연속일 뿐이었다. 가장 자주 본 그의 모습은 살짝 열린 방 안으로 보이는 뒷모습이었다. 그리고 느지감치 일어나 좋아하는 게임을 하다가 가볍게 산책하러 나서는 모습. 이른 나이에 은퇴하고 진정한 자유를 추구하며 살아가는 트로이의 이야기가 궁금했다.

#은퇴한 미국인의 한국살이 #이별 #의가사 제대 #목표가 아닌 삶

한국에 온 지 3개월 정도 지났는데, 어떻게 지냈는지 궁금해.

T 나만의 속도로 살아갈 수 있어서 좋았어. 한국에서는 힘을 빼고 자유롭게 살고 싶었거든. 한국 음식은 맛있고, 예상보다 많은 사람도 만났어. 처음 한국에 올 때는 소수의 사람을 사귀거나 작은 가족 같은 관계만 만들 줄 알았는데, 사촌의 친구들과도 만나고 플랫을 공유하면서 다양한 사람들을 만날 수 있었어.

한국엔 어떻게 오게 된 거야?

T 미국을 떠나 은퇴하려고 왔어. 엄마는 내가 필리핀이나 싱가포르로 가기를 원했지만, 싱가포르는 물가가 높고 필리핀은 어릴 때 1년간 살았던 경험이 좋지 않아서 선택지에 없었어. 그러다 온라인 게임에서 만난 친구들이 한국에 가보자고 제안했고, 작년 3월에 한국에서 2주 정도를 지내보면서 이곳에 오기로 결심했던 거야. 다시 캘리포니아로 돌아가 한국어 공부를 하며 1년간 준비했어.

그 결정 과정에 관해 자세히 알고 싶어. 어떤 점에서 한국이 마음에 들었어?

T 먼저 한국은 차 없이도 어디든 갈 수 있어. 자동차를 몰면 운전, 교통 규칙, 보험 등 신경 쓸 일이 많잖아. 그리고 나는 사회적 소통 없이 은둔적인 삶을 살고 싶었어. 사람들과 대화하는 건 좋아하지만 여전히 내향적이고 혼자 있는 걸 즐겨. 한국은 그런 내게 딱 맞는 곳이었어. 미국 사람들은 타인에게 관심이 많지만 한국에선 아무도 나에게 신경을 쓰지 않아서 좋아. 또 한국은 대중교통을 타거나 길을 걸으면서 정취를 느낄 수 있는데, 미국은 아름다운 풍경을 보려면 보통 8시간은 운전해서 가야 하거든. 한국은 멋진 경치가 가까이에 있고 위험하지도 않지. 곰이나 뱀, 혹은 악어가 있는 것도 아니고.

정말 현실적인데.

T 한국은 정말 안전하고 어디든 쉽게 갈 수 있는 곳이야. 물론 캘리포니아의 새벽 3시도 한국처럼 안전하지만 자연재해나 폭염, 지진, 화산 같은 면에서는 한국이 훨씬 안전해. 내 은퇴 생활을 하기에 적합한 곳이라 생각했어.

어떻게 이렇게 이른 나이에 '은퇴'를 하게 된 거야?

T 전 여자 친구와 헤어진 게 가장 큰 전환점이었어. 특히 오랜 관계가 끝날

무렵에 교통사고를 당해서, 스트레스와 우울함 속에서 2년을 보냈어. 그 후 미국을 떠나 혼자 지내고 싶어서 해병대 보직 전환을 시도했지만 거절당했어. 결국 의가사 제대를 하고, 군대에서 다친 걸 인정받아 평생 연금을 받게 됐지. 그 금액으로는 미국에서 지내기 부족하지만 한국에서는 충분해. 지금은 한국에서 혼자 지내는 게 즐거워.

그래도 최소한의 상호작용은 있어야 하지 않아?

T 친구들과 가족은 필요하지. 내가 평생 독신으로 살겠다거나 모든 여성을 이성적인 연애 대상으로 보지 않겠다는 말은 아냐. 전 연애가 나를 너무 지치게 해서 당분간은 혼자 지내고 싶을 뿐이야.

전 여자 친구와는 얼마나 연애를 한 거야?

T 8년. 2010년 고등학교에서 만나 대학 시절을 거쳐 내가 군 복무를 마칠 때까지 내내 연애했어. 그녀가 대학을 졸업하고 직장을 가지면서 나는 여자 친구의 스트레스를 해소해 주고, 집값을 내주고, 외국에 갈 때 보험도 들어줬어. 힘든 일로 울면서 전화하면 그걸 다 받아줬지. 그러다 그 일이 일어났어.

무슨 일이 일어난 거야?

T 노스캐롤라이나에서 복무하던 중이었어. 그녀는 8시간 거리의 캘리포니아에 있었지. 크리스마스를 함께 보내기로 하고 항공편을 예약했는데, 출발하기도 전에 그녀가 전화를 걸어서 말했어. 다른 사람을 만나고 있고, 두 달째 사귀고 있다고. 아직도 그 말이 귓가에 선명해. 부모님 댁이 있는 캘리포니아에 가서 엄마에게 그 이야기를 전했는데 엄마가 믿지 않더라. 믿을 수 없었던 거지. 그 상황을 이해시키는 데 2시간이 걸렸어. 전 여자 친구는 이미 내 가족이나 다름없었거든. 항상 내 가족 모임, 졸업식, 여행에 함께였으니

까. 헤어지고 3일 후, 친구들을 만나러 나가서 교통사고를 당했어.

의가사 제대를 하게 된 계기였어?

T 맞아. 1월 1일 새벽 2시쯤, 앞에 차 사고가 나서 정차해 있던 중 뒤에서 시속 112킬로미터로 달려오는 차에 부딪혔어. 순간적으로 청력을 잃고 모든 빛이 눈에 들어오면서 시간이 멈춘 것처럼 느껴졌어. 그 후 친구가 "우리 왜 다쳤지?" 하고 물어와서 내가 "뒤차에 받쳤어"라고 말했던 기억이 나. 그 말과 동시에 에어백이 튀어나왔고, 정신을 차렸을 땐 병원에 누워 있었어. 몇 달 동안 침대에 누워 지냈는데 등과 목에 통증이 심했어. 지금은 많이 회복됐지만 여전히 목이 뻣뻣하고 통증도 있어. 불면증도 생겨서 잠들기까지 시간이 좀 걸려.

정말 안타까운 일이야. 트로이의 현재 삶에서 가장 커다란 일들은 2018년 연말과 2019년 연초에 일어났네. 그 좌절을 어떻게 이겨냈어?

T 여자 친구와 헤어지고 교통사고를 당한 후 줄곧 우울하고 몸이 아팠어. 그래서 나를 바쁘게 만들기 위해 훈련에 자주 참여하고 업무 시간 외에도 일을 했어. 비디오 게임을 하고 친구들과 자주 술을 마시며 클럽에도 갔지. 새로운 사람을 만나 여자 친구를 잊으려고도 했어. 몇 번 진지한 관계가 될 뻔했지만, 마음이 내키지 않아서 결국 연애를 멈추기로 했어.

그 이별이 없었더라면 인생이 달라졌을까? 삶을 다르게 계획하고 군대를 나왔을까?

T 헤어지기 전에, 나는 막 상병으로 진급하고 데스크 업무로 담당이 바뀐 상태였어. 육체적인 일을 좋아하는데 새로 맡은 일은 지루한 행정 업무였지. 그러다 이탈리아로 자대 배치를 받기 이틀 전, 선임 하사관이 나에게 이탈리아 대신 다른 부대에서 6개월 동안 행정 업무를 하라고 했어. 이탈리아는 어떻게 되느냐고 물었더니 아무도 보내지 않겠다고 하더라.

그런 게 가능해? 이틀 전이라니.

T 그때부터 군대가 싫어지기 시작했어. 계획했던 중대한 일이 이틀 전에 완전히 어그러지고 원치 않는 행정 업무를 하게 되었으니까. 사실 그 업무는 몸이 불편하거나 임신한 병사들이 맡았는데, 사고 이후 내가 정상적으로 일했는데도 거기에 날 배치한 거야. 6개월이라고 했던 업무는 2년 동안 지속되었어. 내 일이 아닌 일도 자주 하달되었는데 예를 들면 소대장 대신 해병대원들을 강제로 전역시키는 일, 또는 음주 운전을 하거나 마리화나를 피우는 군인들을 군사 법정에 보내는 일이었지. 그건 내가 할 일이 아니었어.

그런 일을 2년 동안 한 거야?

T 맞아. 2년 후 소대로 돌아왔는데 또 데스크 업무가 기다리고 있어서 방첩부대에 지원했어. 방첩 일은 일종의 스파이 같은 건데 영화에서 보는 것처럼 그렇게 휘황찬란하진 않아. 지원 프로세스에 8개월이 걸렸고, 보안 검사와 인터뷰를 거쳤는데 마지막 인터뷰를 망치는 바람에 꿈이 좌절되었지. 결국 군대를 떠나기로 결심했는데 그게 2021년이었어.

그러고 나선 어떤 삶을 살았어?

T 군대 전역 후 캘리포니아로 돌아왔고, 집에서 아무것도 하지 않으며 '일하지 않는 삶'에 적응하려 했어. 군 복무 동안 모은 돈과 장애연금 덕분에 생활은 가능했지만 그 돈으로는 미국에서 제대로 살아가기 어려웠고 대학에 돌아갈 수도 없었어. 내가 군대에 들어간 이유는 많은 곳을 여행할 수 있어서였는데, 한곳에 정착하면 여행도 어렵다는 걸 깨달았지. 그래서 한국으로 오기로 결심했어. 미국보다 저렴한 생활비와 지속 가능한 삶, 여행도 가능했거든. 이제는 이탈리아나 노르웨이도 마음만 먹으면 갈 수 있어.

트로이가 현재의 삶에 만족스러워하는 건 알겠어. 그간 많은 일이 있었고, 그 가운데 군대를 전역하고 여자 친구와도 헤어졌잖아. 그 만족스러운 지속 가능한 삶 너머에 어떤 목표는 없어? 예를 들면 뭔가 새로운 일을 하고 싶다든지.

T 일하지 않는 삶은 지루하긴 해. 그럼에도 지금은 그저 한국을 여행하며 지내고 싶어. 여행을 마친 후에는 미군 부대가 있는 오산이나 평택에서 군무원으로 일할지도 모르겠어. 한국 사회에 익숙하고 언어도 어느 정도 구사할 수 있는 전역 군인을 채용하는 게 미군에게도 유리할 테니까. 군무원으로 일하면 월급 대부분을 저축할 거야. 몇 년 일해서 충분한 금액을 모은 후 다시 편하고 자유롭게 살고 싶어.

편하고 자유롭게 사는 게 인생의 목표인 거야?

T 응, 돈을 더 벌어서 다시 은퇴하는 것. 난 그게 제일 행복한데.(웃음)

그럼 인생의 목표를 이루기 위해 어떤 가치들을 추구하며 살아갈 거야?

T 적어도 새로운 관계를 찾으려 하진 않을 거야. 사랑이 찾아오면 거부하지 않을 순 있지만 적극적으로 찾고 싶진 않아. 연애를 하면 상대에게 아무래도 기대하게 되고, 그건 또 실망으로 이어지기 마련이잖아. 나는 그냥 긍정적이고 낙관적으로 살고 싶어. 삶에서 커다란 목표보다는 내 삶을 즐기고, 다가오는 것들을 받아들이며 새로운 취미도 만들고 한국어도 배우고 싶어.

어찌 보면 트로이의 꿈은 소박했다. 그저 평범한 일상을 영위할 수 있는 최소한의 돈으로 사소한 행복을 찾을 뿐이었다. 우리는 종종 너무 과도한 목표들을 삶에 부여하고 자신을 몰아치고 있는 건지도 모른다. 사실 중요한 건 거창한 목표가 아니라 삶에 진심인 자세와 그 삶 자체에 있음을 우리는 자주 잊는 게 아닐까. 인터뷰를 마치고 트로이는 자신의 방으로 들어갔다. 살짝 열린 문 너머로 그의 뒷모습이 다시 보였다. 그가 행복하다면, 그것만으로도 기뻤다.

계속해서 삶을 개척하는 방법

커다란 덩치의 맷은 쉬이 웃었고 큰 몸동작으로 주변 사람들을 웃겼다. 하지만 의미 없어 보이는 그 너털웃음 뒤에는 넓은 경험과 명민한 자아가 있었다. 맷은 쉽게 속내를 꺼내지 않았지만 나는 웃음들 사이에서 종종 그의 번뜩이는 재치를 마주했다. 삶이 아무리 부박할지라도 웃음을 저버리는 이가 아니었다. 맷을 알고 지낸 지 6년 만에 진지한 이야기를 나눴다. 잘게 부서진 웃음 뒤에 있는, 그가 살아온 삶의 여정이 궁금했다. 맷을 방콕에서 만났다.

#방콕에 정착 #편집 프로젝트 매니저 #인생 #큰 결정을 내리기 전

방콕은 어때? 태국이 첫 방문은 아닌 걸로 알고 있는데.

M 예전에 아버지, 형과 함께 배낭여행으로 왔던 추억이 있어. 태국의 신년 축제인 송끄란 기간이었는데 그땐 내가 여기서 살게 될 줄 전혀 몰랐지. 그 후 2019년에 석사 과정으로 다시 방콕을 찾았어. 베를린 훔볼트대학과 여러 나라 대학이 협력한 프로그램 중에서 방콕의 것을 선택한 거야. 쭐라롱꼰대학에서 한 학기 공부한 다음 유네스코에서 인턴을 지내며 방콕에 머물렀지. 방콕은 내게 많은 기회를 줬어. 그 경험들이 큰 도움이 되었으니까.

방콕에선 얼마나 지낸 거야?

M 4년 정도. 코로나19 기간에 2년 있었고, 1년 반 동안 또 머물렀고, 왔다 갔다를 6개월 정도 했으니 4년이라고 할 수 있지.

그러니까 방콕에서의 네 '삶'은 쭐라롱꼰에서 시작되었다고 해도 되겠네?

M 그렇지. 하지만 쭐라롱꼰의 프로그램 자체는 그리 인상적이지 않아. 교수님 대부분과의 소통이 어려웠으니까. 사회적 위계가 강해서 의견을 자유롭게 제시하기 힘든 분위기였달까. 물론 교수님들의 학문적 성취와 연구 경험은 존경하지만 연구와 가르치는 건 다르잖아.

방콕에서 6개월 있으면서 뭘 배웠어?

M 6개월 동안 강의실에서는 태국의 차이나타운이나 1930~40년대 태중 문화, 왕정, 정치, 역사 등을 배웠고 강의실 밖에선 방콕과 태국을 직접 경험했어. 나를 많이 변화시킨 시간으로, 석사 이전에도 아시아에서 살아본 경험이 있어서 동남아시아는 익숙하고 편안했어. 친구가 많았던 것도 다른 학생들보다 더 빨리 적응하는 데 한몫했지. 습도 높은 더위도 견딜 만했고, 언어는 못해도 문화는 어느 정도 익숙했어. 그래서인지 이곳이 내가 뿌리를 내릴 곳이란 걸 어렴풋이 느꼈던 것 같아.

방콕은 종종 한국인들에게 관광지, 혹은 안타깝게도 유흥의 도시로 여겨져. 많은 이들이 짧게 방문하고는 그 편견을 깨지 못하고 돌아가. 그런 의미에서 맷에게 방콕은 어떤 도시였어?

M 방콕은 다양한 사람과 이야기가 쌓인 복잡한 도시야. 많은 사람들이 이곳에 와서 하루이틀 머물며 욕망을 발산하고 떠나지. 나이 든 서구 남성들은 상업적 성 착취를 하기도 하고, 우리 또래는 다른 방식으로 특권을 누리며 즐겨. 그런 면에서 방콕은 쾌락과 즐거움의 도시 같아. 물론 방콕은 다양한 모

습을 보여줄 수도 있어. 새로운 경력을 시작하거나 명상 리트릿 같은 정서적 편안함도 찾을 수 있지. 오래 살수록 방콕의 더 다양한 면들을 알게 돼.

개인적인 맥락의 방콕 이야기도 해줘.

M 방콕은 내게도 여러 모습으로 다가왔어. 처음엔 나도 평범한 배낭여행자로 지내며 카오산로드 호스텔에서 묵고 송끄란 축제를 즐겼지. 아버지, 형과 함께했던 그 시간이 첫 번째 방콕이었다면 두 번째는 석사 학위를 할 때의 방콕이었어. 세 번째 방콕은 인턴십과 사랑의 방콕이었지만 코로나19로 모든 계획이 엉겼지. 그래도 지금은 어느 정도 안정된 삶을 살고 있어. 친구들도 사귀었고, 너처럼 많은 이들이 나를 찾아 방콕에 와주기도 했어.

사실 내게도 방콕은 관광의 도시였는데, 2022년에 처음 방문해서 3개월간 머물며 편견을 깰 수 있었어. 방콕은 다양한 이들의 다양한 서사를 품고 있는 매력적인 도시였지. 맷에게도 처음과 마지막 방콕 이미지는 완전히 다르겠네?

M 난 항상 방콕을 좋아했지만 비자가 늘 문제였어. 태국 정부는 방콕을 드나드는 사람들을 철저히 관리해. 단기 체류자나 전문직 종사자들에겐 우호적인 정책을 펴고, 반면 여행자와 거주자의 중간에 있는 사람들, 즉 방콕에서 짧게 거주하려는 이들은 여전히 많은 어려움을 겪어. 예전엔 법을 피할 방법이 많았지만 요즘은 정부가 확실히 제 역할을 하고 있지. 태국은 국가의 이미지를 위해 부정적 영향을 미칠 가능성이 있는 외국인을 제한하려는 거야.

도시는 굳건했고 그 견고함은 다양한 계층의 서사로 둘러싸여 있었다. 내게 첫 방콕은 여행지였지만 두 번째 방콕은 극명한 대비로 정의되었다. 부와 빈, 첨단과 전통, 문명과 혼곤한 열대. 맷이 이야기하는 방콕은 더 복잡한 계층의 총합이었다. 가끔 도시는 이방인에게 더 관대하게 그 내면을 어김없이 보여줬다. 맷은 한평생 방콕에서 살아온 이들보다도 더 집요하게 이곳에서 살았을지도 모른다. 방콕을 넘어선 그의 이야기도 듣고 싶었다.

방콕과 독일 이전의 이야기를 좀 더 듣고 싶어.

M   나에겐 학사와 석사 사이에 긴 공백이 있어. 2010년에 학사를 졸업하고 블루칼라 노동자로 일했지. 졸업 후 방향성을 찾지 못했고 당시 미국 경제도 최악이라 바로 일을 시작했어. 처음엔 삼촌을 도와 조경과 제초 작업을 했고 이후 대학 근처 공장에서 트럭 상하차 일을 했는데 몸 쓰는 일이 즐거웠고 직접 부딪치며 많은 걸 배울 수 있어 좋았어. 문화인류학을 전공했지만 그와 전혀 다른 맥락의 경험이었지.

그 7년간 한 사람과 연애하며 매년 최소 한 달에서 넉 달씩 여행을 다녔어. 브라질, 라틴 아메리카, 유럽을 여행하면서 여러 직업을 거쳤어. 여자 친구는 의사가 되기 위해 의대에 다니고 있었고, 나는 좋은 남자 친구 역할을 하려 애쓰면서도 나 자신으로 존재하고 싶었지만 결국 내 삶에서 멀어지며 표류했던 것 같아. 스물여덟 살에 그녀와 헤어지며 롤러코스터 같은 관계를 끝냈고, 6개월 뒤 베트남으로 떠나와 영어 선생님이 되었어.

영어 선생님으로 일을 했다고?

M   배낭여행자로 시작해서 호찌민에서 하노이까지 바이크로 여행했어. 그러다 여행을 마치고 시애틀에 돌아오니 내 아파트 절반이 텅 비어져 있었지. 여행 중 여자 친구와 헤어졌거든. 모든 걸 처음부터 다시 시작해야 했어. 공사 현장에서 도로를 고르는 일을 하며 번 돈으로 미국을 떠날 계획을 세웠어. 그사이 새로운 연애를 시작했지만 이미 비행기표를 사둔 후였어. 그녀는 내 결정을 응원해 줬고 우린 달콤쌉싸름한 이별을 했지. 가족은 내가 1년이면 돌아올 거라 생각했지만 코로나19 기간을 제외하고는 집에 가지 않았어. 이후 1년 동안 호찌민에서 영어를 가르쳤어.

호찌민에서의 삶은 어땠어?

M 미국인 세 명과 함께 지냈는데 정말 즐거웠어. 하지만 유치원생들을 가르치는 건 무척 힘들더라. 월급은 괜찮았지만, 에너지가 많이 들어가는 이 일을 계속해야 할지 확신이 없었어. 그렇게 일하는 중간중간 동남아를 여행하다가, 타이베이에서 호찌민으로 돌아오는 비행기 안에서 팟캐스트를 하나 들었어. 유럽에서 MBA를 하고 인생이 바뀐 사람의 사연이었는데, 그 얘기에 끌려서 바로 유럽 석사 프로그램들을 찾기 시작했어.

독일에서의 공부에 관해서도 짧게 이야기해 줘. 독일과 아르헨티나, 태국에서 다양한 수업을 들었던 걸로 아는데, 학업이나 경험에 있어 많은 것들이 달랐어?

M 훔볼트의 한 교수님이 떠올라. 코로나바이러스로 돌아가시기 전까지 우리 프로그램의 학장님이셨는데 그분이 이런 말이 하셨어. "학교 안에서 배울 것도 많지만 학교 밖 인생을 즐겨라. 그게 이 석사를 하는 학생들의 특권이다." 내가 수업에 종종 빠졌던 것도 그 말 때문이었어.(웃음) 사실, 독일에서의 첫 학기 때는 열심히 공부했는데, 부에노스아이레스와 방콕에선 공부를 하든 안 하든 크게 달라지는 게 없다는 걸 깨닫고 세상에 나가기로 결심했던 거야. 아르헨티나에 갔을 땐 예전에 배낭여행을 하면서 알게 된 친구들이 있었고, 태국도 마찬가지였어. 두 국가에 도착했을 때 이미 나름의 네트워크가 있었던 덕분에 더 쉽게 적응했어.

수업보다 수업 밖에서 많은 걸 배웠다는 말이야?

M 우리 석사 프로그램의 큰 장점은 전 세계에 네트워크를 만들 수 있다는 거야. 나는 이 과정에서 여러 멋진 사람들을 만났어. 배낭여행으로 만나는 사람들은 잠시 머물다 스쳐 지나가지만 함께 공부하는 사람들과는 더 오랜 시간 인연을 쌓을 수 있었지. 독일, 아르헨티나, 태국을 거쳐 방콕에 정착했고

유네스코에서 6개월간 인턴십을 했어. 그때 트럼프가 유네스코를 탈퇴해 무급 인턴이었지만 그 경험 덕분에 국제기구와 유엔 등의 업무를 익혔지. 그 후 다른 친구들이 독일로 돌아가도 나는 방콕에 남아 여자 친구와 함께 일상을 꾸려갔어. 어쩌면 방콕에서 공부할 때부터 태국에서 살 계획을 세운 것 같아.

현재 하는 일에 관해서도 들려줘.

M 회사에서 유엔 프로젝트와 관련된 팀을 맡고 있어. 나는 편집 프로젝트 매니저고 우리의 가장 큰 고객은 유니세프야. 유니세프가 우리에게 리포트를 보내면 나는 그들과 연락을 주고받으며 그 리포트를 수정하고, 다른 유엔 기구들과 의견을 주고받으며 리포트를 교정 및 편집해서 보내. 그래픽디자인팀과 협업해 시각 자료를 만들기도 하고.

맷은 계속 이쪽 분야에서 일하고 싶어?

M 당분간은 이 회사에서 계속 일할 계획이야. 일이 정말 즐겁거든. 그 후에는 아마 유엔에서 일하지 않을까. 6개월 동안 유네스코 인턴으로 있으면서 유엔에서 일하는 사람들을 많이 알게 됐고, 지금 하는 일을 통해 계속 연락을 이어가고 있어. 언젠가 유엔에서 그들과 함께 일하고 싶어.

맷은 개척하는 사람이었다. 완전히 다른 국가 그리고 문화에서 새로운 인생을 개척하는 사람이었다. 다른 우주를 처음 접하는 이들에게 어떤 충고를 해주겠냐고 물었을 때, 맷이 대답했다. "기본적인 대답을 해줄게. 큰 결정을 내리기 전에, 한번 경험해 봐. 만약 방콕에서 일하고 싶다면 일단 방콕에 가서 한 달을 살아봐. 직접 경험해 봐. 책을 얼마나 읽었는지는 중요하지 않아. 직접 두 눈을 크게 뜨고 바라봐. 어쩌면 5년이나 10년이 걸릴지도 모르지만, 그렇게 스스로 바라보는 법을 배울 수 있을 거야." 그렇게 말하고는 맥주잔을 들어 올렸다. 그의 수염에 방콕의 미지근한 맥주 거품이 묻어났다. 5년 후의 맷이 문득 궁금했다. 지금처럼 맥주를 마시며 그의 파란만장한 유엔 구직 이야기를 듣고 있을 것만 같았다.

Genaro

- #20대 후반
- #상파울루, 브라질
- #인스타그램 @thaisgenaroo
- #틱톡 & 유튜브 thaisgenaroo

제나로
미장센의 꿈을 향하여

여기, 한 소녀가 있다. 고등학생 때부터 한국 문화를 주제로 하는 유튜브 채널을 운영해 온 그녀는 자신의 꿈을 좇아 한국에 왔다. 타인의 일상은 언제 나의 이상이 될 수 있을까? 그녀는 자신에게 가장 이상적이었던 한국을 자신의 일상으로 만들고 싶었다. 유튜브와 인스타그램, 틱톡을 넘나드는 그녀에게 한국은 콘텐츠의 보고였다. 영상을 만드는 데 삶을 바치고 싶었지만 막상 한국에서 마주한 건 누군가들의 지난한 일상이었다. 한국에 온 지 어느새 4년. 진부한 일상에 갇힌 채 자신에게 다시 질문을 던졌다. 내가 정말로 기록하고 싶은 건 무엇일까. 새로운 이상을 좇는 제나로의 새로운 발걸음을 응원하며 인터뷰를 시작했다.

#틱톡커 #유튜버 #한국 콘텐츠 #이상을 일상으로 #보고 싶은 것 & 보이고 싶은 것

그동안 어떻게 지냈어?

G 최근에 일본을 6일간 다녀왔어. 언제나 그렇듯 새로운 콘텐츠를 만들기 위해서야. 이번에는 유튜브와 인스타그램을 넘어 틱톡에도 영상을 올리고 있어. 나는 오랫동안 영상 콘텐츠를 만들어왔는데, 업무를 하기 위해 사무실에 나갈 필요는 없다고 생각해서 수요일과 목요일만 회사에 출근하고 나머지 요일에는 집에서 일하고 있어. 지금은 회사의 게임 플랫폼을 위한 다양한 영상을 제작하는 일을 해.

회사 업무 말고도 오랫동안 운영해 온 채널들이 있지 않아?

G 나는 2012년에 유튜브를 시작했어. 그때부터 한국 문화, 케이팝, 한국 드라마와 관련된 영상 콘텐츠들을 만들었지. 당시 고등학교 2학년이었는데, 영상을 통해 나와 같은 문화를 좋아하는 사람들을 만나고 싶었어. 그렇게 시작해서 대학에 가서도, 그리고 지금 이렇게 사회생활을 하면서도 계속해서 영상을 만들고 있어.

2012년이라니, 선구자라고도 부를 수 있겠는데?

G 시작은 블로그였어. 그런데 나는 글을 정말 못 쓰거든. 글로 나를 표현하면 누구도 날 이해하지 못할 거야. 반면 비디오로 나를 표현하는 건 훨씬 쉬워. 글쓰기에는 소질이 없으니 한참 인기를 얻고 있는 유튜브를 시작해 보자, 하고는 엄마가 준 카메라로 영상을 만들기 시작했어.

처음부터 한국 문화에 관한 영상을 만들었던 거야?

G 처음에는 케이팝과 한국 드라마에 관한 콘텐츠를 만들었는데, 유튜브 채널이 인기를 얻으면서 브라질의 다양한 행사에 초대받았어. 2017년, 처음으로 한국에 와서 3개월 동안 여행하며 많은 콘텐츠를 만들었을 때는 꿈이 실현되는 느낌을 받았지. 한국은 안전하고 편리해서 매력적이었고, 서울은 모든 게 다 있는 도시였어. 브라질에 돌아갔을 때 한국에 다시 가야겠다고 결심했어.

그때 여행사들과 협력해 한국 여행 상품을 기획하기 시작했지. 2018년부터 매년 브라질 사람들이 한국을 여행하며 한국어를 배우는 여행 상품을 진행했지만 올해가 마지막이 될 것 같아. 풀타임 직장에 다니고 있어서 업무 일정이 바쁘거든.

모든 게 한국에 관한 거네. 왜 '한국'이었어?

G 솔직히 말해서, 나는 그저 한국이 내 인생에 나타나 뭔가를 가르쳐 줬다고 생각해. 한국을 다른 나라와 비교하는 건 어렵지만, 그 당시 한국 문화에 관심이 많고 한국을 좋아하는 커뮤니티 속에 있었던 내게 한국은 가장 쉬운 선택이었어. 사실 내가 한국을 선택한 게 아니라 한국이 나를 선택했다고 생각해.

그렇게 한국 관련 콘텐츠를 만든 지 어느새 10년이 넘었잖아. 그간 한국 문화를 직접 겪어보기도 했을 텐데, 한국과 브라질은 어떤 점들이 달라?

G 브라질에선 길거리에서도 5분 만에 친구를 만들 수 있을 정도로 사람들이 친근해. 낯선 사람과 친구가 되는 게 자연스러운 일이야. 하지만 한국에서는 타인에게 말을 걸기 어렵고 큰 장벽을 느껴. 한국어를 자유롭게 구사해도 진정한 한국 친구를 만들기란 쉽지 않아. 어느 한쪽이 옳고 그름을 떠나, 친구를 사귀고 연애하는 방식의 차이라고 생각해.

케이팝에 관심을 가졌던 소녀는 한국에 와서 자신만의 이야기를 써 내려가고 있었다. 한국 여행 가이드를 자처하고 한국 콘텐츠를 전문적으로 만들면서, 동시에 한국 회사에서 일하는 제나로가 참 멋있었다. 종종 그녀의 인스타그램에 올라오는 일상적인 동영상들과 그 아래 수없이 달리는 댓글들을 볼 때마다, 누군가에게 큰 영향을 미치는 콘텐츠를 만든다는 건 무슨 느낌일지 궁금했다. 그래서 이번에는 제나로의 열정에 관해 이야기하고 싶었다. 그토록 쫓았던 이상을 살고 있을까.

지금은 유튜브와 인스타그램 그리고 틱톡을 동시에 운영하는 거야?

G 응, 틱톡은 최근에 시작했는데 지난달에 처음으로 200달러를 벌었어. 나는 한 채널에만 의존하지 않으려고 해. 왜냐하면 플랫폼 특성상 어느 날 갑자기 한 플랫폼이 이용 못 하게 될 수도 있거든.

괜찮다면 구독자가 몇인지 알려줄 수 있어?

G 막 시작한 틱톡은 구독자가 7만 명, 인스타그램은 13만 명, 유튜브는 20만 명 정도야. 물론 내가 정기적으로 콘텐츠를 올린다면 지금도 괜찮은 숫자일 텐데 최근엔 그럴 겨를이 없었어. 그래서 콘텐츠를 만드는 것만으로는 생계를 유지하기 어려워.

제나로의 구독자들은 브라질 사람들이 다수잖아. 뷰어십(viewership) 가격의 문제일까?

G 그것도 그래. 같은 숫자의 한국인 구독자들이 있었다면 아마 지금쯤 직장을 관둬도 됐을 거야.(웃음)

어떤 플랫폼에서 어떤 콘텐츠를 만들어 왔어?

G 틱톡이 롱폼 동영상에 투자하고 있어서, 수익을 얻으려면 1분 이상의 영상을 만들어야 해. 최근엔 30분짜리 영상도 허용하고 있고. 이런 상황에선 유튜브의 입지가 흔들릴 수 있겠지. 나는 틱톡에 더 투자하고 있고 그 영상을 인스타그램에 다시 올려. 요즘은 짧은 영상 위주로 일본 여행 이야기나 일본의 세븐일레븐 관련 콘텐츠를 올리고 있어. 특별히 '의미' 있지는 않더라도, 사람들이 관심을 가질 만한 콘텐츠를 만드는 게 돈을 벌 수 있는 방법이야.

예전에 케이팝 그룹을 인터뷰했던 기억도 나는데. 한국관광공사와 함께 여행을 하지 않았어?

G 그런 콘텐츠는 더 이상 만들지 않아. 한국에 오고 나서 점차 그런 것들에 관심이 사라졌어. 한국이 싫어진 게 아니라 사람들이 자주 묻는 질문, 예를 들어 "그 한국 드라마 봤어요?" 같은 것들에 더 이상 관심이 가지 않아. 이상이 일상이 된 순간, 예전처럼 모든 걸 알고 싶진 않게 돼. 사실 나는 한국에 오기 전에 느꼈던 한국과의 연결이 그리워. 지금도 완전히 끊어지진 않았지만 모든 게 일상이 되다 보니 어느 순간 케이팝도 안 듣게 됐어. 예전엔 한국

힙합에도 관심 있었고 R&B도 좀 들었는데, 이제는 오래된 한국 음악에 더 애착이 가.

다시 일 이야기로 돌아가서, 그 채널들을 통해 어떤 이미지를 만들고 싶어?

G 내가 하는 여행, 방문하는 장소들, 나 자신에 관한 이야기들. 그동안 하고 싶었던 이야기인데 이제 조금씩 시작하고 있어. '○○편의점에 갔어요'와 같은 단순한 콘텐츠들은 돈이 되지만 내 이미지를 만들 순 없어. 쉽게 소비되고 잊히지. 나는 내 자신이 되어가는 모습을 보여주면서 돈을 벌고 싶어. 사실 그건 정말 어려운 일이야.

그런 이미지를 통해 어떤 콘텐츠를 만들고 싶어?

G 대학 시절에 만들었던 영화 같은 미장센의 장면들. 스크립트와 아이디어들을 다시 붙잡고 기획하고, 그것들로 뭔가를 만들어내고 싶어. 대학에서 미디어 프로덕션을 공부하며 동영상 만들기, 사진 편집, 디렉팅, 스크립트 작성 등을 배웠어. 단편 영화를 만들거나 수정했지. 졸업 때는 애플리케이션 광고 영상을 만들었어. 상파울루 시내를 다니며 카메라 하나로 촬영했는데 그 순간들이 마법처럼 느껴졌어. 한국에 와서 직업을 구해 살다 보니 그런 영상을 만들 시간이 없었는데, 몇 년이 지난 지금 다시 그 시절을 꿈꾸고 있어.

좋아하는 일을 다시 시작하려는 거네. 행복할 것 같아.

G 대학생 시절에 유튜브 채널을 운영할 땐 뭐든지 할 수 있을 것 같았어. 사람들을 모으고, 스크립트 쓰고, 촬영하고, 편집도 했지. 그런 걸 다시 하고 싶어. 지금까지 올린 영상들과 크게 다르진 않겠지만 뭔가 색다른 걸 시작하고 싶어. 물론 사람들의 관심을 끌려면 짧은 동영상을 만들어야겠지만 별로 상관없어. 돈을 많이 못 벌어도 내가 좋아하는 걸 만들 거야.

그렇게 만드는 가장 첫 동영상은 어떤 동영상이 될 거 같아?

G   아주 내밀한(intimate) 이야기. 한국이라는 나라를 여행하며 느껴온 감정들을 담을 거야. 내 꿈은 무엇이었고, 그 꿈을 이루기 위해 얼마나 애썼는지, 한국에서 살아가는 나는 행복한지.

제나로는 앞으로 어떤 사람이 되고 싶어?

G   내가 가진 채널을 통해 경제적 자유를 얻고 언제든 쉽게 브라질에 갈 수 있는 사람, 한곳에 머무르지 않고 계속해서 여행하는 사람, 유연하게 앞으로 나아가는 사람이 되고 싶어.

우리는 '내밀한' 이야기를 했다. 낯선 타인이었던 그녀가 친숙해지는 순간이었다. 대화 속에서 자주 그녀의 과거와 현재 그리고 미래를 오갔고, 그 가운데 앞으로 만들어낼 많은 것들에 관해 이야기했다. 미디어 프로덕션을 전공했던 제나로는 한국에 오고 싶어 오랫동안 영상을 만드는 일을 했고 끝내 그 꿈을 이뤘지만, 일상이 된 한국에서 자신이 하고 싶었던 일들을 하지 못해 좌절했다. 아니, 좌절해 있었다는 게 적합한 표현일지도 몰랐다. 사실 오늘 만난 제나로는 불과 한 달 전의 모습과 꽤 달랐는데, 이전의 우울함은 밝은 미소와 단단한 자존감에 자리를 내어준 지 오래였다. 제나로가 직시하는 자기 모습과 그걸 드러낼 영상들이 궁금했다.

얀
스포츠로 이해하는 세상

수염이 덥수룩한 얀과 한국에서 6개월을 살았다. 그는 농구와 달리기를 삶의 근간에 두는 사람이었다. 사람들은 각기 다른 주제를 삶의 업으로 삼고 살아가는데 얀은 그 업이 스포츠였다. 일상의 시작과 끝에 '보는' 스포츠가 있었고 그 사이에는 '하는' 스포츠가 있었다. 활동적이지만 동시에 프랑스인 특유의 세심함을 품은 얀에게 질문을 던졌다. 일상을 나눈 지 6개월 만에야 제대로 나눈 삶에 관한 대화였다.

#한국에서의 반년 #베트남 여행 #스포츠 통계 공부 #스포츠 유튜버

최근에 베트남을 여행했는데 어땠어?

Y 정말 흥미로웠어. 새로운 도시를 경험한다는 건 언제나 설레는 일이잖아. 한국은 프랑스와 그리 다르지 않아. 비슷한 가치관과 사고 체계를 가지고 있지. 그런데 베트남은 완벽하게 다른 나라였어. 게다가 저렴하고 아름답기까지 해. 총 17일을 머물렀는데 그걸로 충분했던 것 같아. 너무 많은 사람을 만나고 다양한 공간을 방문하느라 여행 말미에는 아주 피곤했거든. 그럼에도 이번 베트남 여행은 내 인생에서 가장 멋진 이벤트 중 하나였을 거야.

삶에서 가장 멋진 경험 중 하나라니, 어떤 경험을 했는지 이야기해 줄래?

Y 아주 느린 여행이었어. 하노이에서 시작해 다섯 군데를 방문했는데, 먼저 하노이에서는 박물관을 많이 갔어. 난 역사와 문화에 관심이 많거든. 그때 덴마크와 프랑스에서 온 친구들을 만나 3일 동안 함께 도시를 여행했고, 이후엔 다른 그룹과 스쿠터를 빌려 베트남의 다른 지역으로 여행을 떠났지. 다양한 나라의 친구들과 함께 아름다운 풍경을 볼 수 있어서 좋았어. 오전 8시부터 오후 5시까지는 여행하고, 그 이후엔 파티를 즐겼는데 기온이 40도에 육박할 정도로 더웠지만 정말 좋았어.

가장 마음에 남은 도시는 어디야?

Y 호이안. 사람들이 좋다고 하길래 마지막 여행지로 방문했는데 호이안은 세상에서 가장 아름다운 도시 중 하나일 거야. 가장 베트남적인 풍경이라고 말해도 되겠지. 친구를 열두 명이나 사귀어서 일주일 내내 같이 시간을 보내고 오후 7시에 시작하는 전등 축제도 함께 봤어.

아까 한국이 프랑스랑 조금 더 비슷한 면이 많다고 했잖아. 베트남은 어떤 면들에서 달랐어?

Y 음, 한국과 프랑스는 어떤 의미에선 비슷한 사회 시스템을 가지고 있고, 동시에 일에 관한 사람들의 인식도 비슷해. 두 나라 다 경제적으로 부유하다는 공통점도 있어. 베트남 사람들은 아주 사소한 것들에도 행복을 느끼는 것 같았어. 부유하지 않아도 가족과 친구들이 함께 행복했고, 그 행복을 이웃과 나누는 게 자연스러웠어. 베트남도 한 20년 후에는 한국이나 프랑스처럼 변하겠지?

무슨 말인지 알 것 같아. 베트남이 아닌 다른 나라도 방문했어?

Y 베트남만 다녀왔어. 대신 한국에선 경주, 부산, 제주, 강릉을 방문했는데

그 도시들에서 한국과 프랑스의 차이를 느꼈어. 특히 도시들이 어떻게 지어지고 유지되는지에서 차이를 봤고 한국 도시들의 규모에 놀랐어. 수원만 해도 인구가 100만 명이 넘어. 내가 사는 집 근처에만 야구장, 대형 슈퍼마켓, 수많은 음식점과 카페가 있지. 반면 프랑스는 작은 도시가 많고, 그런 곳엔 슈퍼마켓 하나만 있는 경우도 많아. 한국은 어디를 가나 편의점과 대형 슈퍼마켓이 있어서 놀랐고, 프랑스 고향에서는 할 일이 별로 없었는데 한국은 할 게 너무 많아서 오히려 지칠 정도였어. 한국은 낮보다 밤이 더 바쁜 나라였어.

소도시가 많은 건 프랑스도 일드프랑스(프랑스의 수도권 지역)에 인구가 과밀되어서 그런 거 아냐? 프랑스인 6천만 명 중 1,200만 명이 일드프랑스에 산다고 들은 것 같은데.

Y 맞기도 하고 아니기도 해. 프랑스의 정치와 경제에 관해 이야기하자면 모든 게 파리에 몰려 있다 보니 좋은 직업을 가지려면 파리나 일드프랑스 지역으로 가야 해. 물론 청소년기의 아이에게 지방 도시는 많은 경험을 제공해 줄 수 있지만, 그 아이가 나중에 대학을 졸업하고 일자리를 찾는 곳은 파리겠지.

유럽은 그런 소규모 도시들에서도 젊은 층이 다양한 커뮤니티를 만들어 활동하는 것 같았어.

Y 응, 프랑스는 스포츠 클럽 시스템이 잘되어 있어서 열여덟 살이면 다수의 청소년이 스포츠 클럽에 가입해 친구를 만들고 커뮤니티를 형성해. 각자가 적어도 한 개 이상의 스포츠 커뮤니티에 소속되어 있지. 그런 커뮤니티는 스포츠에만 국한되지 않아. 동네 펍, 조그만 카페, 도시 중앙의 광장 등 어딜 가도 커뮤니티가 있어. 오후 6시가 되면 다들 밖으로 나와 맥주나 와인을 마시며 친구들과 시간을 보내는데 나는 그 풍경이 참 좋아.

**내가 유럽 국가들에 부러워하는 지점이기도 해. 한국에선 그런 게 쉽지 않아. 국가 보조로 운영되는 스포츠 클럽의 회원들은 다수가 연배가 높은 편이고, 애초에 우리 나이대의 사람들은 근무 시간과 통근 시간 때문에 그렇게 시간을 낼 수가 없거든.

Y 내 생각에 한국 사람들이 인생에서 가장 중요하게 생각하는 건 연애 같아. 예를 들어 한국 꽃 축제에 갔을 때도 축제장에 연인들만 가득했어. 친구들과 가는 건 그다지 자연스럽지 않더라고. 나는 이게 잘 이해가 안 가. 나는 순간들을 즐기고 커뮤니티와 함께 시간을 나누는 게 더 중요하다고 생각하거든. 물론 연인도 중요하지만, 유럽에선 한 사람의 연인보다 다양한 친구들과 일상을 나누는 걸 더 중요시해.

일상에 관한 마지막 질문을 하고 싶어. 한국엔 왜 오게 된 거야?

Y 나는 작년까지 스포츠 경영을 공부했고 졸업을 위해 인턴십을 해야 했지만 적당한 자리를 찾지 못해서 잠시 공부를 멈췄어. 마침 여자 친구와도 헤어졌고, 유기 농가에서 일하며 숙식을 제공받는 우핑(WWOOFING)을 하려 해도 쉽지 않았어. 그러다 한국의 워킹 홀리데이를 알게 되어 지원하고 온 거야. 작년 11월부터 한국에 대해 공부하다가 네 코리빙 하우스에서 머물기 위해 수원에 왔어. 혼자 살기 싫은 나는 플랫 공유가 더 편해.

얼마 전에 가족들도 왔잖아. 한국을 잘 즐기다 갔어?

Y 가족들은 2주 동안 한국에 머물렀고 여동생은 일주일만 있었어. 동생에게는 그 시간이 너무도 짧았겠지. 엄마는 평생 여행을 거의 안 하셔서 이번 여행을 정말 즐기셨고, 아빠는 예전에 많이 다녔지만 최근엔 거의 프랑스를 떠나지 않으셔서 아시아 여행이 특별했어. 나는 부모님께 한국의 일상과 여행지를 모두 보여주고 싶었어. 우리는 여러 도시의 박물관을 방문하고 하이킹도 즐겼지. 여동생은 서울을 가장 보고 싶어 했고, 나는 가족에게 내가 지낸 수원을 보여주고 싶었어. 되돌아보면 부모님은 수원에서의 내 일상을 가장 좋아하신 것 같아.

한국에 있는 동안 뭘 이루고 싶었어?

Y 첫 번째는 영어 실력을 향상시키는 것. 6개월 동안 영어를 많이 사용하면서 실력이 이전보다 좋아졌어. 두 번째는 낯선 도시에서 나만의 일상을 만드는 것이었어. 수원에서 농구 연습과 달리기를 하며 일상을 규칙적으로 보냈고 동시에 스포츠 경기도 많이 봤어. 강릉에서 열린 동계 청소년올림픽, 농구와 축구 경기도 관람했는데 정말 값진 시간이었지.

아침 10시면 얀은 방에서 나와 거실 한구석의 빈백 의자에 몸을 기댔다. 좋아하는 스포츠 경기를 유튜브로 보면서 자신의 인스타그램 콘텐츠를 구상하는 시간이었다. 수요일 점심엔 꼭 동네의 한식 뷔페에 가서 밥을 먹었고, 수요일 저녁엔 서울에서 농구를 했다. 금요일은 동네 금요 장터에서 프라이드치킨을 먹었고, 주말이면 강릉이나 서울로 스포츠 경기를 보러 훌쩍 떠났다. 판에 박힌 듯 반복되는 일상이었지만 얀은 그 일상을 진심으로 아끼고 누렸다. 얀이 앞으로 하고자 하는 일이 궁금했다.

얀은 스포츠 경영을 공부했는데, 다시 프랑스에 돌아가면 공부를 이어서 할 거야?

Y 다시 공부를 시작하겠지만 확실하진 않아. 프랑스 석사 시스템에서는 멈춘 공부를 다시 시작하는 게 어려워. 하지만 내 프로젝트 주제가 괜찮고 영어도 많이 늘었으니 잘하면 가능할 것 같아.
내가 공부한 스포츠 경영은 주제가 정말 넓어. 나는 경기장 매니저가 되고 싶어서 스포츠 이벤트나 콘서트를 기획하고 관리하는 일을 목표로 해왔어. 돌아가면 스포츠 통계를 공부하고 싶어. 행운을 빌어줘.

행운을 빌어! 스포츠 통계 하면 야구가 가장 먼저 떠오르는데?

Y 응, 프랑스에선 스포츠 통계가 그리 유명한 분야는 아니야. 그런데 미국이나 영국에선 달라. 각 선수에 관해 분석하고 통계로 만드는 게 하나의 시장을 이루고 있지. 스포츠 통계는 마케팅이고 동시에 이미지 메이킹이야. 현대

자본주의 스포츠에서 정말 중요한 영역에 속해. 나는 클럽에 소속되어 함께 성장하고 싶어. 한 팀의 통계를 만들고 각각의 선수에 관해 분석하고 싶은데 그게 럭비든, 축구든, 농구든, 야구든, 테니스든 어떤 스포츠라도 좋아. 모든 스포츠 종목에는 통계가 필요하다고 생각해. 예를 들어 새로운 선수를 스카우트할 경우 그 선수가 팀에 들어와 어떤 역할을 할지, 어떤 상황에서 강한지, 어떤 플레이 스타일을 추구하는지를 알아야 해. 그렇게 구단에 가장 적합한 선수를 통계로 찾아내는 거지.

얀은 종종 스포츠와 관련된 유튜브나 인스타그램 영상을 만들던데, 어떤 작업이었는지 이야기해 줄 수 있어?

Y 인스타그램에 릴스를 올리고 있어. 1년 전부터 스포츠 브랜드, 스니커즈 리뷰, 농구 선수들에 관한 영상을 2주에 한 번씩 올리고 있지. 항상 새로운 걸 시도하고 싶었는데 영상을 통해 내 이야기를 전달하는 게 그 목적에 부합하거든. 콘텐츠를 쌓다 보면 언젠가 사람들이 나를 알아보겠지. 창의적인 영상을 계속 올리면서 나의 정체성을 만들어가는 중인데, 몇 사람들이 나를 알아봐 주기 시작한 것 같아.

처음 얀이 나의 코리빙 하우스에 6개월간 머물고 싶다고 했을 때 가장 눈여겨봤던 건 그의 인스타그램이었다. 얀은 매달 릴스를 하나씩 올렸는데 그 영상들은 직관적이고 세련된 편집으로 스포츠의 다양한 주제들을 망라했다. 나는 이해할 수 없는 언어임에도 얀이 올린 영상들을 넋 놓고 바라봤다. 창의적이고 미적 감각이 있는 사람이겠구나 싶었다. 스포츠는 항상 나에게 멀고 먼 주제였다. 이토록 먼 주제가 한 사람에게는 삶의 기반이 될 수 있음에 놀라우면서도 얀이 조금은 부러웠다. 스물두 살의 얀은 남은 공부를 계속하기 위해 프랑스로 떠났다. 그가 스포츠를 통해 바라볼 세상이 궁금했다.

PART 5

이상을
향해

팀
일상을 바꾸는 정치

그 효용성을 물으며 정치와 담을 쌓는 사람들이 도처에 있다. 정치 냉소가 인간관계에서 미덕으로 여겨질 정도라 한동안 정치 이야기를 하지 않았지만 태국에선 그게 불가능했다. 2023년의 태국 한복판에는 선거가 있었고 세상을 바꾸기 위해 앞으로 나아가는 이들이 있었다. 오랫동안 지속된 왕정과 그 왕정의 비호를 받는 군부. 쿠데타의 주역들은 여전히 태국의 정치와 경제를 장악했다. 선거의 시작 그리고 끝에 팀을 만났다. 고군분투하는 태국의 정치 체제에서 팀은 여전히 전진하고 있었다. 10대에 정치를 시작해 여전히 세상을 바꾸기 위해 나아가는 그녀가 궁금했다.

#태국 정치인 #권위주의 정권 #공공의료 #독재 반대 시위 #쿠데타

현재 어떤 공부를 하고 있어?

T 탐마삿대학교 3학년인 나는 국제 관계와 정치과학을 공부해. 부전공은 공공정책과 공공행정이야. 공공정책과 분석, 정책 계획에 관심이 많아. 이 공부를 통해 정책 분석과 정치 분야를 더 연구하고 싶어.

공부하면서 논문을 비롯해 많은 글을 읽고 쓰잖아. 최근에 쓴 글 중 기억에 남는 것이 있어?

T 가장 최근, 정치과학 입문 수업에서 썼던 글로 교수님이 내게 줬던 주제는

'권위주의의 본성'이고 내가 쓴 글 제목은 〈태국 권위주의의 장점들〉이었어.

권위주의의 장점들?

T 권위주의가 태국 정치에 미친 영향과 최근 몇십 년간의 정치 체제에 관해 썼어. 권위주의는 여론 수렴 과정을 건너뛰어 빠른 의사 결정을 가능하게 하지만, 태국의 권위주의 정권들은 국가 경영에 밝지 못해 경제 발전을 이끌지 못했지. 또 다른 에세이는 태국 남부에서 군부에 반대하는 활동가들이 실종된 문제를 다뤘어.

사실 권위주의는 동남아시아나 동아시아에서 익숙한 정치 형태잖아. 한국도 오랫동안 권위주의 아래에 있었고, 싱가포르나 다른 동남아시아의 국가들만 봐도 그렇지.

T 권위주의는 아시아의 공통된 가치 아닐까.(웃음)

싱가포르의 초대 총리 리콴유가 말했던 '아시아적 가치'라는 개념이 떠오르네. 한국과 싱가포르처럼 권위주의 정권이 사회를 발전시킨 나라가 아시아에 또 있을까?

T 싱가포르가 지난 20~30년 동안 급속히 발전했다는 사실을 부정할 수는 없어. 싱가포르의 똑똑한 정권과 하향식 정책들이 발전을 이끌었지. 하지만 다른 아시아 나라들, 예를 들어 태국이나 캄보디아는 영토나 인구가 싱가포르보다 더 크고 지정학적으로도 불리한 입지에 있어. 이런 외부 변수들을 고려했을 때, 독재나 권위주의 정권이 그 나라들을 다스리는 건 싱가포르만큼 쉽지 않았을 거야.

한국의 경우를 보면, 물론 지금은 민주주의를 이룩한 경제 대국이 되었지만 한때 독재 정권 아래에서 많은 가치를 포기해야 했잖아. 태국의 권위주의 정권에 관한 글을 썼을 때 그런 부분도 언급했어? 권위주의의 부정적 측면 같은 것들.

T 그 부분은 이미 다른 에세이에서 언급했어. 예를 들어 시암 혁명에서 태국 왕정이 어떻게 권위주의적 성격을 유지한 채 민주주의 국가로 변모하는지를 다뤘지. 유학한 인민당 세력과 군부가 혁명을 일으키면서 태국은 입헌군주제가 되었지만 혁명은 절반의 성공이었어. 왕정은 그대로 존속했고, 군부는 민주주의에 부정적이었거든. 나는 모든 혁명은 희생을 동반한다고 생각하지만 시암 혁명에선 희생이 없었고 왕정과 군부의 타협만 있었어. 그래서 우리는 여전히 왕정을 지닌 입헌군주제를 고수하게 된 거야.

팀은 언제부터 정치와 관련된 일을 했어?

T 열여덟 살에 행동전진당(태국의 중도좌파 정당)에 가입해 3년 동안 활동했어. 2023년 선거 전에 2년간 톤부리 지역에서 선거를 도왔고, 국회의원 보좌관으로서 지역민들의 고민을 들으며 더 나은 정책을 만드는 법을 배웠지. 그때부터 태국 고령층의 생활에 관심을 가졌어. 고령층은 한 달에 600밧(약 2만 원)을 받는데 이것만으론 생계가 어려워. 600밧은 누군가에겐 하루, 아니 1시간 만에 써버릴 돈일 거야. 그걸 계기로 복지 정책을 고민했어. 지역구에서는 전기, 화재, 홍수 문제를 들으며 시민들의 목소리를 대신 내는 역할도 하고, 지금은 다른 국회의원들과 함께 정책을 만들기도 해.

지금은 정확히 어떤 일을 하고 있어?

T 현재 당의 공공의료위원회에서 일하고 있어. 태국의 중산층 이하 사람들은 공공의료 혜택을 받기 어려운 데다 병원에 가기 힘들고 장례 걱정까지 해야 해. 그래서 나는 경제적으로 어려운 사람들이 저렴한 가격으로 장례 서비스나 고통 완화 약품 등을 이용할 정책을 만들고 있어. 또 생전 유서와 관련된 정책도 준비 중인데, 이는 사람들이 마지막 순간을 걱정 없이 보낼 수 있도록 도와줄 거야. 이 정책은 동성결혼법과도 관련이 있어. 동성 파트너는 상

대의 수술이나 장례에 관한 중요한 결정을 내릴 수 없다는 어려움이 있기 때문에 사회적 변화가 필요해.

우리는 여태 정치에 관해 이야기해 왔고 팀의 전공 또한 정치과학이지. 그럼 질문이 하나 있어. 왜 '정치'여야만 해?

T 사실 나는 한 번도 내가 정치과학을 공부할 거란 생각을 해본 적이 없어. 2019년 공과대학에 입학해 2년을 다녔지만 시위에 참여하느라 수업에 제대로 참석하지 못했어. 부모님도 정치에 관심이 많으신데, 1973년과 1976년 시위에서 아버지가 피해를 입으셨어. 당시 100명 이상의 학생과 시위대가 죽임을 당했고. 이처럼 태국에서는 매번 쿠데타가 일어나면 학생들이 시위를 벌여. 내가 참여한 2019년 시위와 40년 전 시위는 본질적으로 같은 목적을 가지고 있다고 생각해. 물론 폭력은 40년 전이 더 심했겠지. 당시 군부와 경찰은 학생들을 학살하고 언론을 장악해 여론을 조작했어. '학생들은 공산주의자들이다, 공산주의자들은 죽여도 상관이 없다'라면서.

꽤 익숙한 문구인데.

T 어릴 때 아버지는 민주주의와 관련된 역사적인 장소에 나를 자주 데려가셨고, 그 덕분에 태국의 정치사를 자연스럽게 배웠어. 고등학교에 갔는데 학교에서 배우는 내용이 아버지가 가르쳐준 것과 달라서 스스로 정보를 찾고 비교하며 연구하기 시작했어. 그때까지 나는 스스로가 정치과학을 사랑하는지 몰랐고 그게 정확히 뭔지도 몰랐어. 그냥 역사가 좋았을 뿐이었지.

그럼 어쩌다 공과대학에 갔어?

T 두 오빠가 다 공과대학을 나왔어. 큰오빠는 건축을, 둘째 오빠는 IT 관리와 컴퓨터공학을 전공했지. 나는 환경공학에 진학해 열여섯 살 때부터 2년간

공과대학을 다녔어. 고등학교를 자퇴하고 재택교육을 해서 대학에 일찍 진학했거든. 다만 물리학이나 화학의 기초를 몰라서 고생을 많이 했어.

그런데 공부는 안 하고 시위를 다닌 거야?(웃음)

T 2019년부터 매일 시위에 나갔어. 학과장님이 내 결석 서류에 직접 서명해주시고 시위가 어떻게 진행되는지도 물어보시곤 했어. 한번은 교수님께 "체포되면 전화해도 되나요?"라고 물었더니 "물론이지, 내가 도와줄게"라고 답하신 적도 있어. 시위는 군부 독재 반대뿐만 아니라 노동, 여성, 환경 등 우리 삶의 문제에 대한 중요한 경험이었지. 시위에 참여할수록 더 큰 그림을 볼 수 있었으니까. 그런데 공과대학의 분위기가 나와 맞지 않았고, 결정적으로 성범죄 피해를 입은 뒤 결국 그 학교를 떠나 탐마삿에서 정치과학을 공부하기로 결심했던 거야.

다시 듣는 이야기이지만 정말 속상해. 아무튼, 정치과학을 전공하는 것과 정치에 직접 뛰어드는 건 또 다른 일이잖아. 어떻게 정치에 직접적으로 관여하게 된 거야?

T 어느 날 아이콘시암에서 열린 박람회에 참가했을 때 아는 선배 덕분에 행동전진당 관계자를 만났어. 그때 나는 1학년이었는데, 내가 사는 지역구에 국회의원을 준비하는 정치인이 있다는 이야기를 듣고 보좌관으로서 돕기로 결심했지. 그게 행동전진당과 함께 일하게 된 계기였어. 이후엔 스스로 사람들을 만나고 네트워크를 만들어가며 전진당에서 성장하는 2년을 보냈어.

2년간 정당에서 어떤 일을 했고, 지금은 어떤 일을 하고 있어?

T 현재 나는 정당과 지역을 잇고 시민과 국가를 연결하는 일을 하고 있어. 지역구민들을 위한 정책을 만들고 실행하면서 다른 보좌관들과 함께 국회의원이 되고 싶어 하는 정치인들을 위한 컨설팅 회사를 만들었어. 정치는 정책

뿐 아니라 홍보나 대중과의 소통도 중요하니까. 우리는 이번 선거에서 많은 정치인들이 원내에 진입하도록 도왔어. 앞으로도 좋은 정책을 펼치는 정치인들이 나왔으면 해. 행동전진당도 군부에 의해 해산될 가능성이 있지만 그럼에도 이 작은 변화가 민주주의에 긍정적인 영향을 미칠 거라고 믿어.

2023년 총선 이후로 많은 일들이 일어났잖아. 전진당의 당대표 피타(Pita)는 총리로 선출되지 못했고, 태국인당의 세타(Srettha)가 군부의 도움을 받아 총리가 되었지. 요즘 태국은 어때?

T   찻찻(Chadchart)이 방콕 시장으로 당선된 이후 많은 변화가 있었어. 그는 무소속이지만 진보적인 정당들과 협력하며 도시를 바꾸고 있어. 예를 들어 공공의 공간을 확장하고 시민들이 이를 더 잘 활용하도록 축제나 이벤트를 열어서 사람들이 쉽게 찾을 수 있도록 했어. 예전엔 방콕이 시민들을 위한 도시처럼 느껴지지 않았지만 교통, 홍수 피해, 치안 등을 개선하면 사람들의 삶에 긍정적인 변화가 생겼어.

정치에 관해 직접 언급하는 게 부담스럽겠지만 태국에 관해서도 이야기해 줘.

T   2023년 5월 하원 총선 후 행동전진당이 시위에서 압승했지만 군부의 방해로 총리를 선출하지 못했어. 진보 세력인 태국인당은 군부와 연합해 총리를 배출했고, 행동전진당은 해산 위기에 처했지. 새 총리 세타는 부동산 사업가로 정치 경험은 없지만 방콕의 부동산 문제에 좋은 정책을 만들 가능성이 있어. 총리를 선출하진 못했지만 행동전진당은 여전히 사회 변화를 위해 노력하고 있고, 동성 결혼 법안도 곧 통과될 예정이야.

이번에 행동전진당이 해산되면 미래전진당에 이어 벌써 두 번째로 정당이 해산되는 거네(행동전진당은 인터뷰 후인 2024년 8월에 해산되었다). 정당 해산은 차치하고, 태국은 왜 이렇게 쿠데타가 자주 일어날까? 그것도 21세기에.

T 태국 정치의 사이클 같아. 10년마다 일어나는 주기적인 재해 같은 거지. 1932년에 일어난 시암 혁명 이후 왕가와 군부가 태국 정치에 미치는 영향은 거대해. 시암 혁명의 주역들은 결국 왕실과 타협했어. 그리고 왕실의 묵인하에 계속해서 쿠데타를 일으키는 군부가 있고. 결국 왕실을 국가의 지도 세력에서 배제할 수 없었던 태국인의 한계에서 비롯된 게 아닐까 싶어.

그럼에도 2023년의 선거는 행동전진당의 압승이었잖아. 태국 사람들은 왜 전진당에 몰표를 줬을까?

T 태국인들은 사회를 바꾸고 싶어 해. 동성 결혼의 합법화, 집을 가질 자유, 그리고 그 집에서 사회를 변화시키는 꿈을 꾸고 있어. 2014년 군부 쿠데타 이후 세상은 변하지 않았고 군부는 여전히 무능했어. 그래서 2019년부터 시위에 나섰지만 많은 학생들이 체포되거나 실종되었지. 군부와 경찰은 폭력을 행사했지만 시위가 진압될수록 더 많은 사람들이 거리로 나왔어. 우리는 세상과 시스템을 바꾸고 싶었는데 결국 선거에서 그 바람이 이루어진 거야.

팀은 정치인으로서 어떤 역할을 하고 싶고, 그 역할을 통해 어떻게 세상을 바꾸고 싶어?

T 나는 정치라는 시스템 속 작은 도구일 뿐이지만 내 노력이 나비효과를 일으켜 더 많은 사람들이 정치에 관심을 가지게 될 거라고 믿어. 정치가 우리의 삶을 바꿀 수 있다고 생각해. 각 나라의 정치 체제는 국민의 삶에 영향을 미치고, 나는 태국을 바꾸고 싶어. 그래서 태국에서 계속 살고 싶어.

팀은 8년 뒤 국회의원 선거에 도전한다는 포부를 내비쳤다. 그녀라면 자신의 지역구를, 방콕을, 태국을, 그리고 이 세상을 바꿀 수 있겠다 싶었다. 민주주의는 완벽하지 않다. 하지만 그 불완벽한 체제 속에서 우리는 꿈을 꾸고 앞을 향해 나아간다. '정치가 사람들의 삶을 바꿀 수 있다고 믿는다'고 말하는 팀을 볼 때마다, 나는 태국의 변화를 믿는다. 미래를 향해, 그리고 앞을 향해 전진하는 모두가 있는 이상 태국의 미래는 밝을 것이다.

Jona

20대 후반
백셰, 스웨덴
인스타그램 @jonakindstrand

요나
낙관의 철학자

오랜만에 요나를 만났다. 항상 여러 사람들에게 둘러싸여 있는 그를 단둘이 마주한 건 겨우 두 번. 요나는 왠지 모르게 본질을 꿰뚫는 사람이었다. 함께 마주 앉아 이야기할 때면 나는 살아갈 이유를 자문하게 되었다. 요나의 질문은 간결했지만 본질을 짚었고, 그 질문 속에서 나는 자주 길을 잃었다. 하지만 그렇게 길을 잃고 나서야 자신이 서 있는 위치를 제대로 파악할 수 있었다. 그는 어찌 보면 내게 길잡이였는지도 모르겠다. 한 번은 그와 함께 홍대의 바를 찾아 가만히 맥주를 마시는데, 요나라는 사람이 탐이 났다. 곁에 두고 삶에 의문이 생길 때면 찾아야지, 싶었다. 스웨덴에서 크리스마스를 보내고 온 요나를 다시 서울에서 만났다. 그는 여전했다.

#갭 이어 #어린이 쇼 연출 감독 #스웨덴의 배달 앱 사업 #지금을 살아가기

음악 프로덕션은 어떻게 전공하게 된 거야?

J 나는 발도르프 학교에서 교육을 받았어. 거긴 시험이나 숙제가 없고, 아이들의 개성과 차이를 존중하며 머리뿐 아니라 영혼도 성장시키는 시스템을 가진 곳이야. 학교를 졸업하고는 갭 이어를 가졌어. 자신이 뭘 하고 싶은지 몰랐는데 일을 하면서 삶의 목표가 조금은 명확해졌지. 온라인으로 음악을 전공하며 외국에 가기로 결심했고 그렇게 한국에 온 거야. 공부하고 여행도 하며 나만의 버블을 만들었어.

유럽이나 스웨덴에서는 고등학교 졸업 후 '앞으로 뭘 할지 모르겠다'라는 게 자연스러웠는데, 한국은 달랐어. 한국 학생들은 '대학에 갈 거야', '워킹 홀리데이를 할 거야', '영어를 공부할 거야'와 같은 저마다 정해진 답을 가졌지. '여행하며 사람들을 만나고 새로운 경험을 할 거야'와 같은 답은 들어본 적이 없어. 성장이나 행복을 위해서가 아니라, 이력서를 위해 삶을 계획하는 모습이 충격적이었어. 한국 사회는 그런 계획이 없는 사람을 패배자로 낙인찍으니까.

아무래도 서구에 비해 균질적인 한국 사회에선 삶의 방향이 어느 정도 정해져 있어서 그런 것 같아. 한국에서 와서 친구들은 어떻게 사귀었어?

J 한국은 스웨덴처럼 친구를 사귀기 쉽지 않은 곳 같아. 미국인들은 어디에서나 모르는 사이에도 쉽게 말을 걸고, 이탈리아에선 누구와도 금방 어울려 시간을 보낼 수 있었다면, 스웨덴이나 한국은 각자 작은 집단을 만들고 그 안에서만 소통한다고나 할까. 그래서 처음 한국에 왔을 땐 많이 외로웠어. 친구를 사귀는 데 시간이 걸렸고 두 달이 지나서야 사람들과 어울리기 시작했어. 그래도 결국 친구들을 만나 같이 한국 음식을 만들며 좋은 시간을 보냈어. 이후 코로나19로 스웨덴에 갔다가 2022년 12월에 다시 한국으로 돌아와 같은 회사에서 쭈욱 일하고 있어.

어떤 회사고, 어떻게 일하게 된 거야?

J 스웨덴에 있을 때 페이스북 그룹을 통해 우연히 이 회사를 다닌 스웨덴인을 알게 됐어. 그가 한국을 떠나며 회사에 빈자리가 있다고 알려줘서 바로 지원했지. 처음에는 한국인 아이들을 위해 디즈니 노래를 영어로 부르는 일을 했어. 지금은 아이들을 위한 쇼를 연출하고 여러 프로그램을 기획하며 회사의 가치를 창출하는 일을 해. 쇼에서 물고기를 그리고 춤추고 음악도 녹음하는데, 우스꽝스러워 보일지는 몰라도 정말 재미있어.

디즈니 노래를 부르는 일에 관해 더 듣고 싶어.

J 회사는 디즈니와 연결되어 있어. 우리가 판매하는 프로그램이나 제품 소유권은 부분적 혹은 전체적으로 디즈니에 있고, 디즈니는 라이선스 비용을 받으며 수익을 나눠. 나는 전화로 아이들에게 디즈니 노래를 부르는 일을 했어. 두세 살 자녀를 둔 부모가 전화를 걸면 연기자들이 아이들과 대화하거나 디즈니 주제가를 불러. 어린아이들은 대화가 어려워서 노래만으로도 충분했지. 몇 달 동안 미키 마우스나 도널드 덕에 대해 이야기했던 기억이 나.

영상 통화로 공연 같은 걸 한 거야?

J 대개 음성 통화였어. 최근에는 영상 통화로 바뀌고 있지만.

옹알이하는 아이들 대상으로 종일 디즈니 노래를 부르는 기분은 어때?

J 정말 재미있었어.(웃음) 온종일 앉아서 노래만 부르는 게 좀 바보 같기도 했지만 월급이 괜찮아서 할 만했어. 물론 내가 두 살짜리 아이들에게 도널드 덕 노래를 부르게 될 줄은 몰랐지만. 반년 전에 내가 영화 쪽에서 일하고 싶다고 했던 말 기억 나? 사실 난 미래를 크게 걱정하지 않아. 내가 원하는 건 결국 내가 가는 길 위에 있다고 믿거든. 지금은 도널드 덕 노래를 부르는 대신 아이들을 위한 쇼를 연출하고 있지만 결국 원하던 '연출'을 하고 있잖아? 직함도 감독(director)이고. 이렇게 조금씩 꿈에 다가가고 있는 게 아닐까 해.

지금 하는 일에 관해 더 자세히 이야기해 줄 수 있어?

J 우리 회사는 일본에도 지부가 있어. 예전에는 일본 쇼를 재활용하는 경우가 많았는데, 한국 관객(부모와 자녀)의 취향이 일본 관객과 달라서 요즘은 한국인을 위한 프로그램을 직접 만들려고 노력해. 어떻게 보면 실험 중인 셈이지. 항상 쇼를 재미있게 만들기 위해 최선을 다하고, 그 노력이 작품에 그대로 드러나.

정확하게 어떤 쇼야? 온라인에서 볼 수 있는 쇼야, 아니면 공연장에 와서 봐야 해?

J 3개월 전부터 티켓을 예매하고 와야 해. 매주 토요일에 세 번, 일요일에 세 번 정도 공연을 하는데 한 공연당 40여 명의 관객을 받아. 공연이 꽤 인기 있어서 보통 10분 만에 매진되곤 해. 나는 이 쇼를 연출하는 게 정말 즐거워. 항상 무언가를 얻고 배울 수 있어.

다시 과거로 돌아가서, 이 일을 하기 전에도 다양한 일을 했다고 들었는데, 맞아?

J 응, 고등학교 졸업 후 3년간 회사에서 일했었는데, 회사의 환경 변화와 사내 정치 때문에 주체적으로 일하기가 어려웠어. 나는 더 적극적으로 뭔가를 만들고 직접적인 영향을 미칠 수 있는 일을 하고 싶었거든. 그때 회사를 차리고 싶다는 생각이 들었지. 스웨덴에는 제대로 된 배달 시스템이 없었는데, 어느 날 스페인에선 약국이나 슈퍼에서도 물품을 배달받을 수 있다는 글을 보고 아이디어가 떠올랐어. 그게 혁신적인 사업이 될 거라고 생각했지. 나도 다른 10대들처럼 부자가 되고 싶었고, 이 사업이 가장 빠른 방법이라고 생각했던 거야. 그래서 열여덟 살 때 내가 가진 모든 자금을 동원해 배달 애플리케이션을 만들었어. 스웨덴에는 흥미로운 문화가 있어. 사람들이 단것을 워낙 많이 먹다 보니, 정부는 이를 조절하기 위해 한 주의 특정 날에 단것을 몰아 먹고 다른 날엔 먹지 않도록 장려하는 정책을 추진했지. 그런데 오히려 이로 인해 스웨덴의 당 소비가 급증했지 뭐야. 그때 나는 사람들이 금요일이나 토요일에 많은 양의 단것을 소비하는데 스웨덴에는 편의점이 없어 불편하다는 점을 깨달았어. 그래서 사탕을 집으로 배달해 주는 애플리케이션을 만들었던 건데 다행히 사업이 잘됐어.

사업을 1년 정도 하다가 건강과 정신 상태가 안 좋아져서 친구의 권유로 명상을 시작했어. 명상을 하면서 깨달은 건, 내 욕구는 언젠간 사라진다는 거야. 어릴 때 가난하게 자라 책임감을 느꼈지만 내가 원했던 것들은 내면의 진짜 욕구가 아니라 외부 상황에서 생긴 것이었어. 그래서 나는 내가 진정 원하는 것이 무엇인지 다시 생각해 보기로 했어. 물론 이 사업이 앞으로 내게 커다란 금전적 여유를 선물해 줄 거란 사실은 알고 있었어. 그렇다고는 해도 과연 인생의 5년이란 시간을 자신이 원하는지 원하지 않는지도 모를 가치를 위해 투자해야 할까? 그때 생각이 바뀌었어. 삶을 진정으로 경험하고 싶어서 인도네시아에 가기로 했지.

긴 이야기를 들려줘서 고마워. 인생의 한 바퀴를 도느라 내가 무슨 질문을 했는지도 기억이 안 나려고 해.(웃음) 그런 경험을 바탕으로 현재의 일을 하는 건데, 지금은 스스로가 원하는 일을 하면서 살아가고 있어?

J 힌두교 철학에서 다르마(dharma)는 존재의 본질적인 이유, 즉 목적을 의미해. 세상에 무언가를 베풀고자 한다면 먼저 내면에서부터 타인에게 베풀겠다는 마음이 있어야 해. 결국, 삶에서 무언가를 이루려면 먼저 자신을 알아야 한다는 의미야. 이 다르마를 바탕으로 나는 인생을 세 시기로 나눠. 첫 번째는 성장하는 시기, 두 번째는 경작하는 시기, 마지막은 타인에게 베푸는 시기야. 나는 지금 두 번째 시기를 살고 있어. 그래서 자신을 더 성장시키고 삶의 요소를 구축하고자 노력하고 있어.

삶에 대한 요나의 생각들에 동감해. 그럼에도 우리는 인간이니까 종종 미래에 관해 걱정하지는 않아?

J 감정을 좌지우지하는 관점을 바꿀 수 있다면 다르게 살 수 있어. 노숙자도 행복할 수 있고, 부자도 불행할 수 있어. 중요한 건 단어가 아니라 그 단어를 받아들이는 자세야. 관점을 바꾸면 미래를 보는 시각도 달라진다고 믿어. 미래에 대해 고민하기보다, 나는 자신을 믿고 어떤 상황에서도 올바른 길을 찾을 거야. 내 행복을 외부 요소에 두지 않겠어. 예를 들어 집이 없어진다고

해서 내 행복이 사라지지 않도록 하고 싶어. 행복은 내면에서 오는 거야.

나는 이 대화가 이렇게 철학적이고 영성적으로 진행될 줄 몰랐고, 놀랍도록 흥미로웠어. 마지막 질문을 할게. 네가 세상을 바라보는 방식이 스웨덴의 가치들에서 비롯되었다고 생각해?

J 나는 내가 스웨덴을 대변하지 않는다고 생각해. 예전 통계에서 사회적 규범이 많은 나라로 스웨덴이 2위를 한 적 있는데, 그만큼 규칙과 규범이 많은 곳이야. 그보다는 지금의 나를 형성시킨 교육과 히피 같은 엄마, 그리고 내 정체성이 그 규범에서 벗어나게 해준 것 같아. 우리는 태어날 때 각자의 카드를 받고 게임을 시작한다고 생각해. 나는 다수의 스웨덴인과는 다른 카드를 가지고 태어났어.

우리는 종종 삶에서 가장 중요한 것들을 잊고 살아가는지도 모르겠다. 인생은 스스로 살아가는 것이고, 우리가 경험하는 이 현실은 결국 나만의 현실임을 망각하곤 한다. 나 또한 부모와 친구, 사회와 타인의 기대에 부응하느라 현재의 나를 잊었던 적이 있다. 나의 삶은 사회의 기준에 맞춰졌고, 나의 목표는 타인의 정의에 따라 바뀌었다. 요나와 대화를 나누며 내가 정말로 원하는 삶이 무엇인지를 생각했다. 사실 그보다 중요한 건 나에 대한 낙관적인 믿음이 아닐까 싶었다. 나는 지금, 이 순간을 온전히 느끼고 살아간다. 두 눈과 두 귀로, 조그만 입과 코로, 그리고 오밀조밀한 두 손으로 세상을 느끼고 경험하고 실재하며 살아간다. 그 순간에 모든 것을 제대로 느끼고 앞으로 나아갈 수 있다면, 그 가운데 꾸준히 나를 믿을 수 있다면 그걸로도 괜찮지 않을까. 오늘도 요나에게 배웠다. 삶이 더 불가해하게 다가왔지만, 역설적으로 더 가볍게 느껴졌다.

Zirek

- #20대 중반
- #오시, 키르기스스탄
- #인스타그램 @zirekb

지렉
좋아하는 일

처음 지렉을 만난 건 한 모임에서였다. 런던의 어느 여름, 나는 반복되는 삶에서 벗어나고자 영어 토론 모임을 만들었다. '당신의 서사를 들려주세요'라는 소소한 기획으로 시작된 모임은 다양한 사람이 참여해 각자의 삶과 저변 이야기를 나누는 장으로 발전했다. 지렉은 그 모임의 초기 멤버였다. "안녕하세요, 키르기스스탄에서 온 지렉이에요"라고 수줍음 잔뜩 머금은 미소로 첫인사를 건넸던 지렉은 자신이 좋아하는 일을 하기 위해 끊임없이 삶을 개척해 나가는 사람이었다. 그런 그녀를 오랜만에 제대로 들여다봤다. 지렉이 좋아하는 일들이 궁금했다.

#한국 IT 회사 직원 #옷 쇼핑몰 운영 #현지인과 사귀는 법 #키르기스스탄

최근에 온라인 쇼핑몰을 만들었다고 들었어. 그와 별개로 하는 일이 있지 않아?

Z 한국 IT 회사를 다니고 있어. 처음에는 해외사업부의 영업팀에서 일했는데, 내가 키르기스스탄에서 왔고 러시아어도 할 수 있어서 괜찮지 않을까 했지만 영업이 내게 잘 맞지 않더라고. 그래서 기술을 배워 지금은 기술팀에서 일하고 있어. 원래 키르기스스탄에서 한국으로 유학 올 때 외교관 일을 하거나 국제기구에서 일할 생각이었어. 정치외교도 그렇게 공부했고. 한국에 온 건 짧은 시간에 빠른 속도로 발전한 저력에 관해서 배우기 위해서였어. 그런

데 지금은 전혀 다른 일을 하고 있네.

정치외교를 공부하고 나서 해외영업 쪽으로 구직을 한 거야?

Z 맞아, 삶의 경로가 계속해서 바뀌었어. 원래 영업하면서 통번역도 했는데, 어떻게 영업해야 하는지 이해를 못 하겠더라. 그래서 상사가 기술을 배워도 좋을 것 같다면서 도와준 덕에 이쪽으로 업무를 전환한 거야. 다행히 지금 하는 일도 꽤 마음에 들어.

정치외교학과는 왜 가게 된 거야?

Z 고등학생 때 봉사활동을 하면서 대학생 언니들을 만났는데, 그중 한 언니가 외국어를 잘하고 외국에도 자주 나갔다 오는 모습이 너무 멋있었어. 그 언니가 정치외교를 공부했거든. 이야기를 계속하면서 관심을 두었고, 끝내 나도 정치외교를 공부하게 된 거지.

다음으로 지렉이 가장 좋아하는 '패션'에 관해서 듣고 싶어. 어떤 쇼핑몰을 운영하고 있고, 어떤 브랜드를 만들고 싶어?

Z 지금 운영하는 쇼핑몰 이름은 '엔젤무드(Angel Mood)'야. 이 쇼핑몰은 10대 후반과 20대 초반이 타깃이다 보니 조금 특이하거나 어린 친구들이 좋아할 만한 예쁘고 귀여운 옷들을 판매하고 있어. 나도 막 이 시장을 알아가고 경험해 보는 중이라, 1~2년 내로 자체 제작을 할 수 있도록 많이 배워서 나를 표현할 수 있는 브랜드를 만들고 싶어.

솔직히 말해 태어나고 자라온 나라에서도 사업을 하는 건 정말 힘들잖아. 한국에서 사업하기 어렵지 않아? 법적인 문제나 의사소통 문제도 있을 테고, 문화 차이도 있을 텐데.

Z 한국에 와서야 옷에 관심이 생겼어. 예전엔 예쁜 옷에 별로 관심이 없었

는데, 여기선 자신을 꾸미고 옷도 예쁘게 입고 싶었지. 그런데 마음에 드는 옷은 너무 비싸서 대중이 쉽게 접근할 만한 브랜드를 만들면 좋겠다고 생각했어. 사실 엔젤무드는 나 혼자 만든 게 아니라, 지인이 50퍼센트 투자를 해서 함께 만든 거야. 그 지인이 법적 문제나 어려운 부분들을 많이 도와줬어.

그렇구나. 그럼에도 사업을 한다는 건 모든 일을 혼자 도맡아서 해야 한다는 거잖아. 옷을 고르고, 사진도 찍고, 모델도 되어야 하고. 그중 가장 좋아하는 업무는 뭐고 힘든 업무는 뭐야?

Z 예쁜 옷을 입고 사진 찍는 걸 가장 좋아해. 사진 촬영을 취미로 하는 친구들이 찍어주기도 하고, 동생을 데리고 예쁜 카페에 놀러 가서 같이 사진을 찍기도 해. 가장 힘든 건 브랜드 상세 페이지를 만드는 일이야. 계속 컴퓨터 앞에 앉아서 그것만 들여다보는 게 정말 쉽지 않아.

아직 우리 자체 사이트는 없고 스마트 스토어나 에이블리, 지그재그 같은 플랫폼에만 입점해 있는 상태야. 우리가 사진과 설명을 올리면 나머지는 플랫폼에서 대행해 줘서 그리 어렵진 않아. 그렇게 옷을 판매하다 보면 종종 긍정적인 댓글이 달리곤 하는데 그럴 때마다 너무도 행복해.

고객 응대도 직접 하고 택배도 보내고 반품도 신경 써야 하겠네?

Z 응, 택배를 보낼 때마다 내 자신감이 쑥쑥 올라가는 게 느껴져. 내가 고른 옷을 사람들이 좋아해 주고 구매하는구나, 역시 내 선택이 옳았어, 하면서. 알다시피 아직은 내가 옷을 직접 제작할 단계가 아니라서, 이미 생산된 옷들을 가지고 추가 주문을 하는 게 전부라 업무량이 그리 많진 않아.

처음에 옷은 동대문에서 골랐어. 그런데 한국에는 나처럼 작게 사업을 시작하는 사람들이 많아 경쟁이 무척 치열해. 내가 찾아서 올린 옷이 다른 사이트에도 바로 올라오고 하니까. 그래서 이젠 중국에서 사입해 오게 되었어.

패션 관련 일을 진지하게 할 생각이야? 아니면 지금처럼 IT 회사에서 일을 하면서 한동안은 취미로 이 일을 가져갈 생각이야?

Z 1, 2년 뒤에는 퇴사를 해서 이 사업을 진짜 제대로 해보고 싶어. 옷을 직접 자체 제작하고 싶기도 하고. 그때는 브랜드 이름이 달라질 수도 있겠지.

여러 저가 중국 쇼핑 애플리케이션들이 한국 시장을 장악하는 이 시점에, 지렉의 쇼핑몰이 지향하는 바는 뭐야? 엔젤무드만의 매력이 있을까?

Z 디자인이라고 생각해. 아무래도 그런 곳들은 디자인이 예쁜 옷이 별로 없어. 기본적인 티셔츠나 바지는 있어도 다양한 디자인은 찾기 힘들지. 품질도 썩 좋지 않아서 경쟁할 수 있을 거라고 생각해.

처음 지렉을 영어 모임에서 봤을 때 깜짝 놀랐어. 당연히 한국 사람들만 올 줄 알았거든. 지렉은 한국어를 영어보다도 잘했던 걸로 기억하는데 그땐 어떤 이유로 영어 공부를 하려고 했던 거야? 그리고 주로 이런 형태로 한국에서 새로운 관계를 맺어왔어?

Z 그렇게 사람들을 만나곤 했어. 그런데 다들 날 특이하다고 생각했고, 몇 번 나오다가 고향으로 돌아갈 거라고 여겼던 것 같아. 탱고 수업도 2년 동안 다녔는데 나중에 사람들이 말하길, 내가 언제까지 나올지 궁금했대. 지금은 수업 덕분에 사람들과 많이 친해졌어. 영어는 국제적인 언어다 보니 여행을 다닐 때나 사업 확장에 큰 도움이 된다고 생각해서 공부하려고 했어.

한국에 오기 전까지 키르기스스탄에서 태어나 자라온 거야?

Z 키르기스스탄 남부 지역의 오시에서 자랐고, 대학교에서 2년 공부한 후 한국으로 유학을 왔어. 오시는 사투리가 심하고 지리적으로 우즈베키스탄과 가까워. 또 한국의 전주처럼 음식이 정말 맛있는 곳이야. 한국 회사에서 키르기스스탄으로 출장을 오면 대부분의 일이 수도에서 해결되지만, 나는 동료들을 데리고 집에 가서 맛있는 음식을 대접하곤 했어.

그렇게 한 도시, 한 국가에 쭈욱 살다가 한국에 오니까 어땠어? 솔직히 말해서 나는 중앙아시아 국가들에 대해 잘 모르거든.

Z 키르기스스탄 문화는 한국과 크게 다르지 않은 것 같아. 한국 직장 동료들이 키르기스스탄에 갔을 때도 비슷한 말을 했고, 나는 한국인과 외모적으로도 비슷해서 한국에 왔을 때 별다른 차별을 느끼지 못했어. 모르는 사람들이 한국어로 길을 물어보기도 할 정도라 낯선 해외에서 살고 있다는 생각이 들지 않아. 그냥 내가 있어야 할 곳에서 살고 있다고 생각해.

한국에는 왜 오기로 결심했어?

Z 외교 분야에서 일하고 싶었거든. 한국 역사에 관해 어느 정도 공부를 하다 보니까, 여기서 정치를 배우면 도움이 되겠다 싶었어. 한국은 짧은 기간 동안 엄청난 경제 발전을 이뤘고 그 발전에는 당연히 정치의 역할이 컸을 테니까. 게다가 한국은 정말 안전한 국가라서 부모님도 안심하셨던 것 같아.

한국 사람들에게 키르기스스탄에 왔다고 말하면 보통 어떤 반응을 보였어?

Z 키르기스스탄에 관해 아는 사람을 만나본 적이 없어. 그래서 사람들이 어느 나라 사람이냐고 물으면 일단 중앙아시아에 있는 국가라고 대답하곤 했지. 왜냐하면 키르기스스탄이라고 그냥 이야기하면 보통 어디에 있는 나라인지 잘 모르는 경우가 많거든.

지렉은 자신이 키르기스스탄의 정체성을 대변할 수 있다고 생각해?

Z 나는 보편적인 키르기스스탄 사람들과는 다른 것 같아. 우리나라에선 스물다섯 살이면 결혼해야 하고 그 시기가 넘어가면 늦었다고 해. 도시에서는 점차 사라지고 있지만 전통이라는 이름으로 납치 결혼도 여전히 성행하고 있어. 사실, 내 고등학교 친구들은 대부분 결혼했고 아이도 많아. 그런 점에서

나는 친구들과 다른 삶을 살고 있어. 나는 내가 보수적인 사람이라고 생각하지만, 내 친구들은 나보다 훨씬 더 보수적이야.

한국에 온 지 7년 정도 되었는데, 지렉에겐 고향이 어디야?

Z 태어난 곳과 자라온 곳은 오시니까, 아마 오시겠지. 그다음은 부산이야. 알다시피 나는 대학교를 부산에서 다녔거든. 그래서 부산이 두 번째 고향 같아. 성인이 되자마자 부산에 갔고, 대학 생활도 했고, 친구들도 거기서 많이 사귀었어. 마지막은 서울이야. 이제 모든 생활을 서울에서 하고 있으니까.

지렉에게 집이란 미래 지향적인 곳이네. 가장 긴 기간을 오시에서 살았고 성인으로서의 정체성을 확립한 곳은 부산임에도 불구하고, 앞으로 살아갈 곳이 서울이기 때문에 서울이 집이라는 뜻이잖아. 그럼 3년 뒤에는 어떤 삶을 살고 있을 것 같아?

Z 3년 뒤엔 아마 옷 브랜드를 만들어서 정말 바쁘게 살고 있지 않을까? 어쩌면 결혼했을 수도 있겠지. 그게 무엇이든, 하고 싶은 일을 하면서 행복하게 살고 있을 거야.

지렉은 계속해서 나아가는 사람이었다. 관심은 모두 좋아하는 일에 집중되어 있었고, 그 일을 하기 위해 수없이 도전했다. 종종 셀 수 없는 일의 홍수에서 무기력하게 살아가는 나 자신을 떠올렸다. 결국 중요한 건 뭐라도 하고자 하는 의지. 한 발짝이라도 내디딜 수 있다면 그 첫걸음이 사실 가장 큰 도약이 될 터였다. 지렉과의 인터뷰를 마무리하며 내가 좋아하는 일들에 관해 떠올려봤다. 나는 자신이 좋아하는 일들에 얼마나 진심일까. 그저 첫걸음을 내디딜 수 있는 용기가 없었던 것은 아닐까 싶었다. 그녀를 통해 응원받았다. 다시 앞으로 나아갈 힘이 생겼다.

Cristian

#30대 초반
#캔버라, 호주
#인스타그램 @cr.pfigueroa

크리스티안
스스로를 사랑하는 법

크리스티안은 사랑꾼이었다. 우리는 유엔의 사무실 구석에 앉아 지속 가능 발전과 관련된 업무를 등한시한 채, 각자의 지속 가능한 사랑에 관해 끊임없이 논했더란다. 사랑을 이야기할 때면 두 눈을 반짝이던 크리스티안이 호주에 갔다는 소식을 들었다. 건축학과를 나온 그가 호주에서 무슨 일을 하는지 궁금했다. 왠지 모르게 자주 정장 입은 사진을 올리는 그의 인스타그램을 보며 궁금증은 더욱 커졌다. 캔버라의 크리스티안과 오랜만에 대화를 나눴다. 여전히 그는 밝게 웃고 있었다.

#엘살바도르 대사관 외교관 #호주의 이민자들 #사랑과 성장 #먼 길을 돌아 찾은 행복

어떻게 지내?

C 캔버라의 엘살바도르 대사관에서 외교관으로 일하고 있어. 캔버라는 멜버른이나 시드니보다 훨씬 작고 녹음으로 가득 차 있어. 삶의 질이 높고 안전한 도시지. 사계절이 있어서 자연 풍경이 정말 아름다워. 청년들에게는 매력적이지 않을 수도 있지만, 외국 대사관들이 모두 모여 있어 정치적으로 중요한 곳이야. 가정을 꾸린다면 좋은 학교와 교통 체증 없는 환경 덕분에 더더욱 살기 좋은 도시일 거야.

외교관으로 무슨 일을 하고 있어?

C 캔버라에 있는 엘살바도르 대사관은 규모가 아주 작아. 지금은 외교관이 세 명이지만 첫 1년은 나까지 포함해서 두 명이 전부였어. 나는 이곳에서 엘살바도르의 문화와 경제 분야를 담당하고 있고, 호주에 있는 거대한 엘살바도르 디아스포라 커뮤니티를 돕는 일도 해.

엘살바도르와 호주의 외교 관계나 역사적 교류가 궁금해. 왜 많은 엘살바도르 이민자가 호주에 살고 있는 거야?

C 엘살바도르에선 1980년대 후반과 1990년대 초반에 내전이 있었는데, 그때 호주가 난민들에게 국경을 열어준 덕분에 많은 엘살바도르인들이 호주로 이민을 왔어. 현재 호주에는 3만 명 넘는 엘살바도르인이 살고 있어서 우리는 양국의 관계를 문화적·경제적으로 연결하려는 노력을 기울이고 있어.

엘살바도르라는 나라에 관해 잘 모르는 사람이 많을 것 같아. 그런 인식은 호주도 비슷할 것 같은데, 호주인들은 엘살바도르인을 어떻게 인식해?

C 호주는 오세아니아에 위치한 고립된 국가이다 보니 이곳 사람들도 엘살바도르에 대해 잘 모르는 경우가 많아. 그래서 나는 일단 라틴아메리카에서 왔다고 소개하고, 대화가 깊어지면 엘살바도르에서 왔다고 밝히는 편이야. 호주에는 콜롬비아와 브라질에서 온 사람들이 많다 보니 흔히들 내가 그 나라들에서 왔다고 생각할 테지만 대부분은 환영해 줘.

한국 청년들도 워킹 홀리데이로 호주에 많이 가. 호주에서 이민자들은 어떤 대우를 받아?

C 나는 외교관으로서 특권을 누리고 있고, 평균적인 이민자들보다 더 많은 기회와 안정을 보장받고 있어. 이민자들은 문화적 충돌이나 언어 장벽 등 많은 도전에 직면하지만 호주의 빈부 격차는 다른 나라보다 상대적으로 작아.

호주 사람들은 물질주의적이지 않고 직업을 존중하며 임금 격차도 크지 않지. 어려운 노동을 하는 이들은 더 많은 임금을 받아. 이런 점들이 사회를 단결하게 만드는 것 같아. 물론 부의 세습은 있지만, 그건 어디나 비슷하겠지.

호주에 사는 멕시코 친구도 비슷한 이야기를 했어. 지금 호주에서 마케팅 일을 하고 있는데, 오랫동안 변호사가 되기 위해 쏟아부었던 노력이 아깝지 않고, 호주가 제공해 주는 자연과 안전 그리고 삶의 안정이 좋대.

C 우리는 대부분 어린 나이에 평생 할 일을 결정하잖아. 대부분 자신이 진짜 원하는 걸 알지 못한 채 정하는 경우가 많지. 나도 많은 시간과 노력을 학교 공부에 쏟았지만, 중요한 건 무엇이 나를 행복하게 하고 평화롭게 해주는 가임을 엘살바도르에 있을 땐 깨닫지 못했어. 호주에 와서야 무엇이 날 행복하게 해주는지 차분히 생각해 볼 수 있었어. 경력이나 명성은 남들의 기대일 뿐, 결국 중요한 건 나의 행복이라고 생각해.

이야기해 줘서 고마워. 크리스티안은 행복해?

C 응, 물론 매일 행복하다고 말하진 않겠어. 항상 행복하다는 말은 사실이 아니잖아. 나는 호주에서 사람들을 만나고, 삶을 통해 스스로 깨달아가고, 나를 위한 시간을 갖고, 내가 가고자 하는 방향을 돌아보면서 행복을 느껴. 그렇게 나 자신을 발견하는 시간을 보내는 거야.

외교관은 어떻게 된 거야? 건축을 전공했던 걸로 아는데.

C 맞아, 건축을 전공했어. 그러나 졸업 후에 부자들을 위한 건축 설계에 흥미를 잃었고, 대신 비정부기구에서 공공지원주택 관련 일을 시작했어. 국제협력 석사 후에는 다양한 국가를 방문했지. 일본에선 커뮤니케이션, 인도에선 그래픽디자인을 공부하고, 캐나다 엘살바도르 영사관에서 인턴십도 했어. 그

런 경험들을 바탕으로 한국 중앙대학교에서 국제도시정책 석사를 시작했고, 한국의 유엔지속가능발전센터(UNOSD)에서 인턴을 하며 너를 만났던 거야. 건축은 지속 가능한 발전과 밀접하게 연결돼 있어. 결국 인간의 의식주 문제를 지속 가능하게 해결하는 게 중요한데, 그중 주거지가 큰 문제라고 봐. 아무튼 그렇게 인턴십과 석사 과정을 마친 후, 엘살바도르에서 기후 변화 관련 업무를 1년 반 했고, 코로나19 팬데믹 동안 외교부에 지원해 합격했어. 국제기구에서 많은 것을 배우고 외교부에서 훈련받은 다음 호주로 발령받았는데 아직 3년 차라 배울 게 많지만 이 기회를 통해 계속 성장하고 있어.

여전히 건축과 지속 가능한 발전, 그리고 외교 사이의 접점을 못 찾겠어. 건축과 공공주택에서 외교로 방향을 튼 거야?

C 사실 어릴 때부터 외교관이 되고 싶었어. 그 의미는 잘 몰랐지만 우리나라를 대표하고 싶었지. 외국에서 공부할 때도 무의식적으로 나라를 대표하려 했는데 그 작은 노력들이 나를 이 길로 이끈 것 같아. 외교관으로서의 책임과 희생에 대해 잘 몰랐고, 항상 변화하는 삶을 살면서 매번 새로운 친구와 인맥을 만드는 것도 쉽지 않지만 그럼에도 이 일을 할 수 있어 행복해.

그 말을 들으니 정말 기뻐. 경력에 관해 한 가지 더 질문하고 싶어. 앞으로 크리스티안은 어떤 일을 하면서 살고 싶어?

C 외교관으로 계속 살아가고 싶어. 장기적으로 10년에서 12년 정도 더 일하고 싶고, 여러 나라에서 많은 걸 배우고 싶어. 물론 가고 싶지 않은 나라로 발령이 될 수도 있지만 어디서든 행복할 거라고 믿어. 이 직업의 긍정적인 요소를 의식하며 행복하게 사는 게 내 목표야. 변화하는 삶보다는 굳건한 루틴을 세우고 성숙해 가며 앞으로 나아가고 싶어.

내가 아는 크리스티안은 사랑으로 가득 찬 사람이야. 한국에서 함께 일할 때 우리의 주 대화 주제가 사랑이기도 했잖아. 현재 크리스티안은 행복한 사랑을 하고 있어?

C 사랑에 대해 많은 걸 깨닫는 중이야. 예전엔 사랑에 빠지면 상대를 경외하고 모든 걸 바치면서 나 자신을 잃곤 했어. 사랑이 내게 미치는 영향을 잘 몰랐던 거지. 그때는 감정에 너무 몰입해서 불균형했고, 그래서 내 삶을 살아가는 게 힘들었어. 요즘의 사랑은 보다 긍정적이고 온화해. 현재의 파트너를 존중하며, 그와의 연애를 통해 많은 걸 배우고 있거든. 이제는 사랑이 부담되지 않고 나는 그 사랑을 통해 더 강해지고 있어. 나는 자신을 더 사랑하게 됐고 설령 사랑이 떠나도 나는 변하지 않을 거야. 내가 어디로 갈지, 무엇을 성취할지도 변치 않을 거고 말이야. 나는 온전히 나로 존재할 거야.

개인적인 이야기를 들려줘서 고마워. 그럼, 현재의 사랑은 과거의 경험에서 빚어진 거야?

C 그렇게 생각해. 이전의 모든 관계가 나를 성숙시키고 변화시켰어. 여러 남자 친구를 만나면서 많은 걸 배웠지. 물론 모든 경험이 긍정적이지는 않았어. 하지만 그 부정적인 상황 속에서도 불편함을 견디는 법과 고통을 받아들이는 법을 배웠어. 그런 과정을 통해 더 강해지고 탄력성을 길러온 것 같아. 전 남자 친구들의 취향과 습관을 배우면서 그것들이 지금은 내 일부가 되었어.

처음 크리스티안을 만났을 땐 정말 사랑에 빠져 허우적대는 조난자 같았어. 나도 뭐 크게 다르진 않았지만.(웃음) 그런 경험을 통해 크리스티안이 성숙한 사람이 되어 기뻐.

C 여전히 사랑은 내 삶에서 가장 중요한 주제지만 이제는 예전과 다른 방식으로 사랑을 하는 것 같아. 예전에는 파트너가 나를 정의한다고 생각했다면 이제는 옆에 있는 사람이 아니라 내가 나를 정의한다는 걸 알게 됐지. 파트너와 관심사, 경력, 정신 건강 등을 공유하는 건 중요하지만 그들이 내 삶을 대신 살지는 않아. 그런 관계에선 쉽게 자신을 잃게 돼. 이제는 그런 사랑을 추

구하지 않고, 로맨틱한 사랑 외에도 가족이나 친구, 고양이에 대한 애정 등 다양한 사랑이 우리를 행복하게 해준다는 걸 배웠어.

나이를 먹으며 성장해 가는 것도 크지 않을까. 20대의 정열적인 사랑과 30대의 안정적인 사랑은 다를 수밖에 없잖아. 스무 살의 로맨스는 다신 못 하는 거니까.

C 맞아, 우리는 결국 성장해 나가. 그럼에도 자신을 사랑하기로 결심하고 실천하는 건 정말 쉽지 않은 일이야. 그건 개인적인 고통이지만 그 고통을 이겨내야만 해. 나는 자신이 원하는 게 무엇인지 끊임없이 질문해야 한다고 생각해. 거짓 없이 진짜 원하는 걸 묻는 거지. 사랑 이후의 관계도 마찬가지야. 사회에선 결혼하기 좋은 나이에 대해 이야기하지만, 과연 그게 내게도 맞을까? 계속해서 그런 질문을 던져야 한다고 생각해.

오랫동안 간직한 꿈을 이룬 크리스티안은 외교관의 길을 걷기 위해 먼 길을 돌아왔지만 그 누구보다도 공직을 잘 수행하고 있었다. 크리스티안이 걸어온 길들은 모두 좋은 경험이 되어 그를 도왔다. 건축을 전공한 것, 국제기구에서 일하며 지속 가능한 발전에 관해 연구한 것. 그런 발걸음들이 지금의 그를 만들어냈다. 경력에 관한 이야기를 길게 했지만 내가 아는 크리스티안은 사랑에 관해 끊임없이 말할 수 있는 사람이었다. 그는 격정적인 연애를 자주 했고, 그 연애 속에서 내게 수많은 명언을 남겼더란다. 사랑 위에서도 그의 삶은 굳건했다. 이제 크리스티안은 자연과의 연결을 즐기는 사람이 되었다. 숲속을 혼자 걷거나 달리며 자기 자신을 되돌아보는 시간을 가졌다. 사랑꾼이던 그는 어느새 자기 파괴적인 행동을 멈추고 스스로를 사랑하는 방법을 익혔다. 더 나은 내일을 기대하며 오히려 더 많은 것들을 사랑하고 있었다. 먼 길을 돌아와 행복을 찾아서 기뻤다. 앞으로도 그가 자주 행복했으면 좋겠다.

찰리
스스로를 정의하기

찰리를 만났다. 항상 큼지막한 미소와 두터운 손으로 나를 껴안아 주던 친구였다. 4년 전 독일에서 처음 보았을 때 찰리는 자신을 에티오피아 출신 입양 호주인이라고 소개했다. 하지만 그는 아무리 봐도 내게 독일인이었다. 그간 조심스러워 차마 드러내지 못했던 질문들을 던졌다. 현대 사회에서 우리는 수많은 정체성을 교차하며 살아간다. 하지만 그의 정체성에 관한 고민은 조금 더 본질적인 구석이 있었다. 찰리가 자신을 어떻게 정의 내리는지 궁금했다. 먼저 안부를 물었다.

#베를린의 다양성 #에티오피아 출신 호주 입양인 #다양한 정체성 #역사와 정치

베를린은 어때? 프라이부르크에서 공부하기도 했고, 그 외에도 다양한 국가의 도시들에 머물렀잖아.

C 베를린에서 오래 살다 보니 이젠 여기가 내 집처럼 느껴져. 내년에 이사할 계획인데 떠날 생각을 하니 벌써부터 아쉽네. 베를린은 역동적인 곳이면서 각자가 직접 만들어가는 도시야. 여기선 전문직 일을 할 수도 있고, 자본주의 영향을 덜 받으면서 살 수도 있고, 원한다면 예술가로서도 살 수 있어. 많은 청년들이 베를린으로 와 자신의 자리를 찾고 있어.

전적으로 동의해. 베를린에선 누구를 만나느냐에 따라 도시가 달리 보였어. 나도 이집트 친구를 만나 노이쾰른 지역에서 아랍 문화를 경험하고, DJ 친구와는 밤새 클럽에 가서 춤을 췄지. 찰리는 그 많은 맥락 중에 어느 걸 제일 좋아해?

C 베를린의 가장 큰 장점은 사람들이 서로를 신경 쓰지 않는다는 거야. 각자 자기 일을 하고, 상호 신뢰 속에서 사회가 돌아가는 분위기가 난 좋아. 공원이나 바에서도 이런 문화가 그대로 적용돼. 또 베를린에선 어떤 집단도 찾을 수 있어. 인종, 국적, 정체성과 관계없이 다양한 사람들이 함께 살아가며 서로의 정체성이 교차되는 곳이지. 한 사람의 정체성은 다양해. 백인이면서 게이에 가난할 수 있고, 아시아인이면서 이성애자이고 부자일 수도 있는 거니까. 다른 도시와 달리 베를린에선 그 어떤 벽 없이 다양한 집단이 어우러져 살아가.

그럼에도 사회적 계층화가 일어나진 않아? 노이쾰른이 다양성을 상징한다지만 아무래도 아랍계가 많이 살기도 하고.

C 계층화는 도시에 항상 존재하는 것 같아. 베를린 서부는 동부보다 여전히 더 부유해. 어떤 서부 지역은 시드니나 멜버른처럼 느껴지기도 하고, 동부 지역은 더 가난한데, 이민자들이 많은 노이쾰른이나 베딩 같은 곳이 그래. 그럼에도 변화가 일어나고 있어. 노동자 계급 지역이 예술가들 혹은 힙스터들의 지역으로 변하고 오래된 이민자 세대와 새로운 세대가 섞이기도 해. 흑인으로서 이민자 배경이 계급적으로 어떤 영향을 미치는지 그 역학 관계를 도시에서 볼 수 있었어. 차별은 인종뿐 아니라 민족, 빈부, 계층으로도 나타나는 거야.

확실히 베를린의 사람들은 프라이부르크보다 훨씬 얼굴색이 다채로웠어. 프라이부르크에선 몇몇 아시아 학생을 제외하곤 언제나 내가 인종적 소수자였는데, 베를린에선 그런 걸 느낄 겨를이 없었지. 특히나 이번 방문에선 셀 수 없는 아시아 마트와 식당에 놀랐어.

C 베를린은 냉전 시기에 동서 분단을 겪고, 그 당시 동독과 가까운 북베트

남에서 많은 이민자들이 왔어. 나는 호주에서 자랐기 때문에 베를린의 아시아 커뮤니티가 호주보다 훨씬 작다는 걸 알아. 그런데 최근 아시아, 아프리카, 인도 혼합 상점들이 생겨나는 걸 보고 놀랐어. 주로 베트남인, 인도인, 서아프리카 사람들이 운영하는 가게들인데 동아시아, 동남아시아, 남아시아 재료까지 모두 취급해서 꽤나 실용적이야. 호주에서는 이런 다양성을 본 적이 없어서 더욱 흥미로웠어.

유럽 빼고 다 있네. 차라리 '비유럽 슈퍼마켓'이라고 부르는 게 낫지 않을까.(웃음) 다시 근본적인 질문으로 돌아와서, 베를린은 왜 왔고 지금은 베를린에서 뭘 하고 있어?

C 나는 두 가지 이유로 베를린에 왔어. 60퍼센트는 석사 공부 중 만난 여자친구 때문이고, 나머지 40퍼센트는 베를린이 프라이부르크보다 큰 도시다 보니 기회가 더 많아서였어. 지금 난 사회 분야에서 일해. 주로 사회복지사들을 지원하고 행정 업무를 처리하면서, 난민들이 독일에 망명 신청을 했을 때 첫 번째로 접하는 지점에서 그들의 문제 해결을 돕고 있어.

일에 관해 이야기를 꺼냈으니 더 자세히 듣고 싶어. 찰리는 석사를 통해 현재의 일과 관련된 공부를 했어?

C 사회과학, 사회학, 국제연구를 통해 다양한 문화와 역사, 언어, 사고방식을 가진 사람들을 어떻게 대하는지를 배웠어. 이를 통해 무례한 행동이나 차별적인 태도의 정의를 알게 됐고 문화간 의사소통 역량도 키웠지. 물론 책만으로 배운 게 아니라, 다양한 국가에서 사람들과 직접 만나며 배운 경험이 많아.

석사 논문과 지금 하는 일이 상관관계가 있을까?

C 나는 에티오피아의 민족 국가주의에 초점을 맞춘 논문을 썼어. 사실 지금 하는 일은 논문과 크게 관련이 없지만 그래도 꽤 도움이 되었어. 국제 분

쟁이 끊이지 않는 현대 사회에서 분재 이슈나 난민들의 배경을 이해하는 건 중요하고, 그 배경지식을 업무에 적용할 수도 있었으니까.

나는 에티오피아의 정치 체계에서 민족을 기반으로 한 정체성 정치가 어떤 역할을 하는지 알고 싶었어. 정체성 정치는 매우 넓은 주제인데, 예를 들어 페미니즘이나 LGBTQ, 논바이너리(자신의 성을 특별히 정의하지 않고 기존의 개념 중 하나로 규정되는 것을 거부하는 개념) 운동이 미국의 흑인 시민권 운동과 연결될 수 있듯이 에티오피아에서는 각 민족의 정체성이 중요한 역할을 해. 에티오피아는 다민족 국가로, 정체성 정치가 종교가 아닌 '민족'을 중심으로 형성되는 곳이야. 에티오피아인이라는 개념은 민족보다는 국가 중심으로 이해되며, 가장 큰 민족으로는 암하라(Amhara)인과 오로모(Oromo)인이 있지. 암하라는 에티오피아 제국 시절부터 중심 민족이었는데 현재의 공용어인 암하라어도 이들의 언어일 정도로 문화적으로 큰 영향력을 미쳤어. 그래서 나는 암하라인의 정체성을 통해 에티오피아의 정치를 연구했어.

어렵지만 흥미로운 주제네. 나도 석사 논문으로 한국의 정치적 양극화에서 유튜브가 미치는 영향에 관해 썼거든. 타국의 역사와 정치를 공부하니 모국의 정치가 보다 선명하게 보였어. 찰리도 비슷한 맥락이었을까?

C 민족이란 내게 단지 상품의 라벨처럼 느껴졌어. 아이들은 주로 부모가 속한 민족의 관습을 학습하며 자라나는데, 훗날 성장했을 때 문화적으로나 사회적으로 같은 라벨을 가진 사람들과 비슷한 행동을 하게 되지. 이런 분류는 법적으로도 적용돼. 개인적인 호불호는 중요하지 않고 그저 법적으로 그 민족의 일원이 될 뿐이야. 나는 이런 레이블화가, 에티오피아에서의 민족 정치가 얼마나 부정적인 영향을 미쳤는지 설명하고 싶었어. 에티오피아 북부에서 내전이 일어난 이후 민족 간의 갈등이 정치화되고 타민족을 배제하는 현상이 나타났어. 민족 정체성을 정치적으로 다루는 것이 얼마나 위험한지는 발칸 지역

의 학살 사례를 보면 알 수 있지. 이 문제는 에티오피아의 일부 지역에서 발생하고 있지만 국가 차원에서 이런 역학이 존재한다는 사실을 조명하고 싶었어. 다른 한편으로 내가 이 주제를 선택한 이유는 어릴 때 호주로 입양돼 대부분의 삶을 외국에서 살았음에도 여전히 에티오피아의 열정적인 사람들과 문화에 대한 관심이 많았기 때문이야. 나는 에티오피아 사람의 모습을 제멋대로 그려내는 서구인의 시선에 분노를 느꼈지. 호주인들은 내가 사막에서 왔다고 생각하더라고. 마치 음식도 집도 없이 흙과 숲속에서 사는 민족처럼 말이야. 나는 그런 부정적인 편견을 가진 사람들에게 아프리카 사회의 긍정적인 면과 제대로 된 문화를 보여주고 싶었어. 전쟁, 기아, 분쟁을 넘어서서 이야기하고 싶었지. 물론 이 주제가 가진 자기반성적인 측면이 더 강했지만.

자세히 설명해 줘서 고마워. 그럼 찰리는 어느 민족 출신인 거야?

C 에티오피아에서 가장 큰 암하라족 출신이야. 최근 20년간의 인구 통계가 없어서 현재의 민족 구성을 알기 어렵지만 20년 전 자료를 바탕으로 추측할 수 있어. 에티오피아의 인구는 급격히 증가했어. 25년 전에 내가 에티오피아를 떠날 때 인구는 지금의 절반도 안 됐는데 그때도 암하라족과 오로모족이 인구의 절반 이상을 차지했지. 암하라족은 왕국, 왕실과 관련된 지배적인 집단으로 여겨져 왔지만 나는 이런 인식이 현재 갈등의 원인이라고 생각해. 과거의 인식에서 벗어나 우리는 새로운 시각으로 현재와 역사를 봐야 해.

논문의 결론은 뭐였어?

C 내 논문의 결론은 민족이 정책의 원칙이 되어선 안 된다는 거야. 나는 암하라족이 과거에 지배적이었고 다른 민족을 억압했다는 주장에 동의하지 않아. 사실 이런 민족주의는 몇십 년 전부터 시작된 것이고, 암하라라는 정체성도 새롭게 정의된 것에 불과해. 10년, 15년 전만 해도 누구도 '암하라'인이라

고 자신을 정의하지 않았어. 내전이 발발하고 서로를 죽이는 일이 반복되는 건, 서구 열강의 분열 정책이 여전히 영향력을 미친 결과일 수 있어.

어릴 때 호주에 입양이 되었다고 들었어. 호주엔 언제 갔던 거야?

C 일곱에서 여덟 살 사이에 호주로 입양되었어. 이미 에티오피아에서 많은 걸 보고 경험했기에 그 기억과 문화를 호주의 것과 조화롭게 합쳐야 했지. 호주에 도착한 지 2주 만에 호주인이 될 수는 없잖아. 영어를 배우고 학교에 다니며 호주 문화에 적응하려고 노력했지. 그때 나는 학교에서 유일한 흑인이었고 호주는 당시 인종차별이 심했지만, 다행히 축구를 잘한 덕분에 차별을 이겨내고 친구를 많이 사귈 수 있었어. 호주에서 자랄 때 나는 줄곧 유럽에 가고 싶었는데, 양어머니가 독일인이어서 그곳과 인연이 있었던 덕분에 호주 대학 생활 중 프라이부르크대학 교환학생으로 독일에서 살게 되었어.

그럼 찰리는 자신을 어떻게 정의해? 인생의 3분의 1은 에티오피아에서, 3분의 1은 호주에서, 그리고 마지막 3분의 1은 독일에서 살고 있잖아.

C 어려운 질문이긴 한데, 나는 항상 내가 에티오피아인이라고 생각해 왔어. 물론 호주에선 호주인, 유럽에선 유럽인이 되려고 노력했지만 여전히 에티오피아와 강하게 연결되어 있지. 내가 에티오피아인인 게 늘 자랑스러웠고 에티오피아의 음식, 문화, 역사, 음악과 연결되고 싶었어. 화가 날 땐 에티오피아 노래를 들으면 기분이 진정돼. 호주는 유럽에 오고 나서야 집처럼 느껴졌어. 몇 년 전 독일에서 호주에 대한 향수병을 느꼈던 기억이 나. 호주의 자연, 친구들, 말투가 그리웠지. 독일은 양어머니의 나라이고 내가 가장 오래 산 곳이라, 세금도 내고 언어도 배우면서 물리적으로 통합되는 느낌을 받아. 하지만 내가 독일인이라는 느낌은 별로 없고 앞으로도 그럴 거야. 그래서 나는 '매우' 에티오피아적이고 거기에 약간 호주적인 사람인 것 같아.

개인의 정체성이란 건 자신이 정의 내릴 수도 있지만 타인의 정의가 때론 더 정확하기도 하잖아. 찰리는 많은 나라에서 살았는데, 사람들이 찰리를 어떻게 정의 내리는지 궁금해.

C 나는 스스로가 카멜레온 같다고 생각해. 에티오피아에선 에티오피아 버전의 내가 되고, 호주에서는 호주 사람이 될 수 있지. 인도에 있을 때는 그 문화에 적응하려 했고 한국에 가더라도 동화될 거야. 에티오피아 가족들은 내가 암하라어를 잘 못하고 호주와 독일에서 살았음에도 불구하고 여전히 나를 기억해 줬어. 에티오피아의 가족을 재정적으로 지원해 오고 있지만, 그렇다고 해서 그들보다 내가 더 나은 사람이라고 생각하진 않아. 유럽에서 교육받고 돌아와 오만함을 보이는 많은 아프리카인들을 보면 그저 우스울 따름이야. 나는 그들과 같은 에티오피아인이야.

찰리는 미래에 어떤 삶을 살 거야? 앞으로도 베를린에서 살 것 같아?

C 호주로 돌아갈 것 같아. 가족이 있고, 좋은 일자리와 더 나은 조건을 제공하는 곳이니까. 더 많은 월급, 좋은 취업 기회, 따뜻한 기후, 친구들과 가족을 생각하면 호주가 살기 적합하겠지. 내년부터 업무가 시작되는 일자리에 지원했으니 취직이 되면 호주로 갈 거야. 그렇지만 호주에서 영원히 살진 않을 것 같아. 2~3년 후 유럽이 그리워져 돌아올 수도 있겠지. 미래를 불안해하기보단 스스로가 하고 싶은 일이 뭔지 알기 때문에 유연하게 생각하고 있어.

여덟 살에 에티오피아를 떠나 호주로 간 찰리는 정말 카멜레온인지도 모르겠다. 때때로 그는 지극히 에티오피아인같이 굴었다. 나이지리아나 에티오피아 친구들을 만날 때 그의 입가엔 더욱 커다란 미소가 번졌고, 밝게 웃으며 두터운 두 손으로 친구들을 격하게 껴안았다. 종종 그는 호주인 발음으로 말을 건네며 능글맞게 웃기도 했다. 사실 그 모든 사람이 찰리였는지도 모른다. 쉽지 않은 이야기를 꺼내준 찰리에게 감사했다. 찰리를 한 뼘은 더 알게 된 것 같아 기뻤다.

Mariana

\# 20대 후반
\# 베를린, 독일

마리아나
굳건히, 앞으로

소녀는 홀로 팔레스타인을 떠났다. 하늘이 뚫린 감옥을 살아가는 부모에게 자유란 요원할 일이었지만, 적어도 그녀 자신은 꿈꿔볼 수 있을 터였다. 그렇게 자유를 찾아 혼자 타국으로 왔고, 타지의 언어로 공부했으며, 지구 반대편에서 잃어버렸던 친척을 찾기도 했다. 마리아나는 굳건히 개척하는 삶을 살아왔다. 그녀에게 삶이란 앞으로 전진하는 것. 그 당찬 발걸음을 내딛고 나서야 자신을 되돌아볼 여유가 생겼다. 계속해서 나아가는 마리아나를 인터뷰했다.

#차별 너머의 독립 #독일로의 여정 #족쇄가 된 국적 #언어와 정체성

마리아나의 삶에 관해 이야기해 줄 수 있어?

M 나는 팔레스타인 베들레헴 근처의 작은 마을에서 태어나고 자랐어. 그곳에서 독일계 학교를 다녔기 때문일까? 그래서 현재 독일에서 살고 있는 것 같아. 학교는 예루살렘과 가까웠는데 우리 학년이 처음으로 독일 학교에서 공부를 시작했지. 많은 걸 배웠지만 모든 게 쉽진 않았어. 독일에 가고 싶어도 경제적 제약이 많아서, 1년간 갭 이어를 가지며 장학금을 지원하는 대학을 찾아야 했어.

언제 독일로 간 거야?

M 바로 공부하러 간 건 아냐. 처음에는 독일에서 자원봉사 프로그램을 하며 몇 개월간 지냈어. 그런데 처음 생각했던 프로그램과 많이 달라서 중간에 관두고 팔레스타인으로 돌아갔지.

그때는 몇 살이었어?

M 열여덟 살이었어. 1년 동안 인턴십을 하고 일도 하면서 장학금을 지원받을 수 있는 학위들을 알아봤고, 열아홉 살에 장학금을 받아 독일에 갔어.

그런 결정들은 스스로 내린 거야? 인생의 방향을 결정하는 커다란 결정들이잖아.

M 응, 그런데 문제는 내가 팔레스타인이라는 점령지에서 살았다는 거야. 여기는 이동의 자유가 없고 공항도 없으며 이스라엘이 모든 길을 막고 있어서 지중해에도 갈 수 없어. 마치 감옥에 갇힌 듯한 느낌이었어. 나는 세상을 경험하기 위해 팔레스타인을 떠나고 싶었는데 외국에서 공부하는 게 그 꿈을 이루는 유일한 방법이었지. 더 나은 삶을 살고 싶었고, 여성으로서 겪는 사회적 차별에서 벗어나 독립과 자유를 누리고 싶었어. 독일은 내가 자유를 경험할 수 있는 곳이었고 독일어를 할 수 있어서 자연스럽게 선택했어. 나처럼 팔레스타인을 떠나 독일에 온 친구들이 많은데 그들도 더 나은 삶을 살고 있을 거야.

어린 나이에 그 모든 과정을 겪고 스스로 해결해 가는 건 정말 쉽지 않았겠다. 팔레스타인의 서안 지구에서 외국으로 유학을 가는 건 쉬운 편이야?

M 베들레헴에는 다양한 국제학교가 있어. 독일, 프랑스, 영국, 미국 학교가 있고 학생들은 그 시스템을 통해 외국으로 나갈 수 있어. 팔레스타인인 중에는 다른 국가의 여권을 가진 사람들도 많아. 나도 칠레 여권 덕분에 독일에서

공부할 수 있었지. 남반구 국가들에선 팔레스타인인들을 위한 장학금을 제공하기도 해. 그 덕분에 우리는 외국에서 공부할 기회를 얻을 수 있었지만 이 기회가 모두에게 주어지는 건 아니야. 내가 외국에 가겠다고 했을 때, 주변 사람들이 도대체 왜 딸을 외국에 공부시키러 보내는 거냐고 부모님에게 물어보곤 했어.

그렇게 베들레헴을 떠나 독일로 가는 여정은 어땠어?

M 팔레스타인에는 공항이 없어서 요르단의 공항을 이용해야 해. 공항까지 가는 길은 멀고, 국경이 닫히거나 출입이 막힐 수도 있어. 이런 일들은 출국 직전에 자주 발생해서 여행이 취소되는 경우도 많아. 이미 항공권과 교통편을 예약했더라도 다시 처음부터 예약해야 하는 상황이 생기기도 하고, 환불이 어려운 경우가 많아서 쉬운 여정은 아니었어.

가자 지구에 있는 사람들은 해외여행이 불가능한 거야?

M 가자 지구는 이스라엘에 의해 완전히 봉쇄되어 있어. 그곳 사람들은 하늘, 땅, 바다까지 막힌 채로 살아가. 예전엔 이스라엘의 허가를 받아 서안 지구로 넘어올 수도 있었지만 지금은 전쟁 때문에 불가능해. 한번은 요르단으로 가는 버스에서 왜 우리의 삶이 이렇게나 힘든지, 왜 우리는 인간 이하의 대접을 받아야 하는지를 생각했어. 그건 어찌 보면 존재에 대한 능멸과도 같았지. 검문소에서 몇 시간씩 기다렸고 여행에도 훨씬 많은 돈과 시간이 소요됐어. 그러다 언젠가 우연히 가자 출신의 사람과 이야기를 나누게 되었는데, 그가 말하길 서안 지구 사람들은 그래도 요르단을 통해 팔레스타인을 떠날 수 있지 않느냐고 했어. 그 말을 듣고서야 내가 가진 특권을 깨달았어. 내가 가자 지구 사람들보다 더 많은 특권을 누리고 있다는 걸 알게 된 거야.

마음속 이야기를 해줘서 고마워. 나 또한 내가 가지고 있는 수많은 특권에 관해 되돌아보게 되네. 다시 마리아나의 이야기로 돌아가서, 처음 독일에 갔을 땐 어땠어?

M 문화적 충격은 없었지만 비자 문제와 같은 행정적인 일들이 어려웠어. 예를 들면 대학에 입학하기 위해 독일 은행 계좌가 필요하고 계좌를 열기 위해선 건강 보험이 필요했는데, 건강 보험에 가입하려면 다시 은행 계좌가 필요한 식이었지. 그래서 다시 은행에 가면 거주 등록을 했는지 물어보더라. 팔레스타인에선 이런 게 덜 복잡했어. 물론 시스템이 미비해서일 수도 있지만, 그럼에도 그 시스템은 잘 작동하는 편이었거든. 또 팔레스타인 사람들은 억압된 상황에서도 웃음을 잃지 않지만 독일 사람들은 차갑고 서로 인사조차 하지 않아 당황스러웠어. 마지막으로 부모님과의 이별도 힘들었는데 그래도 아빠는 내가 독일에 가는 길을 개척하고 장학금도 받았다며 자랑스러워했어. 팔레스타인에서는 갭 이어가 흔치 않아. 고등학교를 졸업하면 결혼하는 게 보통이지만 부모님은 나를 응원해 줬어.

그런 다음 포츠담에 있는 대학교에 간 거야?

M 서안 지구의 독일 기관에서 인턴을 하고, 베들레헴의 기념품 가게에서 일하며 독일에서 쓸 돈을 모았어. 장학금을 받기 위한 인터뷰를 두 번 보고 독일로 떠났지. 장학금이 안 나오면 스스로 벌어서 생활비를 해결할 각오도 했는데, 다행히도 학사와 석사까지 지원되는 장학금을 받게 되어 편하게 공부할 수 있었어.

포츠담에서 '정치과학과 기구 및 경영'을 전공했지만 공공정책에 큰 흥미는 없었어. 석사를 영어 프로그램으로 선택한 것도 그 때문이었지. 사실 포츠담에서의 공부는 재미없었고, 보수적인 학교라서 국제 학생에 대한 지원도 부족했지. 도시도 대학 도시라 별로 볼 게 없다 보니 주말마다 베를린에 갔어.

아까 얼핏 칠레 여권 이야기를 했는데, 칠레랑은 어떤 관계가 있어?

M 지금은 독일 여권을 받았지만 나는 증조부모 덕분에 칠레 여권을 가지고 있었어. 칠레에는 세계에서 가장 큰 팔레스타인 디아스포라 커뮤니티가 있어. 19세기 오스만 제국 치하에서 많은 팔레스타인 사람들이 세금과 군대 문제로 남미에 이민 갔는데 내 증조할아버지도 그중 한 분이었어. 할아버지는 칠레에서 자라다가 일곱 살 때 팔레스타인으로 돌아왔지. 나는 칠레에서 할아버지의 형제자매를 찾아다닌 끝에 결국 아흔두 살의 고모할머니를 만났어. 할머니는 아랍어를 못 하셨지만 대신 스페인어로 많은 이야기를 나눌 수 있었어.

이산가족과의 상봉이네. 가족과 가족을 이어주다니 정말 멋지다. 그 이후에 석사는 어떻게 결정한 거야?

M 독일의 한 스타트업에서 봉사활동을 하던 중 친구가 방콕에서 인턴십 중인 자기 언니 얘기를 해줬어. 그 언니는 아르헨티나에서 한 학기를 공부했었대. 그래서 그 프로그램이 뭔지 물어봤고, 집에 와서 알아봤더니 정확히 내가 원하는 경험이었어. 라틴 아메리카로 돌아가고 싶기도 했고 프라이부르크의 국제적인 환경도 궁금했지. 포츠담에선 제대로 된 대학 생활을 하지 못했는데 프라이부르크는 대학 도시라 친구도 많이 만들 수 있을 것 같았어.

마리아나와 인터뷰를 시작했을 때, 사실 최대한 조심스럽게 낱말을 골랐다. 그녀에게 궁금한 게 산더미였지만 전쟁의 중심에 있는 팔레스타인 이야기를 부러 끄집어내기는 싫었다. 내가 궁금했던 것은 마리아나라는 한 사람이었지, 팔레스타인이 아니었기 때문이었다. 또한 질문을 통해 그녀의 삶을 모든 팔레스타인 여성을 대변하는 것으로 묘사하지 않으려 노력했다. 하지만 일상에 관한 이야기를 하면 할수록 우리는 그녀의 모국을 떼어놓고 이야기할 수 없었다. 마리아나에게 국적은 족쇄였기에, 부단히 그 족쇄를 벗어나 자유롭게 날아오르길 갈망하고 있었다. 그 삶을 되돌아보면서 마리아나라는 사람이 더욱 궁금해졌다.

마리아나는 영어와 독일어, 스페인어 그리고 아랍어를 구사하잖아. 각 언어를 할 때마다 정체성이 바뀌어?

M 응, 언어를 바꿀 때마다 다른 사람이 되는 것 같아. 내 독일어는 정말 학문적이야. 아무래도 학교에서 공부하며 배운 언어니까. 비속어나 은어는 잘 모르고 표준적인 독일어만 사용해. 독일에서 자란 아랍 친구들과 비교하면 차이가 크지. 그에 반해 나에게 스페인어는 여행할 때나 사람과 문화를 배우고자 할 때 유용한 느긋한 언어고, 영어는 주로 일할 때 쓰는 언어야.

그간 많은 나라를 돌아다녔잖아. 유럽에서도 10여 년을 있었고, 칠레와 아르헨티나 그리고 태국에서도 살았지. 그곳들이 각각 어떻게 다가왔어? 어느 곳이 가장 편했는지도 궁금해.

M 문화적 차이는 내적 갈등의 표현이라고 생각해. 낯선 문화 속 새로운 가치를 어떻게 받아들이느냐가 관건이야. 새로운 문화를 배우는 동시에 내가 쌓아온 가치를 잊는 과정(unlearning)을 거쳐야 평온한 상태에 도달할 수 있었어. 예를 들면 내가 사랑하는 '아랍' 문화는 타인에게 친절하고 모르는 사람도 손님처럼 대하며 음식을 나누고 재워줘. 반면에 유럽은 너무 개인주의적이었어. 개인의 행복에만 집중하는 방식이 나랑은 맞지 않지. 나는 커뮤니티가 필요한데, 요가나 명상으로 그걸 대신하려는 유럽 방식에 불안감을 느꼈어. 물론 커뮤니티 문화도 단점이 있어. 커뮤니티에선 다른 종교인과 연애할 때 그 관계를 숨겨야 했지. 그래서 종종 '다른 나'를 연기했어.

아시아에서 나는 관광객처럼 느껴졌어. 석사 학기 이수지로 방콕과 델리가 선택지에 올랐을 때 나는 방콕을 택했어. 팔레스타인이 워낙 보수적이고 전통적인 곳이다 보니, 또 다른 보수 사회인 인도로는 가고 싶지 않았거든. 바다와의 거리가 가까운 것도 중요했지. 짧은 옷을 입고 자유롭게 바다로 향하고 싶었어. 팔레스타인 서안 지구에선 바다를 꿈꾸는 게 불가능했으니까. 그런 나에게 방콕은 완벽한 여행지였어.

흥미로운 지점이 많은걸. 국가마다 커뮤니티의 문화적 차이가 있는 것 같아. 독일의 커뮤니티 혹은 관계들은 내겐 항상 피상적이었어. 다른 국가들의 커뮤니티가 주는 소속감과는 달랐지.

M 종종 자신에게 이런 질문을 던져. '독일에서 오래 살아갈 수 있을까?' '가족을 꾸리고 커뮤니티를 만들 수 있을까?' 독일의 사회보장 시스템은 정말 훌륭하고, 이제는 나도 정착하고 싶어. 내가 좋아하는 책들로 채운 작은 공간이 베를린에 생겼고 그곳에서 현실에 집중할 수 있게 되었어. 떠돌아다니던 생활을 마치고, 그동안 쌓인 감정과 경험을 정리하는 시간을 갖고 싶어.

항상 물어보고 싶었던 많은 질문을 할 수 있어 기뻤어. 동시에 현재 마리아나의 '현실적인 삶'도 궁금해. 지금은 어떤 일을 하고 있어?

M 지금은 유엔반부패협약연합(UNCAC Coalition)에서 컨설턴트로 일하면서 중동과 북아프리카의 지역 코디네이터로서 유엔의 반부패 협약 이행을 감시하고 있어. 나는 가자 지구에서 전쟁이 시작되기 3개월 전에 국제투명성기구(Transparency International)에서의 일을 관뒀는데, 전쟁이 일어나고 꽤 후회했어. 하지만 지금도 내가 올바른 방향으로 가고 있다고 확신해. 풀타임은 아니지만 컨설턴트로 일하면서 책임감이 커졌고, 시간적으로 더 유연하게 계획을 짜면서 나에게 초점을 맞출 수 있게 되었어.

5년 뒤의 마리아나는 어떤 일을 하고 있을까?

M 먼저 현재 직업에서 더 많은 지식과 경험을 쌓고 싶어. 반부패와 굿 거버넌스는 내게 중요한 주제이고, 중동과 북아프리카에도 꼭 필요한 주제야. 이 분야에서 경험을 쌓아 다양한 이해관계자가 참여하는 정책이나 프로젝트를 맡고 싶어. 학계를 벗어나 실제로 적용 가능한 좋은 거버넌스를 위한 전문가가 되고 싶어.

마리아나가 꿈꾸는 앞으로의 미래에 베를린도 있어?

M 나에겐 백지에서 모든 걸 다시 시작할 에너지가 없어. 며칠이나 몇 주간 다른 곳을 방문하는 건 좋지만, 베를린에 투자한 시간과 노력을 생각하면 앞으로도 계속 여기 있을 것 같아. 내가 취득한 시민권과 구축한 커뮤니티, 일구어온 삶을 앞으로도 계속 가꾸고 싶어. 베를린에서 만난 다양한 사람들과의 커뮤니티가 나를 행복하게 해. 사랑하는 사람들과 의미 있는 시간을 보내는 것도 삶에서 중요한 경험이니까. 지난 10년간의 생존 모드에서 벗어나, 이제는 내 능력으로 기회를 잡고 삶을 즐기고 싶어.

팔레스타인을 떠난 10대 소녀는 어느새 자신의 둥지를 만들었다. 마리아나를 걱정하던 부모는 활공하는 딸의 뒷모습을 모국에서 묵묵히 응원할 뿐이다. 시시콜콜한 질문에도 성실히 답해준 마리아나에게 고마웠다. 쉬이 꺼낼 수 없는 이야기도 가볍게 나눠주고, 무거운 이야기도 웃으며 공유하는 마리아나에게서 그녀가 짊어진 수많은 책임감이 보였다. 자신의 부모는 상상할 수도 없는 삶을 살아내고 있는 마리아나는 자기 삶이 축복받았다고 이야기한다. 그 삶에 대한 감사함을 타인에게도 나누고 싶다고 말하는 모습은 당차다 못해 벅차다. 씩씩하게 미소를 짓고 나아가는 마리아나가 멋있었다. 나는 언제까지나 그녀를 응원할 터였다.

Mariam

#20대 중반
#쿠웨이트시티, 쿠웨이트

마리암
자유로이 유영하는 무국적 소녀

시국이 어수선했다. 학생 수백 명이 시위 중에 사망했고 사람들은 소소한 일상을 잠시 뒤로한 채 숨죽여 시위의 추이를 지켜봤다. 마리암은 방글라데시에 간 엄마와 연락이 닿지 않았다. 별일이야 없겠지만 걱정되는 건 어쩔 수 없는 일. 사실 마리암에게 가장 궁금한 건 방글라데시가 아니었다. 그보다는 자신이라는 사람의 정체성, 그 자체가 중요한 관심사였다. 방글라데시인 아빠와 필리핀인 엄마 사이에서 태어나 쿠웨이트에서 자란 마리암. 그 무국적성 혹은 다국적성 앞에서 마리암 스스로의 정의가 항상 궁금했다. 하지만 먼저, 시국을 짚고 넘어가고 싶었다. 방글라데시를 점령한 시위에 관해 물었다.

#방글라데시 시위 #인종차별 #다문화 정체성 #종교

지금 방글라데시에선 무슨 일이 벌어지고 있는 거야?

M 오늘 수많은 학생이 시위 중에 사망했어. 많은 학생들이 대학을 졸업하고도 직업을 갖지 못하는데 그 이유는 그들 혹은 그들의 가족이 셰이크 하시나 총리(2024년 8월 5일 사임)와 그녀의 정당인 아와미 연맹에 반대하기 때문이야. 권위주의 정부가 민간과 공공 부문 모두를 통제하다 보니 정부에 반대하는 이들은 취업이 불가능해. 학생들이 거리로 나온 이유는 정부가 독립 유공자 자녀들에게 공무원 자리 30퍼센트를 할당하려고 했기 때문이고, 이로 인

해 취업난을 겪는 청년들의 반발이 시위로 이어졌어. 하시나가 경찰에게 발포를 명령했다는 말도 있어. 최소 300명이 사망했다고 해.

현재 방글라데시의 상황에 관해 자세히 설명해 줘서 고마워.

M 사실 나는 평생 정치에 관심이 없었어. 우리 아빠도 방글라데시 정치에 대해 얘기하지 않고 친척들도 마찬가지인데, 그들은 정치에 무관심해서라기보단 방글라데시 정치 이야기를 하는 건 아주 위험한 일이기 때문이야. 하시나와 아와미 연맹이 얼마나 집권할지 모르는 상황에서 그들에 대해 얘기하는 건 불가능하지. 방글라데시에서 일하고 싶으면 정치 이야기는 피해야 해.

정치적 억압 때문이겠지? 그럼에도 여성이 오랫동안 총리직을 수행한다는 건 대단하다고 생각했는데.

M 그 부분에 관해서도 할 말이 참 많아. 내 삼촌만 봐도 여성은 국가를 다스릴 수 없다는 말을 항상 하곤 해. 지극히 여성 혐오적인 말이지만 삼촌만 그런 것도 아냐. 나는 내 가족을 포함해 많은 방글라데시 사람들이 여성 혐오적이라고 생각해. 여성이라면 집에서 남편과 아이들을 위해 음식이나 차려야지, 왜 나라를 다스리냐는 식이지.

방글라데시의 여성 취업률이 다른 나라보다 월등히 높으니, 여성의 권리도 당연히 더 높을 줄 알았는데.

M 그건 단지 여성의 노동 참여율이 높을 뿐, 다른 선택지가 없어서 그래. 내 친척들을 보면 두 부류로 나뉘어. 한쪽은 여성도 꿈꿀 수 있다고 생각하는 사람들로, 예를 들어 우리 아빠나 일부 친척들이 그래. 반면 절반은 전통적인 가치관에 묶여서 딸들에게 교육조차 시키지 않아. 그들에게 여성은 집에만 있어야 하는 존재야. 내 사촌 중 하나는 열넷의 나이에 결혼해야 했어. 이

런 걸 보면 난 얼마나 행운아인지 몰라. 열네 살에 결혼하는 삶은 상상도 못 하겠어.

그건 마리암의 아버지가 그 친척들과 달라서겠지? 그렇기에 필리핀에서 온 어머니와 결혼했을 테고. 쿠웨이트에 살고 있는 점도 그 점에 영향을 미치지 않았을까?

M 그럴 거야. 나는 방글라데시에 갈 때마다 전통 의상을 입어야 해. 아빠는 내가 뭘 입든 상관 안 하는데 오히려 필리핀 출신인 엄마가 전통 의상을 강요해. 필리핀에선 전혀 상관없을 텐데 왜 그런지 모르겠지만 친척을 만나러 가니까 그런 거겠지. 그 복장을 할 때마다 숨이 막혀. 방글라데시에 갈 때면 난 다른 사람이 되어야 하고, 예의 바르고 전통을 따르는 듯 행동해야 해. 올해도 엄마가 같이 갈 거냐고 물었는데, 내 대답은 당연히 "절대 안 가"였어.

쿠웨이트 이야기도 좀 듣고 싶어. 마리암은 쿠웨이트에서 태어난 거야?

M 쿠웨이트에서 태어나고 자랐어. 쿠웨이트는 방글라데시보단 여성 인권이 높지만 역시 보수적인 이슬람 국가라 제약이 있어. 짧은 옷이 어느 정도 허용되지만 여전히 여성에게 안전한 곳은 아니야. 라마단 기간에 친구와 블라우스를 입고 거리를 걸을 때 어떤 인도 남성이 내 몸을 만지고 지나간 적이 있어. 내가 화를 내자, 옆에 있던 다른 남성이 "진정해, 별일도 아니잖아"라고 말했지. 이런 일이 잦은 국가를 안전하다고 할 수 있을까.

쿠웨이트의 계층화된 사회도 궁금해. 쿠웨이트의 경우 430만 인구 중에 140만 정도만이 쿠웨이트인인데, 그럼 당연히 사회도 경제적으로 계층화되어 있겠네?

M 쿠웨이트는 석유 자원이 풍부해서 자국민들이 험한 일을 할 필요가 없어. 외국인 노동자가 300만 명에 달하고, 쿠웨이트인 대부분은 전문성이 필요 없는 일을 해. 나는 쿠웨이트에서 태어났지만 방글라데시 국적을 가지고

있어서 6개월에 한 번은 쿠웨이트에 돌아가야 해. 쿠웨이트에서 평생 살아도 시민권이 없고, 여권은 방글라데시 여권이야. 쿠웨이트 남성이 다른 나라 여성과 결혼해 낳은 아이는 쿠웨이트인이 될 수 있지만, 쿠웨이트 여성이 타국 남성과 결혼하면 자녀는 쿠웨이트인이 될 수 없어. 이곳의 사회는 상류층 쿠웨이트인들과 이주민 노동자들로 나뉘어져 있어.

마리암의 정체성은 참 독특하네. 쿠웨이트에서 자랐지만 방글라데시 국적이고, 양쪽 사회에서 모두 마리암을 받아주지 않을 것 같아.

M 쿠웨이트에서 난 이주민 노동자의 자식이고, 방글라데시에선 해외에 유학 중인 상류층 자제야. 방글라데시 경제는 해외 취업자가 보내주는 송금에 많이 의존하기 때문에 외국에 사는 방글라데시 사람들을 다 부자라고 생각해. 한번은 아빠 사촌이 이집트에서 지내다가 고향인 방글라데시를 방문했는데, 친척들이 그의 성공을 축하하는 의미로 길목에 꽃을 뿌려주었어. 그 사람은 이집트인 아내가 있고 좋은 직장에 다니고 있긴 하지만, 만약 쿠웨이트에서 청소부로 일하는 사람이 와도 그들은 아무것도 모르고 꽃을 뿌렸을 거야. 사실 방글라데시 사람들은 인종차별이 심해. 엄마가 필리핀인이라서 결혼 당시 많은 차별을 당했다고 들었어.

자기들보다 잘사는 나라를 숭배하고 못 사는 나라를 경멸하는 건 어디나 똑같나 봐. 그나저나, 나도 해외 체류 방글라데시인들의 외화 송금에 대해 들었어. 거의 한 해 GDP의 5퍼센트에 달하던데. 마리암의 아버지도 방글라데시에 돈을 보내셔?

M 응, 항상 할머니에게 돈을 송금해. 쿠웨이트 디나르(KWD, 쿠웨이트의 화폐 단위)는 아주 강력한 통화잖아. 아빠가 조그만 금액을 보내도 방글라데시에 있는 할머니에겐 엄청나게 큰돈이니까.

지금 방글라데시와 쿠웨이트를 오가며 이야기하고 있는 이유가 마리암의 정체성이 두 국가에 걸쳐 있어서잖아. 마리암의 부모님 이야기도 듣고 싶어.

M 아빠는 방글라데시, 엄마는 필리핀 출신이야. 내가 알기론 둘이 쿠웨이트에서 만난 후 아빠가 엄마에게 계속 구애했대. 연애편지를 쓰고 고백도 했지만 국적과 종교 차이로 엄마는 거절했지. 아빠가 그래도 포기하지 않고 계속 사랑을 고백하니까 결국 엄마도 받아들였어. 물론 아빠 가족은 엄마를 반대했지만, 엄마가 무슬림으로 개종하면서 결혼을 허락받을 수 있었다고 해.

마리암 어머니의 가족은 그 결혼에 관해 어떻게 생각하신 거야?

M 엄마는 가족에게서 절연당했어. 결혼 이후 왕래도 없고 소식도 듣지 못하고 있지. 나는 필리핀에 가본 적도 없는걸. 그래서 가끔 두 분을 보면서 생각해. 사랑이 그렇게 위대한가? 엄마는 아빠를 선택함으로써 가족과의 인연이 끊겼어. 부모님을 보며 사랑이 정말 있다고 느끼고, 그 사랑을 보여준 부모님께 감사해.

정말 아름다운 이야기야. 방글라데시와 필리핀의 피가 섞여 쿠웨이트에서 태어난 마리암은 자신을 어떻게 정의해?

M 나는 방글라데시와 필리핀 두 문화를 보며 자랐지만 쿠웨이트에서 학교를 다녔어. 항상 나에게 묻곤 해. 나는 누구일까? 방글라데시 여권을 가진 내가 정말 방글라데시 사람일까? 방글라데시에 가면 그 문화에 동화되지 못하고, 부모님의 문화조차 낯어 보이기도 해. 그럼 나는 쿠웨이트 사람인가? 하지만 절대 쿠웨이트인은 될 수 없어. 처음에는 '외국에서 공부한 방글라데시인'에서 내 정체성을 찾으려 했지만 여전히 잘 모르겠어. 계속해서 나를 정의하려고 노력하고 있어.

집에선 특정한 문화를 따르는 편이야?

M   어느 정도는 그렇지만 나는 두 문화 모두 따르지 않고 부모님도 그걸 신경 쓰지 않아. 우리는 집에서 영어로 이야기해. 아빠는 쿠웨이트의 방글라데시 커뮤니티에 나가지 않고, 엄마는 무슬림으로 개종했지만 여전히 부활절이나 크리스마스를 기념하지. 아빠는 엄마가 자유롭게 지내길 바라. 이건 내가 아빠를 사랑하는 이유 중 하나야.

행복해 보이는데.

M   당연하지. 특정 종교에 맞는 의복을 갖춰 입는 게 얼마나 거추장스러운 일인데. 파티에 가고 클럽도 다니면서 내 마음대로 입고 싶다고. 솔직히 말해서 나는 신을 믿지 않아. 타인을 배척하는 종교와 문화를 믿지 않지. 나는 자유로운 영혼이 되고 싶어. 사실은 침대에서 자유롭게 뒹구는 게 제일 좋으니까, 나의 문화를 '게으름'이라고 칭하면 딱일 것 같네.

신을 믿지 않아?

M   더 이상 신을 믿지 않아. 어릴 때는 진심으로 믿었지. 그러다 여러 일들로 우울을 겪으면서 손목을 그은 적도 있는데 그럴 때마다 엄마는 기도하라고 했고, 아빠도 비슷한 말을 했을 거야. 나는 진심으로 기도했지만 신은 나에게 응답하지 않았어. 밤새 울고 나면 또 다른 고통스러운 하루가 기다릴 뿐이라서 결국 나는 신을 믿지 않게 됐어. 종교는 내게 아무런 변화를 주지 않았어. 모스크에 가고, 쿠란을 읽고, 이맘의 가르침을 들었지만 달라지는 건 아무것도 없더라. 그 이맘은 나를 성추행했고 신은 내 믿음을 저버렸어. 내가 경험한 이슬람은 동성애 혐오와 여성 혐오를 바탕으로 하고 있었어. 결혼 후 남편은 아내를 마음대로 강간할 수 있다는 개념도 이해할 수 없었지. 그래서 종교 대신 내가 원하는 행복이 무엇인지를 생각했어.

부모님도 마리암이 이슬람에 관해 어떻게 생각하는지 알아? 이 대화가 활자화되어도 될까?

M 부모님은 내가 열심히 기도하는 줄 아셔. 아직 두 분께 말할 준비는 안 되었지만, 그래도 한 번쯤은 내 마음을 말하고 싶었어.

모스크에서의 일은 정말 속상한걸. 그런데 그건 이슬람만의 문제가 아니지 않을까? 어린아이들을 추행하는 가톨릭 사제나 개신교 목사에 관한 이야기는 이미 전 세계적 문제니까.

M 그렇지. 아무튼 내 이야기를 들어줘서 고마워.

마리암의 정체성을 형성한 학창 시절도 궁금해. 쿠웨이트의 학교는 어땠어?

M 학교에 대해 간략히 말하자면 나는 인도 학교를 다녔어. 쿠웨이트 사람들을 만날 기회가 없었지. 쿠웨이트인들은 국립학교나 비싼 사립학교에 다니고 나는 인도 학제를 따르는 학교에서 대부분 방글라데시, 인도, 파키스탄, 스리랑카 출신 이민자 자녀들과 함께 공부했어. 나만 다문화적인 맥락을 가진 게 아니었고 친구 중에도 부모님 국적이 다른 경우가 많았어.

초등 교육 때부터 일찌감치 분리되는구나.

M 응, 우린 쿠웨이트 학생들을 만날 일이 없었지만 국제적인 갈등이 학교에선 그리 유효하지 않아. 어딜 가도 인도 친구들과 파키스탄 친구들은 제일 친한 사이처럼 서로 어울려 다니는 모습을 볼 수 있었거든. 우리는 정치 따위는 상관하지 않고 다 같이 친하게 지냈어.

마지막으로 마리암은 쿠웨이트, 방글라데시, 말레이시아 그리고 이스탄불 등 다양한 국가들에서 살았잖아. 앞으로 석사를 졸업하면 어디에서 뭘 하고 싶어?

M 내 꿈은 테라피스트가 되어 남아시아 사람들의 정신 건강을 돕는 거야. 초등학교 5학년 때부터 이 꿈을 가지고 심리학을 공부했어. 방글라데시에서

는 정신 건강에 대해 이야기하는 게 금기시되어 있고, 많은 사람들이 우울을 그저 안고만 살아. 내가 힘들었을 때도 마찬가지로 도움을 준 사람이 없었지. 나는 그런 이들을 돕고 싶어. 사실, 방글라데시에선 테라피스트로 일자리를 구할 수조차 없을 거야. 말했듯이 방글라데시에서 우울증은 병인 동시에 죄악이거든.

마리암의 이야기를 그대로 담아도 될지 고민이 많았다. 종교는 정치만큼이나 민감한 문제였다. 많은 이들을 인터뷰했지만 그녀처럼 자신의 신념을 완벽하게 드러내는 경우는 드물었다. 그건 아마 활자의 힘을 알기 때문일 터였다. 정치와 종교는 쉬이 타인을 억압하고 입에 재갈을 물릴 수 있다. 우리는 자신과 다르다는 이유로 '타인'을 차별하기도 하지만, 사실 '우리와 같지 않다'는 이유로 자국민을 탄압하거나 학살하는 경우가 더 잦았다. 그래서 많은 이들이 침묵을 택한다. 하지만 그녀는 목소리 내기를 선택했다. 나는 그 선택을 존중하기로 했다. 하루는 마리암에게 이스탄불의 가장 좋은 점이 무엇이냐고 묻자, 자기 자신으로서 존재할 수 있다는 점이라고 답했다. 전통적이고 종교적인 방글라데시, 종교적이고 계층적인 쿠웨이트에서 마리암은 자신으로만 존재할 수 없었다. 마리암이 가장 자유로울 수 있는 곳은 역설적으로 가족과 친척에게서 가장 멀리 떨어진 이스탄불이었다. 머나먼 튀르키예의 도시에서 자유롭게 유영하는 마리암을 만났다. 그 어디에도 속하고 싶지 않은 그녀의 자유에 국적이 필요할까 싶었다.

Aldana

#30대 초반
#부에노스아이레스, 아르헨티나
#인스타그램 @sickofaldu

알다나
불안을 극복하는 삶

내가 아는 알다나는 종종 멋쩍은 웃음을 짓는 사람이었다. 살갑게 다가와서는 어색한 표정을 지었고, 친한 내색을 하다가도 뒷걸음질을 쳤다. 그녀를 만난 건 아르헨티나와 한국, 1년 간격으로 고작 두 번이었지만 나는 내가 알다나를 잘 안다고 자부했다. 그 멋쩍음 뒤에 자리 잡은 좌절과 슬픔을 보지 못했던 탓이다. 인터뷰를 시작하고 범람하는 말들에 숨이 막혔다. 이 자조 어린 비관을 얼마나 오랫동안 안고 살았을까. 그녀의 태생적 불안에 안타까움이 앞섰다. 비관과 불안 사이에서 우리는 낙관을 이야기했다. 다음번에는 알다나의 미소에서 멋쩍음을 꼭 떼어내고 싶었다.

#내면의 불안 #가면 #새로운 관계 #어려운 환경 속 선택들

5년 전에 같이 한국에 왔던 친구와는 잘 지내?

A 아니, 그 친구랑은 이제 연락하지 않아. 내게 무례하게 굴었거든. 웃긴 게 그 친구는 지난 5년 동안 계속 다른 사람들과 연애해 왔지만 나는 연애는커녕 줄곧 우울한 일상만 보냈지. 상대는 모든 걸 가지고 있는데 나는 아무것도 가진 게 없는 것처럼 보여서 힘들어. 이렇듯 나는 모두를 질투하는 것 같아. 이게 나라는 사람의 가장 큰 문제점이야. 원하는 걸 성취하지 못해선지 늘 다른 사람들을 질투해.

의도치 않게 알다나 자신에 관해 이야기하게 만드는 질문을 던진 것 같은데.

A 그러네. 어쩌다 보니 내 불안(insecurity)에 관해 이야기하게 되었네.

알다나가 가진 불안에 관해 더 자세히 이야기해 줄 수 있어? 성취하지 못하는 건 가치야, 목표야?

A 원하는 것을 갖지 못할 때 좌절감을 느껴. 예를 들어 지금 난 연애나 업무적 성취가 없고, 한국어를 배우고 싶지만 제대로 연습을 하지 않아. 모든 것을 이루고 싶지만 아무것도 하지 않고 있어. 나중에 후회할 걸 알면서도 지금의 모습에 안주하는 거야. 변화가 두렵고, 그래서 첫걸음을 내딛거나 직업을 바꾸는 게 무서워. 결국 나는 10년 전과 같은 자리에 갇혀 있어.

나는 삶에서 변화를 원하지만 동시에 변화가 두렵기도 해. 가족과 살던 집을 떠나 여자 친구와 7년을 살았지만 헤어졌고 지금은 언니와 함께 살고 있지. 여자 친구에게 헤어지자는 말을 꺼내기까지 아주 긴 시간이 걸렸는데 결정을 내림으로써 시작되는 변화가 두려웠던 거야. 변화의 결과를 알 수 없으니까, 나는 종종 결정을 내리지 않고 그냥 가만히 있어.

그런 결정들에서 불안이 어떻게 작용해?

A 아주 큰 역할을 해. 나는 아직도 내가 누군지 모르겠어. 사람들은 서른이 되면 인생이 정리된다고 하지만 나는 그렇지 않았어. 20대 때 삶에 더 안정감을 느꼈고, 지금은 성숙해지긴 했지만 원하는 삶을 사는 건 아니야. 실패가 두려워서 새로운 걸 시도하지 않았어. 마음이 내게 '너는 부족해'라고 속삭였거든.

나는 항상 불안해. 지금 비서로 일하는데 매일 내가 아닌 다른 사람을 연기하는 기분이야. 가끔은 내가 배우처럼 느껴져. 행복하지 않지만 행복한 척하는 건 정말 피곤한 일이지. 다른 사람들이 나를 좋아해 줬으면 해서 직장에선 가면을 쓰는 거야. 집에 돌아오면 하루 종일 썼던 가면을 벗어. 타인들이

나에게 관심을 주지 않은 날이면 좌절감을 느끼고 감정적으로 처리하지 못한 실패와 실망 때문에 울고 소리 지르는 어린아이처럼 돼. 불안은 내 삶에서 큰 부분을 차지하는데 이젠 극복하고 싶어.

내면의 불안이나 우울을 끄집어내는 건 어려운 일인데 솔직하게 말해줘서 고마워. 그럼에도 나는 알다나가 본인의 불안에 관해 아주 잘 알고, 그걸 이겨내고 있다고 생각하는데. 혹시 불안을 극복하기 위해 도전하는 것들이 있을까?

A 몇 년 동안 이 문제를 해결하려고 심리 상담을 받아왔어. 10대 시절에 정체성과 몸이 변화할 때 잠깐 상담을 받았었지. 그리고 엄마가 돌아가셨을 때 그 슬픔을 견디지 못하고 다시 치료를 시작했어. 다른 사람들은 어떨지 모르겠지만 내겐 상담 예약과 대화를 하기로 하는 것 자체가 큰 결심이야. 나는 항상 감정을 억누르면서 괜찮지 않아도 괜찮은 척 살아왔어. 그런데 치료사들이 질문을 시작하면 감정이 터져 나오면서 울음을 멈출 수가 없더라고.

5년 전, 한국에 간 것도 내겐 도전이었어. 엄마가 돌아가시고 얼마 되지 않았을 때라 가족들은 모두 반대했지만, 부에노스아이레스에서 어찌할 수 없는 일들이 한꺼번에 일어나고 있던 터라 그곳을 떠나 휴식하고 싶었어. 그때는 돈도 좀 있어서 나 자신을 위해 한국으로 떠난 거야. 그때 떠나지 않았다면 아마 한국에 평생 못 갔을걸.

그런 일이 있었구나. 한국은 알다나의 마음을 편안하게 해줬을까?

A 응, 한국 음식 덕분에 많은 위안을 받았어.(웃음) 당시 내 한국어가 그다지 유창하진 않았지만 온종일 한국어만 쓰면서 생활해 보기도 했어. 책과는 다른 한국어가 정말 어려웠고 긴장한 탓에 제대로 말도 못 해서 굉장히 슬펐지만, 며칠 지나고 나자 그게 정상이란 걸 알게 되었어. 일상에 조금씩 적응했고 너를 만나서 즐겁게 여행할 수 있었지.

한국에 와서도 여동생과 계속 연락했어. "괜찮아?" "밥은 잘 먹고 있어?" 나는 여동생에게 엄마가 되어주고 싶어. 우리 둘 다 엄마를 잃었잖아. 그래서 한국에 있을 때도 온전히 거기에만 있지 못하고 두 곳에 동시에 존재하는 것만 같았지.

다시 불안에 관한 이야기로 돌아가면, 알다나의 불안은 관계와 밀접하게 연관된 것 같아. 불안은 보통 우정이나 사랑 혹은 가족을 기반으로 해?

A 가족들은 내가 어떤 사람이라는 걸 이미 알기 때문에 가족 앞에선 가면을 쓸 필요가 없어. 하지만 친구 관계에서는 항상 불안을 느껴. 새로운 사람을 만나고 관계를 유지하는 게 정말 힘들거든. 친한 친구가 문자를 보내와도 나는 2주가 지나서야 대답을 해. 일부러 그런 행동을 하는 건 아냐. 관계에는 많은 노력과 에너지가 필요한데, 나는 그런 에너지가 없어. 일을 마치고 집에 오면 너무 피곤해서 누군가와 연락하거나 외출할 기력이 부족해.
이처럼 난 내가 항상 어딘가 부족하고 모자란 사람같이 느껴져. 벌써 결혼해서 아이도 있는 친구가 여럿인데 나는 결혼이나 아이에 전혀 관심이 없어. 그러면서도 친구들이나 동생이 부러워. 불안이 이런 방식으로 나에게 영향을 미치는 것 같아.

알다나는 이미 자신에 관해 잘 알고 있는 것 같은데? 그리고 알다시피 우리는 모두 각자의 속도로 삶을 살아가기 때문에 다른 사람들이 추구하는 삶의 방식을 따를 필요는 없어.

A 응, 나도 항상 모든 사람에게 자신만의 속도와 시기가 있다는 걸 상기하려고 노력해. 내 삶의 목표와 내 친구, 내 동생의 목표가 다 다르다는 것도 알고 있고. 나도 조금씩 자신에 관해 알아가고 있다고는 생각하지만 아직 부족해 보이나 봐.

알다나의 목표는 뭐야?

A 어릴 때는 단지 아이를 가지고 싶지 않았어. 그런 건 시간 낭비라고 생각했지. 그런데 서른이 넘으니까 주변 분위기 탓인지 언젠가는 아이를 갖고 싶다는 생각이 조금씩 들고 있어. 지금 당장은 아니지만, 여성으로서 언젠가는 말이야. 시간은 계속 흘러가고 영원한 건 없잖아. 그러려면 내가 남은 삶을 헌신할 대상을 찾아야 하는데 요즘은 캐주얼한 관계를 원치 않는 사람을 찾는 게 어려워. 전 여자 친구와의 오랜 연애를 끝내고 남자와 사귀기 시작했지만 아직은 잘 모르겠어.

어떤 의미에서 잘 모르겠다는 거야?

A 나는 스물여덟 살에 처음으로 남자와 사귀었어. 보통은 남자를 먼저 만나보고 실망해서 여자를 좋아한다면 나는 그 반대였지. 어릴 땐 남자에게 관심도 없었고 싫었어. 물론 남자가 싫어서 여자를 만난 건 아니지만. 어쨌든 그 후로 남자를 만나고 있는데 아직 진지한 관계를 찾지 못했어. 몇 달 동안 즐기듯 만나다가 아무 설명 없이 떠나가는 일이 반복되면서, 연애를 계속해야 할지 고민하게 돼. 나는 애정을 갈구하는 사람이야. 관심을 주고 따뜻한 말을 해줄 사람이 필요해. 10대의 내가 지금의 나를 보면 놀라겠지만 그럼에도 계속 나아지고 있다고 믿어. 아직 개선할 점은 많지만 조금씩 나아갈 거야.

현재의 알다나에게 새로운 관계를 맺는 것 말고 또 다른 목표가 있을까? 경력이나 미래에 관한 목표가 궁금해.

A 경력에 대해 진지하게 고민한 적은 없었어. 열여덟 살 때 영어 선생님이 되고 싶어서 영어 교육을 전공하던 중 엄마가 아프셔서 공부를 중단했지. 지금 생각하면 그때 공부를 끝까지 하지 않은 게 후회되지만 모든 일에는 나름의 이유가 있다고 믿어. 사실 나는 사람들 앞에 서는 것이 두려웠어. 어쩌면

영어를 그만두고 한국어를 배우면서 내 삶이 바뀐 것 같아. 한국어 공부를 시작하면서 모든 게 새롭고 특별해졌어.

그때 내린 모든 결정이 온전한 너의 선택이었을까? 어머니가 아프셔서 학업을 중단해야 했잖아. 경제적인 이유도 있었을 것 같은데. 2010년대 이후 아르헨티나의 경제는 처참할 수준으로 몰락했지. 최근 집권한 대통령은 공무원 7만 명을 해고하기도 했고. 모든 일이 개인의 의지로만 이루어지는 건 아니잖아. 사회 경제적인 상황도 그 결정에 큰 역할을 미치지 않았을까?

A   다 맞는 말이야. 많은 아르헨티나인들이 생존을 위해 학교나 직장을 그만두고 더 나은 일을 찾아 나설 정도로 경제가 안 좋았지. 나는 아시아 연구를 공부하고 싶었지만 학비 문제로 공립 대학교에 진학했어. 건강보험료를 낼 수 없어서 가장 저렴한 보험료만 냈고, 그나마도 보험료가 오르면서 중단했어. 이런 상황에 스스로 뭔가를 개척하는 건 쉽지 않아. 취미로 악기 연주를 하고 싶어도 개인지도를 받을 돈이 없어 꿈만 꿨어.

마지막으로 알다나의 미래에 관해 이야기하고 싶어. 알다나는 어떤 사람이 되고 싶어?

A   너무 비관론적인 이야기만 잔뜩 해버렸지만 나는 조금 더 긍정적인 사람이 되고 싶어. 친구와 온라인 한국어학원도 시작해서 한국어 기초를 가르치고 싶고. 그러면 정말 행복할 것 같아.

우리는 한동안 새로이 집권한 아르헨티나의 대통령에 관해 이야기했다. 새로운 급류에 휩쓸린 일상에서, 알다나는 월급을 받으면 바로 달러로 환전한다고 했다. 인플레이션 때문에 아르헨티나 페소 가치가 한 달 만에 절반이 되기 때문이다. 불확실하고 부정적인 상황에서도 그녀는 여전히 꿈을 꾸고 있었다. 불안이 자신을 계속 괴롭힐지라도 서툰 발걸음으로 한 발 한 발 내디딜 터였다. 알다나는 언젠가 돈을 모아 일본과 이탈리아, 스페인에 가보고 싶다고 말했다. 6년 전 내가 주었던 내 첫 번째 책을 여전히 가방에 넣고 다닌다며, 그 책을 통해 항상 자신을 다잡는다고 말했다. 나는 이 글로서 다시 한번 알다나의 발걸음을 응원한다.

Prae

\# 20대 후반
\# 방콕, 태국

프래
사랑하는 도시를 새롭게 기억하기

'이별'은 프래를 상징하는 단어 중 하나다. 프래와 만날 때면 짧든 길든 언제나 이별을 대화 주제로 올리곤 했다. 처음 프래를 만난 건 방콕이었고 그러고 나서 몇 번의 만남 뒤에 런던에서 또 프래를 만났다. 마지막으로 프래를 만난 곳은 다시 방콕이었다. 만날 때마다 프래는 이별의 초입에, 중간에, 혹은 이별의 끝에 걸쳐 자신의 삶을 직시하고 있었다. 이별은 그녀와 떼려야 뗄 수 없는 것. 태국과 스페인, 영국을 오가며 지냈던 프래에게 각각의 도시는 또 다른 이별을 건넸다. 어떤 대화를 시작하든 우리의 이야기는 이별로 끝났다. 담담히 풀어내는 프래의 이별사 앞에서 인터뷰를 시작했다.

#사이버 보안 업무 #사랑하는 사람과의 사별 #외로움 #지나간 슬픔 마주하기

잘 지냈어? 최근에 이직을 준비하고 있다고 들었어.

P 잘 지냈어. 다만 어젯밤에 정말 중요한 인터뷰가 있었는데 제대로 답변을 못 해서 좀 걱정스러워. 세계경제포럼(World Economic Forum)에서 꼭 일하고 싶어서 지원했었거든.

왜 이직을 준비하는 거야?

P 두 가지 목표가 있어. 하나는 세계경제포럼에서 일하는 거고, 다른 하나

는 현재의 커뮤니케이션 업무가 아닌 프로그램 관리 업무를 하기 위해서야. 나는 국제 개발 협력 분야에서 커뮤니케이션 업무를 시작했지만 이제는 직접 프로그램을 디자인하고 조율해 세상을 바꾸는 일을 하고 싶어. 세계경제포럼에선 커뮤니케이션과 프로그램 관리 업무를 동시에 할 수 있어 이상적이지. 그에 반해 현재의 업무는 이미 정해진 서사를 따르는 느낌이 들어서 벗어나고 싶었는데 어제 인터뷰에서 확신을 못 준 것 같아.

아직 결과는 모르는 거잖아?

P 그렇지, 아직 결과는 나오지 않았어. 겨우 첫 번째 인터뷰가 끝났을 뿐이고, 만약 통과되더라도 세 번의 인터뷰가 더 예정되어 있어. 정말 긴 과정이 될 거야. 세계경제포럼에서 일하려면 치열한 경쟁을 통과해야 해. 나도 잘할 수 있었는데, 제대로 못 해서 많이 속상해.

지금은 주로 동남아시아를 담당하는 일을 해?

P 응, 동남아시아 국가들을 위한 정책을 만들고, 더 안전하게 접근할 수 있는 디지털 환경을 만들기 위해 노력하고 있어. 나의 또 다른 업무는 시민들과 사업가들, 예를 들면 주주들이 디지털 환경에서 더 쉽고 안전하게 협력할 수 있는 환경을 구축하는 거야. 디지털 도구들을 통해서 그런 환경을 만들어내는 거지.

원론적인 대답 말고 실제적인 케이스들과 그 케이스를 어떤 방식으로 해결했는지를 알려줄 수 있어?

P 하하, 너무 커뮤니케이션 담당자처럼 말했나. 예를 들어 사람들이 소셜미디어나 메시지 앱으로 피싱에 당하지 않도록 우리는 캠페인이나 프로그램을 통해 위험을 미리 인지시키고 교육해. 사이버 보안은 비즈니스에서도 중요하

지. 안전한 온라인 결제 시스템을 이용하거나, 사업자들의 경우 비즈니스 계정을 사용하는 방법도 있어. 동남아에선 많은 사람들이 개인 계정으로 사업을 운영하다 보니 보안 사고가 개인 계정에 영향을 미칠 수 있어. 마지막으로, 각국의 법규와 규제를 파악하고 이를 어떻게 조화롭게 적용할지 연구하는 정책 지도 수립도 해. 태국은 개인 데이터 보호법이 있지만 라오스엔 그런 법이 없어서 어떻게 적용할지 고민해야 해.

프래가 일하는 기구는 동남아시아에서 뭘 이루려는 거야? 어떤 역할을 하는 기구이길래 초국가적인 사업들을 벌이는 걸까?

P   중요한 사항을 짚었네. 우리는 그 어느 국가의 '허락'을 받고 이런 프로그램을 운영하는 게 아니야. 동남아시아는 잠재적으로 엄청난 가치가 있는 곳으로 많은 국가의 각축장이지. 내가 일하는 기구는 이곳에서 더 많은 이들에게 기구의 가치를 전파하고 영향력을 높이고 싶어 해.

응, 그럼 프래는 기구에서 정확히 어떤 일을 하는 거야?

P   두 개의 프로그램을 운영해. 하나는 사이버 보안에 관한 리서치 프로그램으로 사이버 보안 분야의 여성 참여에 관해 연구하지. 두 번째는 디지털 정책에 관한 프로그램이야. 그 밖에 홍보 계획을 세운다든지, 커뮤니케이션 캠페인을 조율한다든지, 연설문을 작성하는 등의 일을 하고 있어.

국제 개발 협력에서의 커뮤니케이션 분야 업무는 어떻게 시작한 거야?

P   나는 방콕에서 학사로 스페인어를 공부했어. 물론 언어만 공부한 게 아니라 전반적인 히스패닉 연구를 한 거야. 스페인뿐만 아니라 라틴아메리카의 정치, 문화 그리고 사회 경제학적인 구조에 관해 배웠어. 그리고 석사로는 영국에서 미디어 커뮤니케이션과 개발을 공부했고, 인터넷 거버넌스와 온라인

플랫폼 규제에 관해서 공부했어. 그 공부가 나를 사이버 보안 영역으로 이끈 것 같아.

어떤 공부를 했어? 스페인에도 갔다고 했던 것 같은데.

P 스페인에는 교환학생으로 6개월간 두 번, 그러니까 총 1년을 있었어. 사실 처음엔 4년간의 학업에서 도피하려고 간 거였어. 4년 내내 정말 불행했거든. 4학년이 되면서 석사라도 내가 좋아하는 걸 해보자고 결심하고는 영국으로 갔는데 영국의 교육 시스템은 정말 달랐어. 많은 걸 배우고 지적으로 자극받았지. 석사를 하면서 어쩌면 박사도 할 수 있겠다고 생각했지만 삶의 안정성이 더 중요하다는 생각이 들어서 장학금을 받을 수 있었음에도 학업을 그만두기로 했어.

삶에서의 안정성 때문에?

P 그때는 안정성이 중요했어. 박사 과정 중에는 수입도 없고 안정적인 삶과 거리가 멀 테니까. 마침 지금의 직장에 채용돼서 일을 시작했는데 그 결정을 후회하지 않아. 2022년에 내가 겪은 일을 알잖아. 박사 학위를 했다면 중간에 포기했을 거야. 당시에는 스페인에서 두 번째로 6개월간 체류했지. 원격 근무가 가능해서 사랑하는 사람과 나 자신을 돌보면서 지낼 수 있었어.

그 이야기는 불편하면 하지 않아도 괜찮아. 스페인과 영국에서의 경험에 관해 들려줄 수 있어?

P 하고 싶지 않아도 자연스럽게 하게 되는걸. 그런데, 정말 흥미로운 건 처음 스페인에 교환학생으로 갔을 때는 정말 자유롭고 행복했어. 학생 신분이라 별다른 걱정 없이 그곳 언어를 배우고 삶을 즐길 수 있었으니까. 영어를 전혀 못 하는 가정에서 홈스테이도 하면서 스페인어를 많이 배웠어.

반면, 두 번째로 방문한 스페인과 영국에서는 행복하면서도 동시에 외로움을 느꼈어. 행복한 순간도 있었지만 뭔가 공허하고 외로웠지. 가족이나 친구들에게 전화하려고 해도 시차 때문에 어려웠고, 그때 런던 하이드파크를 자주 걸으면서 외로움이란 감정을 처음으로 느꼈는데 그 감정이 부정적이기보단 신기했고, 오히려 이 감정을 어떻게 다뤄야 할지에 관해 생각했어. 외로움을 더 이해해 보려고 했던 그때의 외로움은 긍정적이고 흥미로운 감정이었지.

그 외로움은 지속되었어?

P 이후 2022년 스페인에서 느낀 외로움은 정말 깊은 슬픔이었어. 내가 원한 건 런던에서와 같은 외로움이었지만, 스페인에서는 최악이었지. 사랑하는 사람이 많이 아팠거든. 그가 죽음과 사투를 벌이고 있는데 나는 낯선 나라에서 아무것도 할 수 없었어. 그의 가족이 나름대로 도움을 주긴 했지만 그뿐이었지. 그들도 각자의 슬픔을 겪고 있었으니까. 나는 그의 여자 친구로서 그의 가족과 친구들이 겪는 감정을 혼자서 나름대로 겪고 있었어. 그들이 절대 이해할 수 없을 외로움까지도. 때때로 너무 슬프고 외로워서 울고 싶었지만, 그의 아픔과 두려움을 떠올리며 약한 모습을 보이지 않으려 노력했어.

그 외로움을 어떻게 이겨냈어?

P 작은 노트를 사서 거기에 모든 걸 썼어. 토해내듯 내 감정을 쏟아부었다고 해야 할 거야. 그게 유일하게 나를 지탱해 줬지. 처음에는 친구들과도 이야기했지만 그러려면 내 연애의 시작과 모든 이야기를 하나하나 풀어야 했고, 그게 오히려 더 힘들어서 일기를 쓰기로 결심했었어. 런던에서의 외로움이 호기심을 불러일으킨 감정이었다면 스페인에서의 외로움은 나를 체스판의 작은 말로 느끼게 하는 거대한 시스템 같았어. 그 시스템은 내가 무엇을 해야 하고 무엇을 느껴야 할지를 강요하는 것 같았지.

그 일이 있고 나서 방콕에 돌아오니 어땠어? 본래의 삶은 아무 일도 없었다는 듯 그대로 있지 않았어?

P 방콕은 내 고향이야. 이곳도 완벽하진 않지만 내가 가장 친숙하고 자유롭게 지낼 수 있는 도시지. 오랫동안 산 덕분에 모든 게 예측 가능하고 그 예측 가능함 덕분에 편안함을 느껴. 돌아올 때마다 고향이 주는 안정감과 편안함에 사로잡히지만 그때는 좀 달랐어. 방콕에 돌아오고 나서 사랑했던 이와의 추억 때문에 다시 슬픔에 빠졌던 거야. 그래서 이젠 그가 없는 방콕을 새롭게 경험하고 받아들이려 하고 있어. 정상적인 삶을 살기 위해 도시를 새롭게 이해하려는 것 같아.

기억을 덧입히는 거라고 이해하면 될까?

P 그와 함께 갔던 장소들은 여전히 피하고 있어. 예를 들면 실롬 지역은 그와의 기억들로 가득해서 아직 그곳에서 새로운 기억을 만들고 싶지 않거든. 방콕을 걷다 보면, 그를 잃고 난 이후의 공기가 다르게 느껴져. 나는 그 공기를 받아들이고 다시 방콕을 사랑해야 해. 방콕은 항상 내 집이었으니 다시 마음을 열고 이 도시를 경험하려고 해.

마음속 깊은 이야기를 꺼내줘서 고마워. 프래는 여태 과거와 과거에 얽매인 현재에 관해 이야기한 것 같아. 그 과거를 자양분 삼아 어떤 현재를 살아가고 있어? 그리고 앞으로 어떤 삶을 살고 싶어?

P 먼저, 나는 최근 들어 꽤 강해진 것 같아. 과거의 나는 내내 강해지기 위해 노력했었거든. 앞으로는 강해지는 것뿐만 아니라 행복해지기 위해 노력할 거야. 행복해지고 평화를 찾고 감사함을 느끼고 싶어. 더 나아가 앞으로는 더 열린 마음으로 세상을 대하고 싶어. 내 삶에 다가오는 모든 것들에 친절해지고 싶어. 그 긴 외로운 시간을 거치며, 나 자신을 위한 노력을 기울이

기도 해야 한다는 걸 배웠어. 이제는 나 자신을 위해 빛나는 사람이 되어볼 거야.

구체적으로 올해는 뭘 하고 싶어?

P 나를 위해 직업적으로 안정감을 느낄 만한 공간을 만들고 싶어. 나는 장성한 딸이 가족을 책임지는 문화에서 자랐기 때문에, 내 미래 계획은 나 혼자만을 위한 것이 아니야. 부모님이 경제적으로 걱정하지 않도록 돕고 싶고, 외국에 있어도 부모님을 지원할 수 있는 시스템을 만들고 싶어.
지난 8년 동안 나는 많은 사람들이 내게 기대고 있다는 걸 깨달았어. 그래서 모두를 위해 믿음직한 사람이 되고 싶지만, 동시에 나 자신에게도 덜 엄격하고 더 행복해지고 싶어. 결국, 나는 행복해지고 싶어.

나도 프래가 행복해지길 바라. 현재에도 미래에도.

P 시간은 직선으로 흘러가지 않아. 한 사람의 기억은 직선적이지 않으니까. 예를 들어 나는 사과를 먹을 때마다 그 사람이 떠올라. 그는 항상 나를 위해 사과 껍질을 깎아줬거든. 그래서 사과를 깎을 때마다 과거로 돌아가 그를 느끼곤 해. 그렇게 기억은 결코 직선적인 시간 개념을 이해하지 않아. 내가 아무리 미래 계획을 세워도, 나는 계속 현재 속에서 과거를 마주해. 그렇게 우리는 더 나은 미래를 생각하며 과거와 현재와 미래를 동시에 살아가고 있는 걸지도 몰라.

프래와의 인터뷰에 앞서 무슨 질문을 던질지 많이 고민했다. 사랑하는 사람과의 사별 이후 그녀가 겪고 있을 외로움과 우울에 관해서는 묻지 말아야지, 하고 결심하기도 했다. 하지만 그녀는 담담히 자신의 이별 이야기를 꺼냈다. 아니, 묻지도 않았는데 먼저 상처를 열어 보였다. 그게 그녀가 슬픔을 대하는 자세, 지나간 외로움을 마주하는 자세가 아닐까 싶었다. 프래가 그 외로움을 이겨내고 다시 굳건히 땅에 발을 디뎠으면 했다. 과거를 종종 조우하며 여전히 강인해지길 원하는 프래였지만, 내겐 미래를 향해 굳건히 나아가는 발걸음이 보였다. 프래는 이전보다 자주 웃었고, 얼굴엔 행복한 미래에 대한 낙관이 자리 잡고 있었다. 물론 그녀는 여전히 고군분투할 테다. 떠나간 사람의 그림자에서 벗어나, 가족의 안정을 고민하며. 그럼에도 그녀가 행복해지리라 믿는다. 원고를 마감하는 이 시점에 프래는 제네바의 세계경제포럼에서 일하고 있다. 외로움을 호기심 가득한 시선으로 응시했던 오래전 프래처럼, 다시 한번 강인하고 행복하게 앞으로 나아갈 것이다.

Hatice

20대 중반
이스탄불, 터키

하티제
지속 가능한 행복 꿈꾸기

하티제를 만났다. 히잡을 쓴 그녀는 낯설면서도 친숙했다. 1년 만에 돌아온 이스탄불에서, 하티제는 대학교를 졸업하고 어느새 한 팀을 담당하는 콘텐츠 매니저가 되어 있었다. 그녀에게 일과 일상에 관해 물었다. 이야기는 패션과 기후 위기, 여성 인권과 정치, 그리고 경제를 오갔다. 바투 앉은 거리만큼이나 주제들 또한 내밀하고 친숙했다. 이야기가 보편적인 삶을 완벽히 다룰 순 없더라도, 그 짧은 이야기 속에는 튀르키예를 살아가는 여성들의 고민과 애환이 묻어났다. 하티제를 통해 한 뼘 더 튀르키예를 이해하는 듯싶었다.

#콘텐츠 매니저 #패션과 기후 위기 #히잡과 결정권 #기업의 사회 기여

내일 여행을 떠난다고 들었는데 어디로 가는 거야?

H 에게해와 지중해 사이에 있는 그리스 섬들로 가. 튀르키예의 남서부에 있는 쿠시라는 마을에서 20분 거리에 있는데, 아름다운 풍광으로 유명한 곳이야. 거기서 브랜드 사진 촬영을 할 거야. 나는 패션 업계에서 일하면서 의류 회사의 사진 촬영을 기획하는 일을 하거든. 이번 컬렉션의 테마가 '유럽의 여름'이라, 그리스의 섬이 배경으로 가장 적합하다고 생각했어.

그리스는 솅겐 지역(솅겐 조약이 적용되는 유럽 국가의 영역)이라 방문하려면 비자가 필요하지 않아?

H 응. 솅겐 지역의 비자를 얻기란 정말 어렵고 시간도 많이 소요되지만, 튀르키예와 접한 그리스의 일부 섬들은 튀르키예인들에게 방문 비자를 허용하고 있어. 그런데 하필 우리가 가려고 했던 그리스의 시미섬에 너무 많은 방문객이 몰리면서 비자 발급이 중단된 거야. 그래서 마지막 순간에 방문 비자를 허용하는 다른 섬으로 목적지를 바꿨지.

몇 주 전에는 튀르키예의 준다섬에 촬영차 방문하지 않았어? 모로코에도 갔던 것 같은데, 어떤 브랜드를 담당하는 거야?

H 정확하게 말하면 가족 사업이야. 두 언니가 의류 업체 두 개를 소유하고 있고, 그중 하나가 튀르키예에서 엄청나게 커지고 있어. 우리는 이 브랜드를 통해 그저 옷을 파는 데서 끝나지 않고 의복을 통한 새로운 경험을 선사하려고 해. 지식이나 브랜드와의 정서적 유대 같은 것들 말이지. 자본주의 사회에서 또 한 벌의 옷을 사는 게 아니라 하나의 이야기를 구매하게 하고 싶어. 우리는 이 프로젝트를 덴마크의 코펜하겐에서 시작했어. 사진 촬영도 했지만 동시에 브랜드가 마치 여행 인플루언서라도 된 것처럼 팔로워들에게 그곳 풍경을 보여줬지. 코펜하겐이 왜 패션 산업에서 중요하고, 무엇 때문에 유럽 패션의 중심이 되었는지 보여주고 싶었어. 코펜하겐을 시작으로 세계의 다양한 도시를 다루는 시리즈를 만들 생각을 하고 있어. 다음은 이탈리아의 베로나였어. 베로나는 역사적인 유적보다는 해안 풍경이 아름다운 도시라 봄 컬렉션을 선보이기에 적합했지. 또 여름에는 리넨 컬렉션을 홍보할 도시를 물색하다가 모로코의 마라케시에 갔는데 테라코타 일색의 마라케시와 그 중심의 메디나가 제격이었어. 그리고 이번 컬렉션은 튀르키예에서 가까운 그리스에서 찍기로 한 거야.

자세히 설명해 줘서 고마워. 두 브랜드에서 일한다고 했는데, 각각의 브랜드에 관해 설명해 줄 수 있어?

H 나는 프레시 스카프(Fresh Scarfs)와 마누카(Manuka)에서 콘텐츠 매니저로 일해. 기본적으로 우리 팀에서 만들어지는 모든 사진과 영상, 글을 기획하고 최종 승인하는 일을 하고 있어. 내 팀에는 그래픽디자이너, 콘텐츠 제작자, 소셜미디어 관리자 등이 있는데, 나는 그들을 관리하며 웹사이트와 소셜미디어에 올릴 모든 콘텐츠를 감독해. 그에 수반되는 사진 촬영도 관리 및 감독하지. 지난번 튀르키예의 준다섬 사진 촬영도 내가 계획하고 감독한 거야. 이 일은 창의적이고 예술적인 지점도 간혹 있는데, 나는 그 모두를 즐기고 있어.

두 브랜드의 소셜미디어나 웹사이트에 올라오는 모든 콘텐츠는 하티제의 손을 거친 거라고 봐도 되겠네?

H 응, 그런 셈이야.

두 브랜드에 관해서도 이야기해 줄 수 있어?

H 마누카는 의류 브랜드야. 말했듯이 최근에 크게 성장하고 있어. 저번 주에는 튀르키예에서 가장 큰 의류 소매 브랜드 중 하나인 데팍토(DeFacto)와 컬렉션을 론칭했어. 우리에겐 정말 큰 기회였지. 왜냐하면 마누카는 아무래도 젊은 층을 대상으로 한 브랜드이다 보니 이 기회를 통해 더 넓은 시장과 마주할 수 있거든.

프레시 스카프는 튀르키예에서 제일 큰 히잡 브랜드야. 아마 튀르키예에서 히잡을 쓴 아무 여성에게나 프레시 스카프를 아냐고 물어보면 다들 그렇다고 할 거야. 현재 튀르키예 시장을 선도하고 있고, 곧 해외에서도 시장을 넓혀나가려 하고 있어.

패션에 관한 이야기인 만큼 꼭 묻고 싶은 게 있어. 패션의 맥락에서 두 브랜드가 사회에 기여하는 바가 있을까?

H 프레시 스카프에 관해 먼저 이야기하자면, 히잡 패션 산업의 문제점은 히잡은 여성이 쓰는 것임에도 불구하고 대개 여성에 의해 만들어지지 않는다는 데 있어. 튀르키예의 모든 히잡 브랜드는 남성에 의해 소유되고 운영되었어. 디자이너도 남자들이었고, 원단도 남자들에 의해 결정되어 왔지. 한번은 다른 브랜드의 히잡 공장에 방문했는데 그 공장에서 유일한 여성은 청소 인부뿐이더라. 히잡은 여성을 위한 의복인데 왜 여성은 어디서도 보이지 않는 걸까? 남성들이 만든 기존의 히잡들은 착용하기 불편하고 원단도 별로야. 여름에 그 실크 원단의 히잡을 쓰는 건 자살행위나 다름없지. 그래서 내 언니들이 그 갭을 메운 거야. 튀르키예에서 처음으로 실크 원단을 면 원단으로 바꾸고, 히잡을 패션의 일부로 사용할 수 있도록 디자인을 바꿨어. 프레시 스카프는 튀르키예에서 다른 히잡 브랜드들에 많은 영향을 미쳤어.

마누카는 모디스트 패션(modest fashion, 신앙·종교 또는 개인적 취향의 이유로 피부가 덜 드러나는 옷을 입는 여성들의 패션 트렌드)으로서 질 좋은 제품을 고객들에게 제공하려고 해. 예를 들어 지금 세계에 유행하는 패션 트렌드가 있다고 가정해 봐. 우리는 그 트렌드를 재해석해 모디스트한 디자인으로 만들어서, 튀르키예의 여성들이 쉬이 소비하지 못했을 디자인을 시장에 선보이고 있어.

우리는 이 두 브랜드를 통해 더 많은 여성을 고용하려고 해. 두 회사의 직원 300여 명 중 95퍼센트 이상이 여성이고, 제품 공급을 돕는 다른 아틀리에와 일할 때도 최대한 여성이 소유한 곳과 함께함으로써 더 많은 여성이 고용되게 하려는 거야. 처음 두 언니가 브랜드를 론칭했을 땐 사실 남성 사업자들이 언니들을 믿지 않았어. 원단을 떼올 때도 언니들이 팔 수 있을 거라는 생각을 안 해서 할부를 안 해줬고 어쩔 수 없이 한 번에 대량으로 구매할 수밖

에 없었지. 그런 이유로 우리는 패션 업계에서 여성 사업가들을 돕고 그들의 성장을 지원하고 있어.

히잡에 관한 이야기가 나와서 그런데, 여성이 히잡을 쓰는 것에 관해선 어떻게 생각해? 얼마 전 이란에서의 국가적인 히잡 착용 반대 시위도 있었고, 파리 올림픽에선 반대로 프랑스팀이 자국 선수들에게 히잡 착용을 금지해서 히잡 착용의 자유에 관한 논란도 있었잖아.

H 내가 히잡에 관해 가지고 있는 생각은 단 하나야. 히잡을 쓰든 안 쓰든, 그 결정권은 당사자인 여성에게 있어야 한다는 거야. 그 결정을 내리는 게 정부거나 권력을 가지고 있는 집단이어선 안 돼. 이란의 경우 여성들에게 히잡 착용을 강요해서 정말 독실한 무슬림 신자들도 히잡을 거부했어. 튀르키예는 정반대였지. 튀르키예의 세속주의적 정부는 히잡 착용을 금지했어. 학교에 가면 히잡을 벗어야 했고 직장에서도 쓸 수 없었어. 프랑스에서 벌어지는 일도 똑같아. 프랑스 정부는 자국 스포츠 선수들에게 히잡 착용을 금지했어. 종교와 스포츠를 분리한다면서 말이야. 하지만 그건 여성의 자유를 억압하는 일이야. 히잡 착용을 강요하는 것도 히잡 착용을 금지하는 것도, 모두 여성이 스스로 결정 내릴 권리를 빼앗는 거지.

하티제의 공부와 일의 관계에 관해서도 묻고 싶어. 내가 알기로 하티제는 패션을 전공하지 않았는데 어떻게 패션 업계에서 일하게 된 거야?

H 나는 2019년에 대학교에 입학했어. 미디어와 시각예술(Media and Visual Art) 그리고 심리학을 전공했지. 대학에선 미디어를 하나의 분야에만 가두지 않아서 나는 저널리스트나 비디오그래퍼, 학자, 광고인이 될 수도 있었는데 입학하고 1년이 지나서 코로나19 팬데믹이 터진 거야. 나는 학교에서 직접 손으로 기기를 만지며 배우고 싶었지만 그게 불가능해지면서 언니들과 함께 일하기로 했어. 당시는 틱톡이나 인스타그램 릴스를 위시해 소셜미디어 시장이

정말 커지던 시기라 그때부터 콘텐츠를 만들었어. 그게 내가 사진과 영상을 직접 배우게 된 계기야. 온라인 수업을 통해선 할 수 없었던 연습을 일하면서는 할 수 있었고, 학교에서보다 마케팅에 관해 더 많이 배울 수 있었어. 대학교에서 배운 심리학을 현실에 적용해 볼 수도 있었고. 나는 고객들의 행동이 궁금했는데 그 지점이 미디어와 심리학이 만나는 곳이라고 생각했거든. 고객의 경험을 어떻게 만들어내는가도 두 학문의 공통된 영역이라고 할 수 있지.

두 브랜드는 언니 소유잖아. 하티제는 이 분야에서 계속 일할 거야? 심리학 석사를 공부하고 싶다고 했던 적도 있잖아.

H 나는 현재의 일을 사랑하고 이 일을 통해 정말 많은 걸 배워. 지금은 한 팀을 관리하는 매니저로서 사람에 관해 배우는 동시에 창의적인 콘텐츠 제작 업무에도 큰 권한을 가졌어. 내가 이 나이에 다른 브랜드에서 일했다면 이 정도의 권한을 가질 순 없었을 거야. 지금은 내가 하는 일에 최선을 다하고, 석사는 나중에 지쳤을 때 다시 생각해 보고 싶어. 아마 지금처럼 3~4년 일을 하면 지칠 것 같거든. 그 이후엔 다른 브랜드들에 조언을 제공하거나 컨설턴트로 일할 수도 있겠지. 지금 직접 부딪치며 배우는 패션 마케팅, 기술적인 부분, 콘텐츠 관리 등을 브랜드 어드바이저로서 나눌 수도 있고. 그럼 행복할 것 같아.

스물셋의 나이에 여러 팀원을 이끄는 하티제는 자기 일에 대한 확고한 애정과 이해가 있었다. 자기 일을 좋아하는 사람을 만나는 건 그리 쉽지가 않은데, 그녀는 정말로 일을 사랑하고 있었고 그 가운데 계속해서 배워나가고 있었다. 더군다나 하티제는 자신이 관리하는 두 브랜드에 관해 완벽하게 이해하고 있었다. 지속 가능하지 않은 패션 산업에서, 마누카와 프레시스카프는 여성 인권과 지속 가능성에 관해 이야기하고 있었다. 멋진 꿈을 꾸는 두 브랜드와 그 브랜드를 가꾸어나가는 하티제가 정말로 멋졌다. 그녀의 삶이 그녀가 꿈꾸는 곳에서 행복하기를 바랐다. 하티제가 앞으로 성장해 갈 과정 또한 궁금했다. 나는, 더욱더 그녀를 응원하기로 마음먹었다.

다른 도시, 같은 세대 인터뷰 에세이
아더스 50

1판 1쇄 발행 2025년 10월 13일

지은이 ㅣ 이한규
발행인 ㅣ 박상희
편집 ㅣ 강지예
디자인 ㅣ 박승아, 이시은, 박민지

펴낸곳 ㅣ 블랙잉크
출판등록 ㅣ 2023년 3월 16일, 제2023-00001호
주소 ㅣ 충청북도 음성군 삼성면 금일로1193번길 47 나동 1층 (27645)
전화 ㅣ 070) 8119-1867
팩스 ㅣ 02) 541-1867
전자우편(도서 및 기타 문의) ㅣ sangcom2020@naver.com
인스타그램 ㅣ www.instagram.com/Black_ink_main

책값과 ISBN은 뒤표지에 있습니다.
잘못 만들어진 책은 구매하신 서점에서 바꿔 드립니다.

블랙잉크는 커뮤니케이션그룹 상컴퍼니의 실용서 단행본 브랜드입니다.